D1724206

Jankulik / Kuhlang / Piff
Projektmanagement und Prozessmessung

Projektmanagement und Prozessmessung

Die Balanced Scorecard im
projektorientierten Unternehmen

von Ernst Jankulik,
Peter Kuhlang
und Roland Piff

PUBLICIS

Bibliografische Information Der Deutschen Bibliothek
Die Deutsche Bibliothek verzeichnet diese Publikation in der Deutschen Nationalbibliografie;
detaillierte bibliografische Daten sind im Internet über http://dnb.ddb.de abrufbar.

www.publicis-erlangen.de/books

Lektorat: Dr. Gerhard Seitfudem, Publicis Corporate Publishing, Erlangen

ISBN 3-89578-251-3

Verlag: Publicis Corporate Publishing, Erlangen
© 2005 by Publicis KommunikationsAgentur GmbH, GWA, Erlangen

Printed in Germany

Inhaltsverzeichnis

Geleitwort

Projektorientierte Unternehmen betrachten Projekte als eine strategische Option zum Design der Unternehmensorganisation. Durch ein „Management by Projects" als Organisationsstrategie wird eine adäquate, organisatorische Flexibilität geschaffen.

Die Menge aller Projekte, die ein projektorientiertes Unternehmen zu einem Stichtag durchführt, stellt das zu optimierende Projektportfolio dar. In einem Projektportfolio werden unterschiedliche Projektarten, wie z.B. Marketing-, Kundenauftrags- oder Organisationsprojekte, zusammengefasst.

Zum Projektportfolio-Management bedarf es spezifischer organisatorischer Vorkehrungen: Die Abläufe sind zu definieren, Zuständigkeiten sind festzulegen und Projektportfolio-Berichte, wie z.B. die Projektportfolio-Scorecard, sind einzusetzen. Diese Projektportfolio-Scorecard kann auch als ein Instrument des Qualitätsmanagements eingesetzt werden, wenn sie Kriterien zur Messung der Qualität der Erfüllung von Geschäftsprozessen beinhaltet. Durch die Berücksichtigung solcher Qualitätskriterien in der Projektportfolio-Scorecard haben die Autoren die Brücke zwischen Projekten und Geschäftsprozessen geschlagen.

Ernst Jankulik und Roland Piff haben sich bereits in einer Master-These im Rahmen ihres Master-Studiums an der Donau-Universität Krems mit dem Zusammenhang zwischen Projekt-, Projektportfolio- und Geschäftsprozessmanagement auseinandergesetzt. Als Betreuer der Master-These war ich schon damals vom innovativen thematischen Zugang beeindruckt. Dass es den Autoren, die praktizierende Projekt- und Qualitätsmanager sind, gelungen ist, diese zu einer Buchpublikation weiterzuentwickeln, beweist ein hohes Engagement. Außerdem konnten Sie für das Buchprojekt Ihren Studienlehrgangsleiter Peter Kuhlang, Assistent am Institut für Managementwissenschaften der TU Wien, als Mitautor gewinnen. Ich gratuliere zu diesem gelungenen Beitrag zum Fachgebiet *Projektmanagement*.

Happy Projects!

Univ.Prof. Dkfm. Dr. Roland Gareis
Wien, September 2004

Vorwort

Dynamik und zunehmende Internationalisierung stellen hohe Anforderungen an die Unternehmensführung. Diese benötigt deshalb Instrumente, mit denen sich das Wissen und die Motivation aller Beteiligten nutzen und dadurch die übergeordneten Unternehmensziele erreichen lassen.

Projekt-, Prozess- und Qualitätsmanagement sind wesentliche und Nutzen bringende Konzepte der letzten Jahre. Nur in Wechselwirkung zwischen *Projekt-, Prozess- und Qualitätsmanagement* kann es gelingen, die ihnen innewohnenden Philosophien und den aus ihrer Anwendung resultierenden Nutzen in Organisationen und in Unternehmen hineinzutragen und zu verankern.

Gesellschaftliche Wertvorstellungen haben sich in den letzten Jahren stark geändert. Diese Veränderungen erfordern ein Denken in *Prozessen*, speziell in den – in diesem Buch betrachteten – projektorientierten Unternehmen und im *Projektmanagement* selbst.

Management by Projects als kundenorientierte Führungskonzeption in Verbindung mit der *Balanced-Scorecard-Methode* bietet ein solches flexibles Modell für projektorientierte Unternehmen. Wurde *Projektmanagement* früher fast ausschließlich bei Großprojekten, wie bei der Errichtung von Kraftwerken oder Stahlwerken als anwendbar erachtet, so ist der moderne, systemisch-konstruktivistische Ansatz des *Projektmanagements*, in dem das Projekt als *soziales System* verstanden wird und wie er in diesem Buch beschrieben ist, auch für kleinere und mittlere Aufgaben anwendbar.

Die Unternehmenssteuerung kann nicht nur ausschließlich durch finanzwirtschaftliche Kennzahlen und Messgrößen bestimmt werden. Die dafür notwendige Flexibilität setzt man von modernen Management-Konzepten als selbstverständlich voraus.

Excellence in der eigenen Organisation ist das Ziel! Kundenorientierte Führungskonzepte verlangen höchste Qualität nicht nur in der Fertigung. Der heute noch überwiegend produktbezogene Qualitätsbegriff entwickelt sich immer mehr zu einer ganzheitlichen Betrachtung der Unternehmensqualität. Neben der Produktqualität gewinnt die *Prozessqualität*, also die *ganzheitliche Betrachtung der Qualität aller Geschäftsprozesse* – der technologischen, der logistischen, der administrativen und der *Projektmanagementprozesse* – immer mehr an Bedeutung. Nachvollziehbare Messungen zur Objektivierung und Bewertungen der *Prozessqualität* ermöglichen Benchmarking und führen zu deutlich verbessertem Verständnis und Akzeptanz von Zielvorgaben zur *Prozessqualität* bei den Beteiligten. Wenn dieses Ziel erreicht ist können wir sagen: Jedes Produkt, jede Dienstleistung ist „nur so gut" wie die Prozesse, die zur Erstellung notwendig sind.

Dieses Buch beschreibt die Entwicklung einer *Projektportfolio-Scorecard* für den Einsatz in projektorientierten Unternehmen, sowie die Messmethode für deren *interne Prozessper-*

spektive. Dieser neuartige Ansatz, der als Grundlage die *Methode der Balanced Scorecard* nutzt, beleuchtet die Prozesse eines POU – also eines projektorientierten Unternehmens – aus Sicht der Projektmanager und stellt ein optionales, strategisches Steuerungsinstrument zur Unterstützung der *Prozesseigentümer* dar.

Das Buch richtet sich an alle Projekt-, Prozess- und Qualitätsmanager, an Führungskräfte, an Berater, an Studenten und Dozenten. Zu Grunde liegt dem Buch dabei der Ansatz „What you can't measure, you can't manage!"

Um *Projektmanagement* nicht nur als Theorie zu präsentieren, haben wir für die Entwicklung und das Rollout der Projektportfolio-Scorecard ein Projekthandbuch ausgearbeitet. Sie finden es am Ende dieses Buchs.

Wir möchten uns auf diesem Weg bei unseren Familien und Freunden sehr herzlich bedanken, die in den letzten Jahren auf viele gemeinsame Stunden verzichten mussten und uns immer motivierten.

Außerdem bedanken wir uns herzlich bei unserem Betreuer und Berater Prof. Dr. Roland Gareis von der Wirtschaftsuniversität Wien für die große und weit über das übliche Maß hinausgehende Unterstützung. Sein inspirierender, *systemisch konstruktivistischer Projektmanagement-Ansatz* hat uns zu dieser Buchpublikation getrieben.

Dem Verlag Publicis Corporate Publishing in Erlangen und insbesondere dem Kollegen und Freund Dr. Gerhard Seitfudem gebührt unser aufrichtiger Dank, weil er sich auf das Entwicklungsprojekt mit uns eingelassen und dabei viel Geduld bewiesen hat.

Auch Herrn Ing. Mag. Herbert Wegleitner von Corporate Development der Siemens AG Österreich und Herrn Dipl.-Ing. Hermann Lutzenberger von der Geschäftsführung der MCE AG gebührt unser Dank für die Zurverfügungstellung von Daten und Personalressourcen für den Praxis-Modelltest. Ohne ihre Mithilfe wäre dieses Buch nicht möglich gewesen.

Ernst Jankulik, Peter Kuhlang, Roland Piff
Wien, April 2005

1 Einleitung

Die Erstellung des Buches wurde analog der in unseren Unternehmen üblichen Praxis in Projektform abgewickelt. Durch die Durchführung eines Projektstartworkshops mit allen Projektbeteiligten und die Erarbeitung eines Projekthandbuchs bereits in der Vorbereitungsphase konnte das Buch sowohl inhaltlich als auch terminlich entsprechend den Zielvorgaben fertig gestellt werden. Keiner der Meilensteine wurde wesentlich überschritten. Als Ausgangsbasis für das Buch diente die Master-These der Autoren Ernst Jankulik und Roland Piff. Daraus haben wir unsere Zielvorstellungen, die Thesen für das Modell, den Zielsetzungsansatz sowie die Zielfragen für das Buch abgeleitet.

> Als Grundlage für das *Projektmanagement* und für das entwickelte Modell dient die Erkenntnistheorie des radikalen Konstruktivismus. Die in diesem Buch beschriebenen neuartigen Methoden bieten ein optionales, strategisches Steuerungsinstrument zur Unterstützung der Process-Owner und eignen sich für den Einsatz in jedem *projektorientierten Unternehmen*.

Zu Beginn bietet das Buch Definitionen und die Diskussion wichtiger Methoden. Anschließend wird die *Projektportfolio-Scorecard* entwickelt, einschließlich ihrer Indikatoren und Messgrößen, und im nächsten Abschnitt ist die Anwendung anhand konkreter Beispiele einer *Prozessmessung aus der Sicht der Projektmanager* dargestellt. Den Abschluss bildet der Vergleich der Messergebnisse mehrerer Unternehmensbereiche.

1.1 Zielsetzung dieses Buches

Ziel dieses Buches ist es, Projekt-, Prozess- und Qualitätsmanagern sowie Projektauftraggebern eine Beschreibung über die Entwicklung und den Einsatz einer *Projektportfolio-Scorecard* (PPSC) in einem projektorientierten Unternehmen (POU) zu geben.

Subziele sind daher

- die Entwicklung eines Erstansatz-Modells einer *Projektportfolio-Scorecard* als strategisches Steuerungsinstrument auf Basis des Projektportfolios,
- die Bewertung der *Prozesse der Projektabwicklung* wie *Projektmanagement*, Engineering, Beschaffung/Logistik, Montage/Supervision, Inbetriebnahme/Schulung und Pilotbetrieb in einem *projektorientierten Unternehmen* auf Basis der *Projektportfolio-Scorecard*,
- die Entwicklung eines algorithmischen Modells zur Gewichtung der inhaltlichen Prozesse sowie

- die Visualisierung der Bewertung der Prozesse durch Regelkarten und Farbcodes sowie die Anwendung der *Projektportfolio-Scorecard* anhand von mehreren praktischen Beispielen.

Grundlegende Thesen

- Die *Balanced-Scorecard-Methode* ist für das strategische Steuern und Überwachen von *projektorientierten Unternehmen* über Projektportfolios anwendbar.
- Durch die Erweiterung der Perspektiven einer *Projektportfolio-Scorecard* um die *EFQM-Kriterien Gesellschaft* und *interne Ressourcen/Partner* wird diese zu einem strategischen Steuerungsinstrument für *projektorientierte Unternehmen*.
- Durch die Anwendung der *Projektportfolio-Scorecard* können Schwächen der *internen Prozesse im Projektportfolio* aufgezeigt werden.
- Durch die Betrachtung der *internen Prozesse aus Sicht des Projektmanagements* wird die Unternehmensentwicklung in Richtung *Project Excellence* gefördert.
- Die Anwendung der *Projektportfolio-Scorecard* ist ein adäquates Instrument zur Kommunikation mit den Stakeholdern.

Zielfragen

- Welche Auswirkung hat der Einsatz einer *Projektportfolio-Scorecard* in einem *projektorientierten Unternehmen* auf das Management von Projektportfolios externer Kundenprojekte?
- Kann die *Projektportfolio-Scorecard* als Grundlage für Qualitätsverbesserungen der *Projektmanagementprozesse* und inhaltlichen Prozesse der Projektabwicklung von externen Kundenprojekten eingesetzt werden?

Die folgenden Abschnitte der Einleitung geben ein theoretisches Fundament für den praktischen Teil des Buchs. Wer Theorie ganz und gar nicht schätzt, kann ihn durchaus überspringen, das *Warum* erschließt sich jedoch besser mit einer theoretischen Basis.

1.2 Die Paradigmen des modernen Projektmanagements

Die dem Ansatz des modernen *Projektmanagements* zugrunde liegenden Paradigmen werden nachfolgend beschrieben:

- Der radikale Konstruktivismus als erkenntnistheoretisches Paradigma,
- die sozialwissenschaftliche Systemtheorie als organisationstheoretisches Paradigma sowie
- die qualitative Sozialforschung als forschungsmethodologisches Paradigma.

Diese Paradigmen haben normativen Charakter, auch wenn sie auf Theorien basieren.

1.2.1 Erkenntnistheorie

Eine Erkenntnistheorie umfasst unter anderem Regeln, nach denen der Gegenstand einer Wissenschaft bestimmt, Begriffe definiert, die logische Struktur für Aussagen oder die Verfahren, Aussagen zu generieren, formuliert werden. Als Metasystem befasst sich die Erkenntnistheorie mit dem Aussagensystem der Wissenschaft, insbesondere der Realwissenschaften, als Betrachtungsobjekt, und damit, wie man zu neuen Erkenntnissen kommt. Die Regeln der Logik, der Theorie und Methode der Erkenntnisse unterliegen der Diskussion und Übereinkunft in der Wissenschaft und sind somit historischen Wandlungen unterworfen.

Wissenschaft schreitet nicht nur kontinuierlich voran, sondern wird auch durch Diskontinuitäten unterbrochen. Krisen sind die Voraussetzung für das stärkere Denken in Alternativen und das Entwickeln von neuen Theorien.

Konstruktivismus

Zu den ersten Konstruktivisten zählen *Vico* und *Berkeley*, die den radikalen Unterschied zwischen menschlicher Erfahrungswirklichkeit und ontologischer Wirklichkeit erkannten. *Vico* beschäftigte sich mit einer neuen Konzeption menschlichen Wissens und *Berkeley* erarbeitete eine neue Definition der Bedeutung des Ausdrucks „existieren".

„Konstruktivismus, in seiner heutigen Form, präsentiert sich als ein Forschungsprogramm, das auf verschiedenen Ebenen die Entstehung und Entwicklung von Phänomenen durch plausible Konstruktionen ihrer Mechanik zu erklären versucht."

Radikaler Konstruktivismus

„Der Radikale Konstruktivismus ist eine philosophische Theorie der Wahrnehmung und der Erkenntnis".

> In der gegenwärtigen Erkenntnistheorie behauptet der Radikale Konstruktivismus, dass Kognitionen (Wahrnehmungen) die Wirklichkeit nicht abbilden. Das die Sinnesempfindungen verarbeitende Gehirn repräsentiere nicht die äußere Realität, vielmehr konstruiere es diese.

Der Radikale Konstruktivismus stellt keine streng einheitliche Theorie dar, sondern entspricht eher einem interdisziplinären Diskurs einer Erkenntnistheorie zum Paradigma *selbstorganisierender Prozesse*. Er liefert als Metadisziplin anderen wissenschaftlichen Disziplinen ein erkenntnistheoretisches Fundament.

Erkenntnis, Wahrnehmung und Wirklichkeit

Zentrale Frage des Radikalen Konstruktivismus ist das Zustandekommen von Erkenntnis und der Zusammenhang zur Wahrnehmung. Erkennen und Wissen sind nicht Ergebnisse eines „passiven Empfangens", sondern Resultate von Handlungen aktiver Subjekte.

Der Radikale Konstruktivismus leugnet keineswegs äußere Existenzen. Der Unterschied zur traditionellen Auffassung liegt in der Möglichkeit rationalen menschlichen Wissens, im Verhältnis von Wissen und Wirklichkeit. Während die traditionelle Auffassung in der Erkenntnislehre dieses Verhältnis stets als eine mehr oder weniger bildliche Übereinstimmung oder Korrespondenz betrachtet, sieht der Radikale Konstruktivismus es als Anpassung im funktionalen Sinn.

Glaserfeld erläutert diesen begrifflichen Gegensatz an den englischen Ausdrücken „match" und „fit", zu Deutsch „stimmt" und „passt". Sagen wir zum Beispiel von einer Abbildung, dass sie „stimmt", so bedeutet das, dass sie das Abgebildete wiedergibt und mit ihm in irgendeiner Weise gleichförmig ist. Sagen wir andererseits von etwas, dass es „passt", so bedeutet dass nicht mehr und nicht weniger, als dass es den Dienst leistet, den wir uns von ihm erhoffen.

Dies bedeutet grundsätzlich ein anderes Verständnis von „Wissen": Eine „erfolgreiche" Wirklichkeitskonstruktion hat lediglich unter den jeweils spezifischen Umständen das Erwartete geleistet, aber keineswegs zu einem Wissen über die „objektive" Beschaffenheit der Welt geführt. Sie hat lediglich einen gangbaren Weg gezeigt. Was wir von der absoluten Wirklichkeit erleben, sind lediglich ihre Schranken – die ontischen Schranken.

Der Wissenschaftler ist interessiert an der Art und Weise, wie wir die Regeln konstruieren, mit deren Hilfe wir unsere Erfahrung organisieren. Nicht die genaue Kenntnis ist maßgebend, sondern die Rolle, die wir in der Welt darstellen. Das reflektierende Organisieren der Erfahrungswelt durch Bilder von Unterschieden, Grenzen und Differenzen ist das zentrale Element der rückwirkenden Betrachtungen. Das Wahrgenommene wird vom Betrachter in Beziehung zu seinem Wissen gesetzt. Die Fähigkeit Wirklichkeit zu erfinden, Unterschiede zu sehen, abzugrenzen und zu strukturieren kennzeichnet den Radikalen Konstruktivismus. Als Qualitätskriterium einer Wirklichkeitskonstruktion kann die Relation des „Passens", d.h. des „Funktionierens" herangezogen werden. *Glaserfeld* bezeichnet dies mit dem Begriff der *Viabilität*, was er mit *Gangbarkeit* im Sinne eines zum Ziel führenden Weges übersetzt. Es gibt je nach Situation möglicherweise mehrere oder sogar eine Vielzahl variabler Wirklichkeitskonstruktionen, die nebeneinander bestehen und sich teilweise auch widersprechen können, aber einander nicht ausschließen.

Mit diesem Verständnis widerspricht der Radikale Konstruktivismus der traditionellen Vorstellung einer beobachterunabhängigen und im Sinne von „wahrer Übereinstimmung" erschließbaren Wirklichkeit. Der Konstruktivist will trotz der Möglichkeit mehrerer unterschiedlicher variabler Modelle zwischen subjektivem und objektivem Urteil unterscheiden können. Dazu ist die Entwicklung des Differenzierungsvermögens zwischen dem „Selbst" und dem „Anderen" wesentlich und der Fähigkeit, den eigenen Erlebnisbereich (die Wirklichkeitskonstruktionen) zu strukturieren, indem Kategorien geschaffen und diese zueinander in Beziehungen gesetzt werden. Die zwei wichtigsten Prozesse dabei sind die sprachliche Interaktion mit einem anderen und die erfolgreiche Interpretation der Handlungen anderer mit Hilfe eigener, kognitiver Strukturen. Wenn die eigenen Begriffe und Vorstellungen sich dann in Modellen der anderen als gangbar erweisen, dann gewinnen sie eine Gültigkeit, die objektiv genannt werden kann.

> Auch im Projekt- und Prozessmanagement sind die Wahrnehmungen der einzelnen Personen unterschiedlich. Durch die in diesem Buch beschriebene Vorgehensweise gelingt es, die unterschiedlichen Wahrnehmungen von *Projekt- und Prozessmanagern* durch die Messung von Prozessen zu vereinheitlichen – und somit ein Ergebnis zu schaffen, das passt.

Radikaler Konstruktivismus und empirische Sozialforschung

Kasper leitet, ausgehend vom Paradigma des Radikalen Konstruktivismus, einige Konsequenzen für die empirische Sozialforschung ab:

- Wissenschaft ist eine soziale, von menschlichem Handeln bestimmte Aufgabe und nicht auf Erkenntnis der Realität ausgerichtet.
- Über Wahrheit wird im Wege eines qualifizierten Konsenses entschieden.
- Organisationen werden als soziale Konstruktionen der Wirklichkeit gesehen, die von *einer* sozialen Gruppe – und nicht notwendiger Weise auch von anderen – geteilt werden.
- Zentrale Aufgabe der Organisationsforschung ist die Entschlüsselung des Sinnsystems (der Kultur) von Organisationen.

Die Forscher, die konstruktivistisch Erkenntnis gewinnen wollen, sollen sich dabei jener Methoden bedienen, die Ethnologen anwenden (z.B. teilnehmende Beobachtung, offenes Interview). Zugelassen sind alle Methoden, die einen qualitativen Zugang zur organisatorischen Realität, wie sie sich den Organisationsmitgliedern darstellt, erlauben.

> Durch Dokumentenanalyse, qualitative Interviews, Befragungstechniken und Multimethodenansatz wurde dem radikalen Konstruktivismus in diesem Modellansatz entsprochen.

Radikaler Konstruktivismus und Systemtheorie

Das Verhältnis des radikalen Konstruktivismus zur sozialwissenschaftlichen Systemtheorie zeichnet sich dadurch aus, dass beide Seiten mit der Differenz von System und Umwelt und mit der operativen Geschlossenheit kognitiver wie sozialer Systeme operieren. Beide betonen, dass erst auf Grund von Selbstreferenz und operationaler Geschlossenheit Systeme überhaupt in der Lage sind zu erkennen. Einen weiteren Anknüpfungspunkt bildet die Frage des Wissens. Bei *Glaserfeld* ist Wissen kein Selbstzweck, sondern Mittel zum Zweck und Resultat eines zielstrebigen Handelns. Da besteht ein Zusammenhang zur Systemtheorie bei *Luhmann*, weil „auf die Frage, woraus soziale Systeme bestehen, geben wir mithin die Doppelantwort: aus Kommunikation und aus deren Zurechnung als Handlung. Das eine wäre ohne das andere nicht evolutionsfähig gewesen.“

Radikaler Konstruktivismus und kritischer Rationalismus

Tabelle 1.1 stellt die wesentlichen Aussagen des kritischen Rationalismus und des radikalen Konstruktivismus einander gegenüber.

Tabelle 1.1
Gegenüberstellung von kritischem Rationalismus und radikalem Konstruktivismus

Kriterium	Radikaler Konstruktivismus	Kritischer Rationalismus
Verhältnis von Sozial- und Naturwissenschaften	• Unterschiedliche Erklärungsmodelle für Sozial- und Naturwissenschaften	• Ein Erklärungsmodell für Sozial- und Naturwissenschaften
Theoriebildung	• Interpretation • Methode des Verstehens	• Deduktion • Methode des Erklärens
Erklärungsanspruch	• Viabilität (=Gangbarkeit) wissenschaftlicher Aussagen • Adäquanz wissenschaftlicher Aussagen für die Wirklichkeit sozialer Akzeptanz – „fit"	• Wahrheit wissenschaftlicher Aussagen • Korrespondenz wissenschaftlicher Aussagen mit der objektiven Wirklichkeit – „match"
Wirklichkeitsverständnis	• Es gibt eine „objektive Wirklichkeit", über die aber keine Erkenntnis möglich ist • Die erlebte Wirklichkeit ist eine soziale Konstruktion • Es gibt keine Wahrheitskriterien der Erkenntnis	• Es gibt eine objektive Wirklichkeit • Die objektive Wirklichkeit ist annähernd – aber nicht gesichert – erkennbar • Es gibt Wahrheitskriterien der Erkenntnis
Wissenschaftliche Kommunikation	• Zyklischer wissenschaftlicher Diskurs • Konsens der wissenschaftlichen Gemeinde	• Individualaussage
Methodeneinsatz	• Qualitativ, (fast) alle Methoden, aber mit neuer Zielsetzung	• vorwiegend quantitativ
Rolle des Forschers	• Beobachter, Interpretierer	• Experimentator

1.2.2 Sozialwissenschaftliche Systemtheorie

Unterschiedliche Zugänge zur Systemtheorie in den verschiedenen Managementlehren sind kennzeichnend für dieses relativ *junge* Theoriegebäude.

Grundlage ist die Theorie *selbstreferentieller sozialer Systeme* nach *Niklas Luhmann*. Bild 1.1 zeigt seine Einteilung verschiedener Systemtypen.

Unter dem Begriff *soziale Systeme* fasst er Interaktionen, Organisationen bzw. formal organisierte Systeme und Gesellschaften zusammen. Wesentliches Merkmal des hier zu betrachtenden Begriffs von Organisationen ist die Entwicklung organisationsspezifischer Strukturen wie Werte, Regeln und Umweltbeziehungen, die von den Systemmitgliedern relativ unabhängig bestehen und die Identität des sozialen Systems ausmachen.

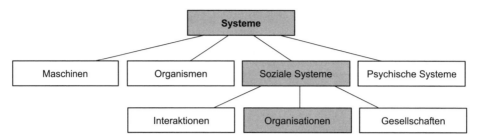

Bild 1.1 Systemtypen

Luhmann beschreibt sein Systemverständnis unter anderem durch die im Folgenden er-läuterten Begriffe.

System-Umwelt-Differenz

> Als System lässt sich alles bezeichnen, worauf man die Unterscheidung von innen und außen anwenden kann. Die Innen-Außen-Differenz besagt, dass eine Ordnung festgestellt wird, die sich nicht beliebig ausdehnt, sondern durch ihre innere Struk-tur und durch die eigentümliche Art ihrer Beziehungen Grenzen setzt.

Soziale Systeme können nur in Zusammenhang mit ihren spezifischen relevanten Um-welten betrachtet werden. Dabei werden Umwelten für Unternehmen nach „internen Umwelten" (z.B. Mitarbeiter, Management, Betriebsrat) und „externen Umwelten" (z.B. Kunden, Lieferanten, Konkurrenten, Medien) differenziert. Die Umweltbeziehungen be-stimmen gemeinsam mit den internen Umwelten die Identität des Systems. Nur da-durch kann Identität gebildet werden.

„ ... eine wirkliche Offenheit gegenüber Umwelteinflüssen würde jede Organisation im Chaos wechselnder Konstellationen zerfließen lassen."

Komplexität und Kontingenz

Der Sinn in der Bildung sozialer Systeme besteht für *Luhmann* darin, dass Bereiche ge-schaffen werden, die weniger komplex sind als die Komplexität der Welt.

Dabei definiert er für den Grad der Komplexität folgende Einflussfaktoren:

- Anzahl der Elemente des Systems
- Anzahl der möglichen Beziehungen zwischen diesen Elementen
- Verschiedenartigkeit dieser Beziehungen
- Entwicklung dieser drei Faktoren im Zeitablauf.

Komplexität wird durch die Bildung sozialer Systeme nicht nur abgebaut, sondern auch aufgebaut. Die Überlebensfähigkeit des sozialen Systems wird wesentlich durch die Fle-xibilität bestimmt, also durch die Entwicklung der entsprechenden Eigenkomplexität auf die Komplexität der Umwelt zu reagieren und damit umzugehen.

Kommunikation als Element

Luhmann bezeichnet die Kommunikation als Element in sozialen Systemen, nicht den Menschen, das Individuum:

„Soziale Systeme bestehen nicht aus Menschen, nicht aus Handlungen, sondern aus Kommunikationen."

Er definiert den Menschen und die vom Menschen getragenen Rollen als relevante Umwelten und berücksichtigt so den Einfluss des Individuums auf das soziale System.

„Kommunikationen sind zeitpunktförmige Ereignisse (wie auch Entscheidungen), die im Zeitpunkt ihres Entstehens bereits auch wieder verschwinden. Sich über die einzelnen Kommunikationen hinaus herausbildende Strukturen haben eine zentrale Bedeutung für das System."

Struktur und Prozesse

Die zentrale Funktion von Strukturen und Prozessen besteht in der Verarbeitung von Komplexität durch Vor-Auswahl von Möglichkeiten.

Im Rahmen der Strukturbildung wird mit einem höheren Grad an Wahrscheinlichkeit Bestimmtes ermöglicht und anderes ausgeschlossen, und in Bezug darauf können Erwartungen dann mehr oder weniger sicher/unsicher sein.

Selbstreferenz

Ein System kann man als selbstreferentiell bezeichnen, wenn es die Elemente, aus denen es besteht, als Funktionseinheiten selbst konstituiert und in allen Beziehungen zwischen diesen Elementen Verweise auf diese Selbstkonstitution mitlaufen lässt, und auf diese Weise die Selbstkonstitution laufend reproduziert.

Als drei wesentliche Ebenen der Selbstreferenz bezeichnet *Luhmann*
- die basale Selbstreferenz,
- die Reflexivität und
- die Reflexion.

In der ersten Ebene schließen sich die Elemente des Systems durch Rückbezüglichkeiten aneinander an. Reflexion in der zweiten Ebene drückt sich dadurch aus, dass Prozesse auf sich selbst angewandt werden können, es kann z.B. über Kommunikationen kommuniziert werden. Der Reflexion liegt die Differenzierung von System und Umwelt zugrunde.

Selbstreferenzielle Systeme stellen auf Grund ihres Selbstbezugs geschlossene Systeme dar, die nicht von ihrer Umwelt determiniert werden. Umweltreize sind Anstöße, aus denen sich soziale Systeme entsprechend ihrer spezifischen Strukturen Informationen konstruieren und Entscheidungen produzieren.

Steuerung von Systemen

Ein besonderes Merkmal sozialer Systeme ist die Art der Steuerung.

> Systemsteuerung bedeutet immer Selbststeuerung. Eine Systemsteuerung „außen" ist nicht möglich. Soll etwas im System bewirkt werden, muss die Intervention Gegenstand der Systemkommunikation werden. Ebenso wenig ist eine Systemsteuerung von einem Punkt aus möglich. Steuerung erfolgt sozusagen über das System verteilt.

Systemisches Management beschäftigt sich mit der Steuerung sozialer Systeme. Mit folgenden Aussagen von *Fiedler* kann man die verschiedenen Steuerungsmaßnahmen beschreiben, die sich für soziale Systeme ergeben.

- Die Wirkungen der Steuerungsmaßnahmen des Managements sind nicht determinierbar.
- Systemische Steuerungsmaßnahmen müssen die Komplexität des Systems berücksichtigen.
- Systemische Steuerungsmaßnahmen müssen den Kontext, den Zusammenhang, abbilden.
- Ansatzpunkte systemischer Steuerungsmaßnahmen sind nicht Personen, sondern Strukturen.
- Die Voraussetzungen systemischer Steuerungsmaßnahmen sind adäquate Rekonstruktionen der Systemkonstruktionen.
- Ziel systemischer Steuerungsmaßnahmen ist die Erhöhung der Selbststeuerungsfähigkeit des Systems.
- Wesentliche Erfolgskriterien systemischer Steuerungsmaßnahmen sind deren Anschlussfähigkeit an übergeordnete und gleichrangige Systemelemente.
- Systemische Steuerungsmaßnahmen sind prozessorientiert und zyklisch.
- Systemische Steuerungsmaßnahmen erfordern spezifische Arbeitsformen.

> Zentrales Element systemischer Steuerungsmaßnahmen ist die Entwicklung gemeinsamer Sichtweisen der Wirklichkeit, wie die Zusammenführung von *Projekt- und Prozessmanagement* in diesem Modell.

Triviales System

Ein triviales System ist vergleichbar mit der Funktionsweise einer einfachen Maschine. Daraus lässt sich auch die mechanistische Denkweise zur Steuerung von Maschinen ab-

Bild 1.2 Triviale Maschine als Input-System-Output

Tabelle 1.2 Management trivialer und komplexer Systeme

Triviales System	Komplexes soziales System
Konstruierbar	Beschränkt gestaltbar
Vergangenheitstunabhängig	Vergangenheitsabhängig
Vorhersagbar	Unvorhersagbar
Sicherheit erreichbar	Unsicherheit reduzierbar
Beherrschbar mit Restrisiko	Nicht lenkbar, sondern handhabbar
Einflussnahmen erfolgen über die Kenntnis der Wirkungsfunktion	Einflussnahmen erfolgen über die (Bereitstellung von) Rahmenbedingungen
Schaffung von Vereinheitlichung	Zulassen von Unterschieden
Erlassung von verbindlichen Regeln, Verfahren und Abläufen	System entwickelt Formen der Selbststeuerung
Führung durch Anweisung und Sanktion	Managementverhalten ist beeinflusst durch die Einsicht des Managers in die Autonomie des Systems, durch seine Fähigkeit zur (Selbst-)Reflexion und Selbststeuerung (z.B. für selbstorganisierende Prozesse)

leiten. Durch einen genau definierten Input erzielt man über das triviale System einen erwarteten Output.

Bild 1.2 verdeutlicht diesen Zusammenhang.

Aus diesen Charakteristika ergibt sich ein grundlegend neues Managementparadigma für die Steuerung sozialer Systeme, das in vielen Punkten wesentlich vom Management trivialer Systeme abweicht. Ein Vergleich der beiden Ansätze verdeutlicht das in verdichteter Form (Tabelle 1.2).

1.2.3 Qualitative Sozialforschung

Prozessmessung ist meist nur möglich mit den qualitativen Methoden der Sozialforschung, wobei im empirischen Teil dieses Buchs das qualitative Interview und seine unterschiedlichen Ausformungen angewendet werden. Bevor die qualitativen Methoden näher erläutert werden, beschreiben wir in Tabelle 1.3 die Grundannahmen der qualitativen und der quantitativen Forschung.

Nun folgt ein Überblick über die unterschiedlichen, angewendeten Methoden der qualitativen Sozialforschung zur Modellentwicklung.

Die Einzelfallstudie

Ein Charakteristikum der Einzelfallstudie ist, dass man für sie ein einzelnes soziales Element als Untersuchungsobjekt und -einheit wählt, also eine spezifische und individuelle Einheit.

Tabelle 1.3 Grundannahmen quantitativer und qualitativer Sozialforschung

Kriterium	Quantitative Sozialforschung	Qualitative Sozialforschung
Grundorientierung	• Naturwissenschaftlich	• Geisteswissenschaftlich
Zuordenbare wissenschaftstheoretische Position	• Kritischer Rationalismus • Logischer Positivismus	• Hermeneutik • Phänomenologie
Empirieform	• Tatsachenempirie	• Totalitätsempirie
Erklärungsmodell	• Kausal und/oder funktionalistisch	• Historisch-genetisch
Wissenschaftstheoretische Implikation und Konsequenz	• Ziel der Werturteilsfreiheit wissenschaftlicher Aussagen • Konvergenz- und Korrespondenztheorie der Wahrheit • Trennung von Entdeckungs-, Begründungs-, und Verwertungszusammenhang • Empirische Sozialforschung zum Zwecke der Theorieprüfung • Theoretisches und technologisches Erkenntnisinteresse • Trennung von Common Sense und Wissenschaft	• Ablehnung der Werturteilsfreiheit • Konsensus- und Diskurstheorie • Verschränkung von Entdeckung und Begründung • Plausibilitätsannahmen treten an Stelle von systematischer Beweisführung • Sozialforschung als Instrument der Theorieentwicklung • Kritisch emanzipatorisches, praktisches Erkenntnisinteresse • Ähnlichkeit von Alltagstheorien und wissenschaftlichen Aussagesystemen
Wirklichkeitsverständnis	• Annahme einer objektiv und autonom existierenden Realität • Abbildungsfunktion der Wissenschaft: dient der kognitiven Strukturierung und Erklärung der als objektiv existent angenommen Welt	• Annahme einer symbolisch strukturierten, von den sozialen Akteuren interpretierten und gesellschaftlich konstruierten Wirklichkeit • Wissenschaftliche Aussagen nicht als Realität, sondern als Deskription der Konstruierungsprozesse von Wirklichkeit
Methodenverständnis	• Automatisierung und Instrumentalisierung des methodischen Apparats • Harte Methoden, standardisiert • Statistisch	• Dialektik von Gegenstand und Methoden • Weiche Methoden, nicht standardisiert • Quasi-statistisch
Gegenstandsbereich	• Wirkungs- und Ursachenzusammenhänge • Funktionszusammenhänge	• Konzeption der Gesellschaft als Lebenswelt
Forschungslogik	• Deduktion, Induktion • Analytisch/abstrahierend • Streben nach objektivierbaren Aussagen • Replizierbarkeit	• Induktion, Abduktion • Holistisch/konkretisierend • Geltendmachen der Subjektivität • Typisierung

Tabelle 1.3 (Forts.) Grundannahmen quantitativer und qualitativer Sozialforschung

Kriterium	Quantitative Sozialforschung	Qualitative Sozialforschung
	• Replizierbarkeit • Generalisierung • Operationale Definitionen	• Wesens-Definition: wissenschaftliche Begriffe als Konstrukteur „zweiter" Ordnung
Selbstverständnis der Sozialforscher	• Auf Unabhängigkeit bedachter Beobachter und Diagnostiker gesellschaftlicher Verhältnisse	• Faktischer oder virtueller Teilnehmer, Advokat, Aufklärer

Die Einzelfallstudie zielt darauf ab, in das Zusammenwirken einer Vielzahl von Faktoren, gerichtet auf das Auffinden und Herausarbeiten typischer Vorgänge, einen genauen Einblick zu bekommen.

Die Inhaltsanalyse

Die Inhaltsanalyse ist eine Methode der qualitativen Sozialforschung, die Material folgender Art verwertet: emotionale und kognitive Befindlichkeiten, Verhaltensweisen oder Handlungen.

Gegenstand des inhaltsanalytischen Vorgehens sind Handlungen, die in reproduzierbarer Form vorliegen.

Die biografische Methode

Bei der biografischen Methode handelt es sich um eine Einzelfallstudie, bei der das Leben einer einzelnen Person und die Binnenstruktur seiner Lebensgeschichte im Mittelpunkt des Forschungsinteresses stehen. Die Biografieforschung bedient sich wissenschaftlich kontrollierter Interviewmethoden.

Dokumentenanalyse – Inhaltsanalyse

Die qualitative Inhaltsanalyse dient im qualitativen Paradigma der Auswertung des bereits erhobenen Materials, das heißt, sie dient der Interpretation symbolisch-kommunikativ vermittelter Interaktionen für den wissenschaftlichen Diskurs.

Das qualitative Interview

Das qualitative Interview kann eine mündliche und persönliche Form der Befragung sein, bei der es um eine unverzerrte, nicht prädeterminierte und möglichst vollständige Sammlung von Informationen zu dem interessierenden Untersuchungsgegenstand geht.

Das Prinzip der Kommunikativität zeigt sich beim qualitativen Interview vor allem in dem Bemühen, sich einer alltäglichen Kommunikationssituation anzunähern. Dazu gehören zum einen eine deutliche Zurückhaltung des Interviewers im Gespräch sowie seine Möglichkeiten, jeweils individuell auf die Auskunftsperson eingehen zu können.

Bild 1.3 Formen qualitativer Interviews

Gegebenenfalls wird die Auskunftsperson selbst zum Wiederholen gewisser Gesprächs-
sequenzen gebeten, um ihre subjektiven Interpretationen in die Auswertung mit einflie-
ßen zu lassen. Nachfolgend eine Auflistung der Charakteristika des qualitativen Interviews nach *Lamnek*:

- Qualitative Interviews sind mündlich-persönlich.
- Es handelt sich um nicht-standardisierte Interviews, denn durch die notwendige
  situative Anpassung sind vorformulierte Fragen und deren Reihenfolge nicht vorher-
  sehbar.
- Es werden ausschließlich offene Fragen gestellt.
- Der Interviewstil ist neutral bis weich.
- Im Hinblick auf die Intentionen des Interviewers handelt es sich vornehmlich um
  vermittelnde, aber auch um ermittelnde Interviews.
- Gerade im qualitativen Interview hat der Befragte die Möglichkeit, seine Wirklich-
  keitsdefinition dem Interviewer mitzuteilen.

Aufgrund der häufig sehr persönlichen Themen versteht sich, dass ein qualitatives Interview in der Regel eine Einzelbefragung darstellt.

Bild 1.3 fasst die verschiedenen Interviewformen zusammen.

1.3 Forschungsmethodik

Der Schwerpunkt der diesem Buch zugrunde liegenden Arbeiten lag auf der Thesen- und
Modellentwicklung sowie auf der Erprobung in Fallbeispielen. Als Basis wurde der exis-
tierende Ansatz der *Balanced Scorecard* und der *RGC-PPSC* verwendet und zu einem *ideal-
typischen Modell einer PPSC* weiterentwickelt. Die beiden Fallstudien wurden dazu in
Bezug gesetzt.

Der Forschungsprozess war durch eine offene, zyklisch prozessorientierte Vorgangsweise
in Form von mehreren Schleifen aus Informationssammlung, Thesenbildung und Reflexion gekennzeichnet.

Für die Beurteilung der Anforderungen an die *Projektportfolio-Scorecard* wurde ein Multi-Methoden-Ansatz gewählt. Es wurden einerseits Interviews sowie eine Befragung mit Fragebogen durchgeführt und andererseits eine umfangreiche Dokumentenanalyse in den Fallstudienunternehmen durchgeführt. An der Befragung beteiligten sich zahlreiche Projektmanager der Fallstudienunternehmen.

Durch die Durchführung von qualitativen Interviews zur Ausarbeitung des Fragebogens mit jeweils vier *Projektmanagement-Experten* (drei Senior-Projektmanager und ein Projektcontroller) der Fallstudienfirmen und das Erarbeiten von vier Fallstudien wurde eine Betrachtung des Einsatzes des *Projektportfolio-Scorecard-Modells* in der Praxis möglich.

Abschließend wurden die Fallstudien in Anlagen- und Systembauunternehmen durchgeführt.

2 Definitionen und Managementansätze

In diesem Kapitel werden die verschiedenen *Projektmanagement-Ansätze* und Definitionen erläutert. Dazu gehört unter anderem die Unterscheidung bzw. der Zusammenhang zwischen *Produkt, Projekt und Prozess*. Die Differenzierung von Projektarten, die Unterscheidung zwischen Routineaufgaben, Projekten und Programmen wird beschrieben. Anschließend folgt die Beschreibung der Gestaltung des *Projektmanagementprozesses* sowie der Methoden in den unterschiedlichen *Projektmanagementprozessen*. In einem weiteren Schritt werden das projektorientierte Unternehmen dargelegt, die Strategie, die Struktur und die Kultur sowie der *Projektportfolio-Management-Prozess* beschrieben.

2.1 Projekt und Projektmanagement

2.1.1 Projekt

Der Begriff *Projekt* hat seinen Ursprung im lateinischen Verb *proicere* (werfen). Die Weiterentwicklung erfolgte im 17. Jahrhundert, es entstand das Substantiv *Proiectus* (das nach vorne Geworfene). Heute bedeutet *Projekt* ein groß angelegtes Vorhaben. Der Projektbegriff gehört zu jenen Termini, die jedermann versteht und zu kennen glaubt, deren präzise Festlegung jedoch einige Schwierigkeiten aufwirft. *Projekt* wurde in den letzten Jahren zu einem Modebegriff. So werden oftmals alle einigermaßen wichtigen Vorhaben in einem Unternehmen oder in einer Organisation zum *Projekt* erklärt.

Bei Verwendung des Begriffs *Projekt* sollten daher die Besonderheiten, die ein solches auch projektwürdig erscheinen lassen, herausgearbeitet werden und in Beziehung zu Nicht-Projekten wie Routineaufgaben gesetzt werden.

- *Dullien* versteht unter einem *Projekt* ein umfangreiches, einmaliges und komplexes Vorhaben.
- *Wild* beschreibt ein *Projekt* als eine Aufgabenstellung, die zeitlich begrenzt, neuartig oder einmalig ist, und die auf Grund von Querschnittsaufgaben den Einsatz von Spezialisten verlangt.
- *Patzak/Rattay* beschreiben Projekte als Vorhaben, die im Wesentlichen durch die Einmaligkeit der Bedingungen in ihrer Gesamtheit gekennzeichnet sind. Die daraus resultierende mangelhafte Erfahrung schlägt sich als Unbestimmtheit bzw. Unsicherheit nieder.

Gareis beschreibt ein *Projekt* als eine Aufgabe mit besonderen Merkmalen, welche instrumentelles Organisieren bedingen und eine Projektorganisation zur Aufgabenbewältigung voraussetzen. Sie können als soziale Systeme wahrgenommen werden, und die Unterscheidung, was als *Projekt* und was als *Nicht-Projekt* zu definieren ist, ist situationsspezifisch zu entscheiden. Eine Aufgabe, die für das eine Unternehmen projektwürdig erscheint, kann für ein anderes Unternehmen nicht projektwürdig sein.

An dieser Definition wollen wir uns in diesem Buch orientieren.

Im Bild 2.1 ist das *Projekt* mit seinen direkten und vernetzten Umwelten dargestellt.

Auf diesen verschiedenen Ansätzen haben die meisten Autoren aufgebaut. Das *Deutsche Institut für Normung e.V.* hat aus diesen verschiedenen Fassetten den Begriff *Projekt* in DIN 69900 bis 69905 definiert. Hierbei wird die Einmaligkeit von Projekten in den Vordergrund gestellt. Welchen Nutzen bieten nun Normen? Normen definieren und regeln einheitliche Begriffe, Verfahren und Systeme und haben unter anderem das Ziel Missverständnisse in der Kommunikation zu vermeiden. *Projektmanagement* ist zu einem großen Teil zielgerichtete Kommunikation. Jeder Projektmanager oder jedes Projektteammitglied weiß, was es bedeutet wenn man aneinander vorbeiredet. In einer Studie aus dem Jahr 2000 kommt das Fraunhofer Institut für Systemtechnik und Innovationsforschung gemeinsam mit den beteiligten Universitäten unter anderem zu dem Ergebnis, dass Normen zum Wirtschaftswachstum einen größeren Beitrag leisten als Patente und Lizenzen. Zusätzlich zu der DIN Norm gibt es für *Projektmanagement* noch bewährte Standards wie den *Projektmanagement-Fachmann* der Deutschen Gesellschaft für Projektmanagement e.V. (GPM) als Fach- und Berufsverband für Projektmanagement, die Competence-Baseline (ICB) der International Project Management Association (IPMA), den Project Management Body of Knowledge (PMBOK) des Project Management Institutes (PMI), welchen z.B. das American National Standards Institute (ANSI) zum Standard für *Projektmanagement* erklärt hat.

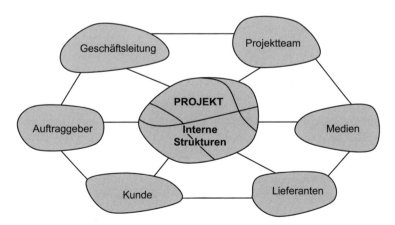

Bild 2.1 Projekte und relevante Umwelten

Da einheitliche Begriffsdefinitionen für *Projektmanagement* fehlen, nachstehend eine Orientierung: Im europäischen Raum empfiehlt sich die ICB bzw. der PM Kanon, die deutsche Version der ICB, als Grundlage der Projektarbeit. Einen schnellen Überblick über *Projektmanagement-Begriffe* bietet das Deutsche Projekt Magazin im Internet. International ist das *Widemann Comparative Glossary of Common Project Management Terms* eine unentbehrliche Hilfestellung.

Ein *Projekt* erfüllt die folgenden Merkmale:

- *Zielvorgabe*
  Ein Projektauftrag setzt eine Zielvorgabe voraus.

- *Einmaligkeit*
  Der einmalige Charakter von Projekten ist durch das azyklische Vorgehen gekennzeichnet. Hingegen treten Routineaufgaben in festgeschriebenen zeitlichen Abständen wiederholt auf.

- *Komplexität*
  Dieses Kriterium zeigt das Maß der Interdependenzen, also der gegenseitigen Abhängigkeiten der Leistungen aller an der Durchführung beteiligten Organisationseinheiten innerhalb und auch außerhalb des *Unternehmens*. Die Anzahl der Beziehungen zwischen den beteiligten Elementen dieses Systems ist ein Maß für die Komplexität.

- *Neuartigkeit*
  Dieses Kriterium zeigt die Besonderheit des Vorhabens. Die Neuartigkeit kann sich z.B. in einem neuen Produkt oder auch in einer neuen Verfahrensweise äußern.

- *Zeitliche Befristung*
  Projektstart und Projektabschluss sind klare Merkmale für die zeitliche Befristung.

- *Ressourceneinsatz*
  Projekte verlangen im hohen Maße die Mitwirkung verschiedener Experten und die Bereitstellung technischer als auch finanzieller Ressourcen.

- *Risiko*
  Projekte enthalten eine Vielzahl von schwer planbaren Aktivitäten oder Interdependenzen, welche sich im Risiko äußern.

- *Interdisziplinarität*
  Projekte erfordern auch die Zusammenarbeit verschiedener Experten mit entsprechendem Fach-Know-how.

2.1.2 Projektmanagement

Projektmanagement existiert seit ca. 60 Jahren. Die Wurzeln liegen in der Militärindustrie. Das Apollo-Programm, welches die US Air Force mit eigenen Verfahren und Organisationsformen durchgeführt hat, ist ein Beispiel dafür. Auch wurde die Program Evaluation and Review Technique (PERT) von der US NAVY entwickelt.

Die Definitionen zu *Projektmanagement* in der Literatur sind sehr unterschiedlich. Die Ableitung der Definition erfolgt über die Begriffe *Projekt* und *Management*. Unter Management kann dabei der Vorgang der Willensbildung und Willensdurchsetzung verstanden werden, der sich weiter unterteilen lässt in die Teilfunktionen Problemerkennung, Alternativensuche, Beurteilung, Entscheidung, Durchführung und Überwachung.

Krüger umschreibt den Begriff des *Projektmanagements* als Führungskonzept für komplexe Vorhaben, das die Organisation, Planung, Steuerung und Kontrolle der Aufgaben, Personen und Ressourcen umfasst, die zur Erreichung der Projektziele erforderlich sind.

Burghardt beschreibt *Projektmanagement* als ein Führungskonzept, das sich von herkömmlichen Führungskonzepten durch nachstehende Merkmale unterscheidet: Projektadäquate Organisation, exakte Entwicklungsvorgaben, projektbezogene Planung, laufender Soll-Ist-Vergleich, definiertes Entwicklungsende.

Gareis definiert *Projektmanagement* als die Planung, Kontrolle, Steuerung und Organisation eines Projekts.

Betrachtungsobjekte des *Projektmanagements* sind die Projektziele, Projektleistungen, Projekttermine, Projektressourcen und Projektkosten, die Projektorganisation und die Projektkultur, sowie der Projektkontext (Vor-, Nachprojektphase, Projektumwelten, andere Projekte). *Projektmanagement* erfolgt einerseits kontinuierlich über die Projektdauer und andererseits energetisch in den *Projektmanagementprozessen*: Projektstart, Projektcontrolling, Projektkrisenbewältigung, Projektphasenübergang und Projektabschluss.

Die organisatorische Gestaltung des *Projektmanagements* umfasst insgesamt drei Ebenen.

- Der Kern der Projektarbeit wird dabei durch die Projektmanager und durch das Projektteam charakterisiert, die das Management des Projekts und die operative Arbeit im Projekt durchführen.
- Das *Management von Projekten*, das sind die nicht direkt dem Einzelprojekt zurechenbaren Personen wie Koordinatoren, *Projektmanagement-Group-Mitarbeiter, Projekte-Netzwerk-Mitarbeiter.*
- Das Topmanagement in einem typischen *projektorientierten Unternehmen*, dessen strategische Führungskonzeption das Management durch Projekte (Management by Projects) ist.

Management des Projekts

Das *Management des Projekts* wird durch die Projektteammitglieder mit dem Projektmanager durchgeführt. Sie bearbeiten gemeinsam den Projektauftrag. Das Team setzt sich in der Regel aus verschiedenen Unternehmensbereichen, Funktionen und Hierarchieebenen zusammen. Bei Bedarf werden auch Partner, Lieferanten und Kunden eingebunden. Ziel ist, ein möglichst heterogenes Team aufzustellen, das in der Lage ist, den Projektauftrag aus verschiedenen Blickwinkeln zu betrachten und zu bearbeiten. Insgesamt betrachtet stellt in dieser Form das *Management des Projekts* ein Frontlinien-Management dar. Die hierarchische Anbindung an die Linienorganisation und das Betrachten von Projekten als operatives Instrument haben traditionell dazu geführt, dass das Management des Projekts als reine Umsetzungsinstanz angesehen wurde. Die Vorteile der Kundennähe und der personalen Netzwerke durch die interdisziplinäre Zusammensetzung wurden nicht ausreichend akzeptiert.

> Die Neuorientierung des *Projektmanagements* verlangt daher, dass das Projektteam gemeinsam mit dem Projektmanager verstärkt als Unternehmer im Unternehmen integriert wird. Zielsetzung ist, die Projektbasis zum Unternehmer zu entwickeln, gleichzeitig jedoch nicht den Unternehmensansatz von *Gesamtoptimierung geht vor Suboptimierung* aus den Augen zu verlieren!

Selbstständiges Denken und Handeln sollte vorausgesetzt werden. Damit wird das Management des Projekts als Schnittstelle zum Kunden zu einem Erfolgsfaktor. Das Projektteam mit dem Projektmanager nimmt innerhalb des Unternehmens innovative, befristete Sonderaufgaben wahr.

Management von Projekten

Wenn in einem Unternehmen mehrere, eventuell sogar gleichartige Projekte parallel bearbeitet werden, wenn also eine Anzahl von Projekten im Wettbewerb um die begrenzten Sach-, Finanz- und Personalressourcen in einem Unternehmen steht, kann die projektübergreifende Koordination auf eine eigene Projektstelle übertragen werden. Dies gilt insbesondere, wenn viele komplexe Projekte zur Durchführung anstehen und daher ständig Konflikte zu erwarten sind. Um die übergeordnete Koordination der Projekte sicherzustellen, kann für das übergreifende Management von Projekten ein *Projektmanagement-Büro* eingerichtet werden. Durch seine besondere Stellung erhält diese Instanz eine wichtige Rolle zum Zusammenhalt der Projekte.

Das *Projektmanagement-Büro* kann durch Integration von Fähigkeiten und Ressourcen Synergien erzielen und fördern. Auch kann es das organisatorische Lernen und die Informationsversorgung zwischen den Projekten sowie zwischen dem Linienmanagement und den Projektteams sicherstellen. Die traditionellen Aufgabenschwerpunkte wie das administrative Controlling und Verwalten treten in den Hintergrund. In den Mittelpunkt der Betrachtung sollten vielmehr die Koordinations- und Integrationsfunktionen in Bezug auf Fähigkeiten, Ressourcen und Informationen rücken.

Management durch Projekte

Ein *projektorientiertes Unternehmen* wird durch *Management durch Projekte* (Management by Projects) geführt (Bild 2.2). Die oberste Leitung eines *projektorientierten Unternehmens* ist dabei gefordert, Projektarbeit nicht ausschließlich als ein operatives Instrument anzusehen, sondern die strategischen Sichtweisen in den Vordergrund zu rücken. Projekte sollen so einen Beitrag zur Realisierung der strategischen Ziele leisten.

Um den Integrationsfaktor und den Paradigmenwechsel im *projektorientierten Unternehmen* zu unterstützen, ist eine intensive Mitwirkung des obersten Managements (Geschäftsführung bzw. Vorstand) im *Projektmanagement* erforderlich.

Siemens setzt dies z.B. im weltweiten Unternehmensentwicklungsprogramm *PM@ Siemens* um. Dieses Programm zielt auf den *Kulturwandel* durch intensive Schulungsmaßnahmen in der *Projektmanagement-Academy* über einen längeren Zeitraum, einheitliche *Projektmanagement-Standards* und *Prozesse* mit einem *Meilensteinkonzept* und integrierten

Management durch Projekte	**Topmanagement** Visionär/Kritiker Mitbestimmungsmanagement Projektbezogenes externes Anspruchsgruppenmanagement	*Primär-organisation*
Management von Projekten	**Projektoberleitung** Projektübergreifende Koordination Horizontale und vertikale Informationsverteilung Fähigkeitsintegrator	
Management des Projekts	**Projektleiter** Projektinternes Management Unternehmer im Unternehmen	*Sekundär-organisation*

Bild 2.2 Ebenen des Projektmanagements

Quality-Gates. Als Resultat soll die *Verantwortung* in die Projekte delegiert werden, was auch als Empowerment der Organisation bezeichnet wird. Ziel dabei ist in erster Line, eine konzernweite, einheitliche Sichtweise von *Projektmanagement-*, *Sales-*, *Projektabwicklungs-* und *Serviceprozessen* zu gestalten.

2.1.3 Projektmanagement-Ansätze

Die unterschiedlichen *Projektmanagement-Ansätze* spiegeln sich in den Normen, Richtlinien und Wissensbasen wieder. Zur Anwendung kommen Normen wie die ISO 10006 als Qualitätsnorm für Projektmanagement oder die DIN 69900.

Projektmanagementrichtlinien sind z.B. die von der CCTA (Central Computer and Telecommunications Agency) erarbeiteten Dokumente PRINCE und PRINCE 2. Sie beschäftigen sich mit den *inhaltlichen Prozessen* von Projekten.

Projektmanagementwissensbasen wie die ICB (International Competence Baseline), PMBoK (Project Management Body of Knowledge), PM Kanon und die *pm baseline* der PMA stellen Elemente für die inhaltliche Bearbeitung als auch für die Gestaltung der *Projektmanagementprozesse* zur Verfügung.

Im Folgenden werden die drei verschiedenen theoretischen Ansätze *Projekt als Aufgabe*, *Projekt als temporäre Organisation* und *Projekt als soziales System* erläutert.

Methodenorientierter Projektmanagement-Ansatz (Projekt als Aufgabe)

Bei diesem Ansatz stehen die Planungs- und Kontrollaufgaben im Vordergrund, entsprechend dem mechanistischen Weltbild mit eindimensionalen Ursachen-Wirkungs-Zusammenhängen. Daraus entstand das bekannte magische Dreieck. Einsatz und Methoden sollen ein Projektziel erreichen. Für die mittlerweile sehr dynamischen Umweltbedingungen greift dieser *Projektmanagement-Ansatz* zu kurz.

Organisationstheoretischer Projektmanagement-Ansatz (Projekt als temporäre Organisation)

In diesem Ansatz werden die Aufgaben des methodenorientierten Ansatzes um die Betrachtungsobjekte Projektorganisation und Projektkultur erweitert. Das organisatorische Design in diesem Ansatz ist: Definition der projektspezifischen Rollen, Entwicklung spezifischer Kommunikationsformen, Entwicklung einer spezifischen Projektkultur. Im Mittelpunkt dieses Ansatzes steht der Phasenablauf mit seinen Teilprozessen.

> *Gareis* definiert diese Teilprozesse als Projektstart, Projektkoordination, Projektcontrolling, Management einer Projektdiskontinuität und Projektabschluss.

Systemtheoretischer Projektmanagement-Ansatz (Projekt als soziales System)

In diesem Ansatz werden Projekte als soziales System wahrgenommen. Daraus ergibt sich der „Kontext" als neues Betrachtungsobjekt des systemischen *Projektmanagements*. Ein Projekt muss in mehrfacher Hinsicht abgegrenzt werden, damit die Beziehungen zu seinem Kontext gestaltbar sind. Der Kontext kann zeitlich, sachlich und sozial abgegrenzt werden. Durch den Einsatz der *Projektmanagement-Methoden* Projekt-Umwelt-Analyse, Projekt-Marketing und Vor- und Nachprojektphase entsteht ein Bild über die Komplexität des Projekts.

Organisationstheoretisch-systemischer Projektmanagement-Ansatz

Dieser Ansatz verknüpft die traditionelle Sichtweise der methodenorientierten Perspektiven mit jenen der organisations- und systemtheoretischen Perspektiven.

Tabelle 2.1 bietet einen Überblick über die verschiedenen *Projektmanagement-Ansätze*.

Tabelle 2.1 Überblick der Projektmanagement-Ansätze

Methodenorientierter Ansatz	Organisationstheoretischer Ansatz	Systemtheoretischer Ansatz
• Objekt-, Projektstrukturplanung • Termin-, Ressourcen-, Kostenplanung • Risikomanagement • Controlling Leistungsfortschritt, Termin, Leistung, Kosten • Interdisziplinarität • Projektorganisation	• Projektspezifisches, organisatorisches Design • Prozessorientierung • Etablierung und Auflösung des Projektteams • Echte Teamarbeit • Projektkulturentwicklung	• Konstruktion der Projektgrenzen, Kontext • Gestaltung von Umweltbeziehungen • Projektmarketing • Multi-Methodeneinsatz • Förderung von Veränderungen im Projekt • Multi-Rolleneinsatz

2.1.4 Unterscheidung Produkt, Prozess und Projekt

Innerhalb des *Projektmanagements* stehen die drei Begriffe *Produkt, Projekt und Prozess* wie eine „Trinität" zueinander, deren konsequentes Auseinanderhalten von größter Wichtigkeit für eine erfolgreiche Projektführung ist. Sowohl Planung als auch Überwachung müssen sich in ihrer Strukturierung und Organisation nach diesen grundlegenden Aspekten ausrichten.

Die inhaltliche Abgrenzung dieser Begriffe lässt sich anschaulich im Bild 2.3 erklären. Zu Beginn eines Projektes steht die Idee mit der Formulierung der Projektziele, welche in der Erstellung eines auftragsgerechten Produkts oder Dienstleistung besteht. Hierfür ist in einem geordneten Projektablauf, dem Prozess, eine Fülle von Projektaufgaben zu bewältigen.

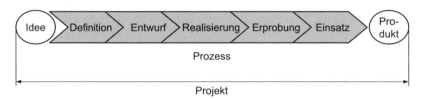

Bild 2.3 Trinität Produkt, Projekt, Prozess

2.1.5 Zusammenhang zwischen Prozess- und Projektmanagement

Komplexe Prozesse können wie in Tabelle 2.2 dargestellt in Projektform durchgeführt werden (z.B. Abwicklung von Aufträgen im Anlagenbau).

Tabelle 2.2 Charakteristika von Geschäftsprozessen

Charakteristika von Geschäftsprozessen	Ausprägung		
Häufigkeit	oftmalig	einmalig	einmalig
Dauer	kurz	kurz – mittel	mittel – lang
Bedeutung	gering	mittel – hoch	hoch
Leistungsumfang	klein	mittel – groß	groß
Ressourceneinsatz	gering	mittel	hoch
Kosten	gering – mittel	mittel – hoch	hoch
Organisationen	wenige	mehrere – viele	viele
	⬇	⬇	⬇
Organisationsform	**Arbeitsgruppe**	**Projekt**	**Programm**

Prozesse lassen sich in Projekte segmentieren. Die Konzeption von Projektketten und die Durchführung einer Umsetzungsplanung für das jeweils folgende *Projekt* dienen zum Management der vorhandenen Schnittstellen. Weitere Integrationsinstrumente sind die Personaldisposition (z.B. die Verwendung eines Kernteams in mehreren sequenziellen Projekten) und der Einsatz eines durchgängigen *Projektmanagement-Ansatzes*.

Dabei gibt es eine permanente *Prozessverantwortung* des Prozesseigentümers sowie eine temporäre Projektverantwortung (für die Projektlaufzeit) des Projektmanagers.

Die Wahrnehmung von Projekten als temporären Organisationen fördert die *Prozessorientierung im Projektmanagement*. Der Projektstart- und der Projektabschlussphase wird dabei eine besondere Managementaufmerksamkeit zuteil.

> Bei der *Strukturierung von Projekten* orientiert man sich häufig an Phasenmodellen. Ein Auftragsprojekt im Anlagenbau kann z.B. in die Phasen Engineering, Beschaffung, Transport, Montage und Inbetriebnahme gegliedert werden. Diese *Prozessorientierung* schafft gegenüber einer Objektorientierung zusätzliche Optimierungspotenziale.

Zur Konstruktion von Projekten bedarf es unterschiedlicher Planungsmethoden (Projektstrukturplan, Meilensteinplan, Balkenplan, Netzplan, Ressourcenplan, Projektumweltanalyse, usw.). Die Darstellung von komplexen Abläufen in Projekten bedarf zusätzlicher Methoden.

Projektmanagement ist ein Geschäftsprozess, der entsprechend der Komplexität und der Dynamik von Projekten zu gestalten ist.

Projektmanagement-Methoden können für das *Prozessmanagement* in adaptierter Form verwendet werden (z.B. Ablaufplanungsmethoden).

2.1.6 Differenzierung von Projekten, Projektarten

Projekte können als

- komplexe Systeme,
- temporäre Aufgaben oder
- soziale Systeme

wahrgenommen werden.

Sie lassen sich aber auch nach Branche, Projektstandort, Projektziel, Konkretisierungsbzw. Wiederholungsgrad und Auftraggeber, Projektdauer und Projektbezug zu Unternehmensprozessen differenzieren:

- Branche: Bau-, Anlagenbau-, IT-, Telekommunikationsprojekte
- Standort: In- und Auslandsprojekte
- Projektziel: Angebots-, Kundenauftrags-, Produktentwicklungs-, Organisationsprojekt
- Konkretisierungsgrad: Konzeptions- und Realisierungsprojekte
- Wiederholungsgrad: Einmalige und repetitive Projekte

- Auftraggeber: Interne und externe Projekte
- Dauer: Kurz-, mittel-, langfristige Projekte
- Bezug: Primär-, Sekundär- und Tertiärprozesse

Die Differenzierung von Projekten in unterschiedliche Projektarten ermöglicht es, je Projektart spezifische Herausforderungen und Potenziale für das *Projektmanagement* zu analysieren.

Kundenaufträge von Maschinen- und Anlagebauunternehmen können entweder Projekte darstellen oder als Routineaufgaben in der Stammorganisation erledigt werden.

2.1.7 Unterscheidung zwischen Routineaufgaben, Projekten und Programmen

Wie in Tabelle 2.3 dargestellt, können die Begriffe *Routineaufgabe, Projekt und Programm* voneinander abgegrenzt werden.

Tabelle 2.3 Unterscheidung Routineaufgaben, Projekte, Programme

Routineaufgaben	Häufig wiederholte Abläufe von Aktivitäten, wobei die Ausgangslage sowie das angestrebte Ergebnis definiert und die erforderlichen Maßnahmen spezifiziert sind. Es besteht nur unbedeutende Unsicherheit in der Zielerreichung. *Beispiel: Beschaffung eines Zulieferteils*
Projekte	Parallele und sequenzielle Vernetzung von Abläufen und Aktivitäten, wobei die Ausgangslage definiert, das angestrebte Ergebnis spezifiziert und die erforderlichen Maßnahmen zum Teil noch völlig offen sind, sodass wesentliche Unsicherheiten in der Zielerreichung bestehen. *Beispiel: Produktentwicklung*
Programme	Parallele und sequenzielle Vernetzung von Einzelprojekten, wobei das angestrebte Ergebnis in Form einer Zielvorstellung kategorisiert ist, die erforderlichen Maßnahmen (die Einzelprojekte) noch völlig offen sind. Der hohen Unsicherheit bei der Erreichung der nur grob definierten Ziele muss durch Steuerungsmaßnahmen in Form von weiterer, neu definierter Projekte begegnet werden. *Beispiel: Einführung von Total Quality Management als umfassende Unternehmenskultur*

2.1.8 Projekt und Business Case

Jedes Projekt hat seinen Beitrag zum Geschäftserfolg zu leisten. Die wirtschaftlichen Konsequenzen einer durch ein Projekt initiierten Investition können als „Business Case" dargestellt werden. Ziel des Business Case ist es dabei, nicht ausschließlich die unmittelbaren Projektkosten und -nutzen, sondern auch die daraus abzuleitenden Folgekosten und -nutzen zu erfassen und zu bewerten. Zur Bewertung einer Investition sind Wirtschaftlichkeitsrechnungen anzustellen (Kapitalwertmethode, interner Zinsfuss, Annuitätenmethode, usw.), wie sie bei *Burghardt* sehr gut beschrieben sind.

Dies kann beispielsweise bei Anlagenbauprojekten, welche mit negativen „Margen" ak-
quiriert werden müssen, durch selektives Claim Management sowie angeschlossene Ser-
viceverträge nach einigen Jahren dann zu positiven Ergebnissen führen.

2.1.9 Programme

Ein *Programm* ist die Menge der Projekte und zeitlich begrenzten Aufgaben, die durch
gemeinsame Ziele eng gekoppelt sind. Programme sind zeitlich und organisatorisch begrenzt. Die Kopplung der im Rahmen eines Programms zu erfüllenden Projekte erfolgt
nicht durch die Gesamtziele, sondern auch durch ein Gesamtbudget, Programmtermine, Programmstrategien, organisatorische Regeln und ein Programmmarketing. Programme haben meist eine höhere Komplexität, meist eine längere Dauer, ein höheres
Budget und ein höheres Risiko als Projekte. Sie sind im Vergleich zu Projekten strategisch von höherer Bedeutung.

Typische Programme sind z.B. die Entwicklung einer neuen Produktgruppe, die Implementierung einer umfassenden IT-Lösung, die Reorganisation einer Gruppe von Unternehmen in einer Holdinggesellschaft und große Investitionen wie z.B. ein Kraftwerk.

Programmmanagement kann als ein Geschäftsprozess des *projektorientierten Unternehmens* gesehen werden. Ziel des Programmmanagements ist die erfolgreiche Durchführung von Programmen. Betrachtungsobjekte des Programmmanagements sind:
Programmziele, Programmleistungen, Programmtermine, Programmressourcen
und Programmkosten, die Programmorganisation und Programmkultur sowie der
Programmkontext (Vor- und Nachprogrammphase, Programmumwelten, andere
Programme und Projekte).

Programmmanagement erfolgt einerseits kontinuierlich über die Programmdauer und
andererseits spezifisch in den Programmmanagementprozessen Programmstart, Pro-
grammkoordination, Programmcontrolling, Management von Programm-Diskontinui-
täten und Programmabschluss.

2.2 Gestaltung des Projektmanagementprozesses

Der *Projektmanagementprozess* bedarf einer bewussten Gestaltung. Diese Gestaltung umfasst die Auswahl adäquater Kommunikationsstrukturen und -formen, die Auswahl adäquater Informationstechnologie- und Telekommunikationsinstrumente zur Unterstützung der Kommunikation und Dokumentation, die Definition adäquater Formen der
Projektmanagementdokumentation, den Einsatz von Standardprojektplänen und Checklisten, die Auswahl adäquater *Projektmanagement-Methoden* und die Entscheidung einen
Projektcoach mit einzubeziehen.

Zur Gestaltung der Kommunikation im *Projektmanagement-Prozess* kommen verschiedene Kommunikationsstrukturen zum Einsatz: Einzelgespräche, Projektsitzungen, Pro-

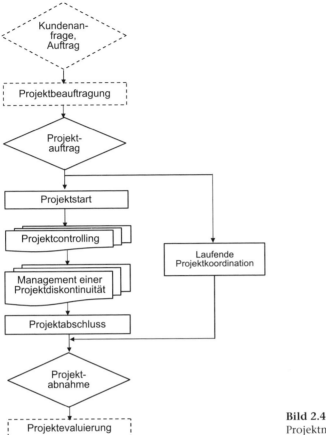

Bild 2.4
Projektmanagementprozess

jektworkshops, Präsentationen und Kombinationen davon. Es sind Entscheidungen zu treffen, wer an den einzelnen Projektworkshops und -sitzungen teilnimmt. Die Projektsitzungen und insbesondere die Projektworkshops bedürfen der Gestaltung und der Moderation durch ein Projektteammitglied oder durch einen Coach/Moderator (unternehmensintern oder extern).

Besondere Informationstechnologie- und Telekommunikationsinstrumente im Rahmen des *Projektmanagements* sind z.B. spezifische PM-Software, E-Mail-Verteiler, Collaboration-Plattformen und Projekthandbücher im Intranet. Eng damit verbunden ist auch die Definition geeigneter Formen der PM-Dokumentation, für die Entscheidungen über Struktur, Form (z.B. auf Papier und/oder elektronisch), Umfang, Inhalt, Zielgruppen usw. getroffen werden müssen.

2.2.1 Projektmanagement und Projektmanagement-Teilprozesse

Der *Projektmanagementprozess* startet mit dem Projektauftrag und endet mit der Projektabnahme (Bild 2.4). Er beinhaltet die Teilprozesse Projektstart, Projektkoordination, Projektcontrolling, Management einer Projektdiskontinuität und Projektabschluss. Alle diese Teilprozesse des *Projektmanagements* stehen miteinander in Beziehung. Die Qualität des *Projektmanagementprozesses* ist messbar (z.B. durchgeführte Projektstartworkshops, Projektcontrollingmeetings, Projektabschlussworkshops, Lessons Learned ...).

Betrachtungsobjekte des *Projektmanagements* sind: Projektziele, Projektleistungen, Projekttermine, Projektressourcen, Projektkosten, Projektorganisation, Projektkultur, Projektkontext (Vor-, Nachprojektphase, Projektumwelten, andere Projekte, usw.).

Projektstart

Der Projektstart ist ein Teilprozess des *Projektmanagementprozesses*. Seine Ziele sind der Transfer von Know-how aus der Vorprojektphase in das Projekt, die Vereinbarung von Projektzielen, die Erstellung adäquater Projektpläne, das Design einer adäquaten Projektorganisation, die Teambildung, die Projektentwicklung, die Etablierung des Projekts als soziales System, die Planung von Maßnahmen zum Risikomanagement, zur Krisenvermeidung und Krisenvorsorge, die Planung der Gestaltung von Projekt-Kontext-Beziehungen, die Konstruktion eines gemeinsamen „Big Project Picture" (Projektbewusstseins), die Durchführung eines ersten Projektmarketings, die Erstellung der *Projektmanagementdokumentation* „Projektstart" und die effiziente Gestaltung des Projektstartprozesses.

Projektkoordination

Ziele der Projektkoordination sind die laufende Sicherung des Projektfortschritts, die laufende Sicherung der adäquaten Informationen für Projektteammitglieder und Vertreter relevanter Umwelten, sowie die laufende Unterstützung der Erfüllung einzelner Arbeitspakete. Die Projektkoordination startet mit dem Projektauftrag und endet mit der Projektabnahme.

Die Projektkoordination umfasst: Laufende Qualitätssicherung der (Zwischen-) Ergebnisse von Arbeitspaketen, laufende Kommunikation des Projektmanagers mit Projektteammitgliedern und dem Projektauftraggeber, laufende Gestaltung der Beziehungen zu relevanten Umwelten, Disposition von Projektressourcen, laufendes Projektmarketing.

Projektcontrolling

Ziele des Projektcontrollings sind die Feststellung des Projektstatus, die vertiefende Konstruktion des „Big Project Picture", die Vereinbarung bzw. die Vornahme steuernder Maßnahmen, die Weiterentwicklung der Projektorganisation und der Projektkultur, die Neuvereinbarung der Projektziele, die Erstellung von Fortschrittsberichten, die Neugestaltung der Projekt-Kontext-Beziehungen und die Durchführung von Projektmarketingmaßnahmen.

Der Prozess des Projektcontrollings wird im Rahmen eines Projekts mehrmals durchlaufen. Er startet mit der Veranlassung des Projektcontrollings und endet, wenn der jeweilige Projektfortschrittsbericht erstellt, durchgesprochen und genehmigt ist.

Management einer Projektdiskontinuität

Unter „Management einer Projektdiskontinuität" versteht man das Management von Projektkrisen, Projektchancen und Projektphasenübergängen. Projektkrisen und Projektchancen stellen sich überraschend ein. Im Rahmen des Projektstarts und des Projektcontrollings können aber Szenarien entwickelt werden, mit denen sich Möglichkeiten für Projektdiskontinuitäten identifizieren lassen. Für eventuelle Diskontinuitäten können dann Vorsorgepläne erstellt werden.

Ziele des Prozesses zur Bewältigung einer Projektkrise können z.B. die Bewältigung einer existenziellen Bedrohung und die Sicherung der Fortführung des Projektes oder die Limitierung des möglichen Schadens für das Projekt sein. Dabei ist der Krisenbewältigungsprozess möglichst effizient durchzuführen. Die Projektkrisenbewältigung beginnt mit der Definition der Krise und endet, wenn das Ende der Krise kommuniziert wurde.

Projektabschluss

Ziele des Projektabschlusses sind die Planung und Fertigstellung inhaltlicher Restarbeiten, der emotionale Abschluss durch Projektbeurteilung, die Auflösung des Projektteams und die (eventuelle) Auszahlung von Projektprämien, die Erstellung der „As-built"-Dokumentation, das Treffen von Vereinbarungen für die Nachprojektphase und die eventuelle Investitionsevaluierung, das Erstellen von Projektabschlussberichten, der Transfer des gewonnenen Know-hows in die das Projekt durchführenden Stammorganisationen und in andere Projekte, die Auflösung der Projektumweltbeziehungen und des abschließenden Projektmarketings. Auch dieser Prozess ist möglichst effizient zu gestalten. Der Projektabschluss beginnt mit der Veranlassung des Projektabschlusses und endet mit der Abnahme des Projekts durch den Projektauftraggeber.

2.2.2 Projekterfolgskriterien

Zentrales Erfolgskriterium von Projekten ist ihr professionelles Management. Insbesondere sind

- die Projektgrenzen und Projektziele adäquat zu definieren,
- die Projektpläne zu entwickeln und einem periodischen Controlling zu unterziehen,
- die Projekte prozessorientiert zu strukturieren,
- die Projektorganisation projektspezifisch zu planen,
- eine spezifische Projektkultur (Projektbewusstsein) zu entwickeln,
- die Beziehungen des Projekts zum Projektkontext zu gestalten,
- die Teilprozesse systematisch zu durchlaufen sowie
- die inhaltliche Arbeit durch operatives Qualitätsmanagement zu begleiten.

Projektmanagement leistet einen Beitrag zur Sicherung des Projekterfolgs, kann diesen aber nicht alleine bewirken, da weitere Faktoren wie z.B. die Unternehmensstrategie oder die Wettbewerbssituation den Projekterfolg maßgeblich beeinflussen.

2.3 Projektmanagement-Methoden

2.3.1 Projektmanagement-Methoden zum Projektstart

Projektziele

Projektziele beschreiben ausschließlich den Zustand, der am Projektende vorliegen soll. Die Maßnahmen, die notwendig sind um den Sollzustand zu erreichen, sind hingegen nicht Teil der Zielformulierung.

Durch die Definition von *Nicht-Zielen* werden die Projektgrenzen klarer. Das „Ausgegrenzte" kann bei Bedarf zu einem späteren Zeitpunkt als zusätzliche Projektziele definiert werden.

Die Definition der Projektziele soll eine ganzheitliche Projektbetrachtung gewährleisten. Ein Projekt ist als Ganzheit unter Berücksichtigung aller „eng gekoppelten" Ziele abzugrenzen. Dabei kann in inhaltliche Hauptziele, inhaltliche Zusatzziele und Prozessziele unterschieden werden.

Inhaltliche Zusatzziele können Organisationsentwicklungsziele, Personalentwicklungsziele und Marketingziele sein.

Prozessziele können Ziele bezüglich der Projektkosten, des Projektnutzens, der Projekttermine und bei externen Projekten bezüglich des Projektumsatzes sein (Tabelle 2.4).

Tabelle 2.4 Listung Projektziele

Zielart	Ziele: Basisplan	Ziele: geändert am ...	Ziele: geändert am ...
Inhaltliche Hauptziele			
Inhaltliche Zusatzziele			
Prozessziele			
Nicht-Ziele			

Betrachtungsobjekte des Projekts (Objektstrukturplan)

Der Objektstrukturplan (Bild 2.5) stellt einzelne Teile, Baugruppen und Subsysteme des Objektsystems (Produkt) nach ihrer Zusammengehörigkeit gegliedert und möglichst vollständig dar.

In der Listung der Betrachtungsobjekte des Projekts werden Objekte dargestellt, die während der Projektdurchführung berücksichtigt werden müssen, sowie Teilergebnisse und Ergebnisse, die durch die Projektdurchführung entstehen sollen. Das können materielle Objekte sein, aber z.B. auch zu verbesserndes Know-how oder eine neu zu gestaltende Lieferantenbeziehung.

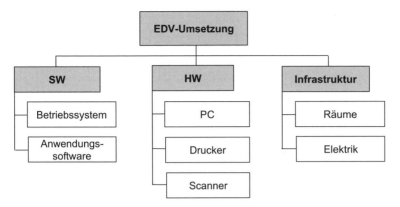

Bild 2.5 Ausschnitt eines Objektstrukturplans

Mögliche Strukturierungskriterien eines IT-Projekts sind z.B. Hardware, Software, Organisationsergebnisse, Personalergebnisse, Marketingergebnisse, Finanzierungsform, Standorte, usw.

Die Liste der Betrachtungsergebnisse ist hierarchisch zu strukturieren und kann in Tabellenform oder als Grafik dargestellt werden. Sie ist die Grundlage für die Erstellung des Projektstrukturplans.

Projektstrukturplan (PSP)

Der PSP ist eine Gliederung des Projekts in plan- und kontrollierbare Teilaufgaben, so genannte Arbeitspakete (Bild 2.6). Der PSP-Code, also die Bezeichnung von Teilaufgaben mit Nummern, ergibt sich aus einer fortlaufenden Nummerierung der einzelnen Arbeitspakete.

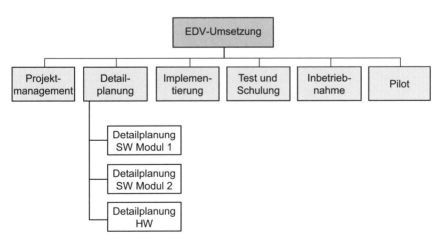

Bild 2.6 Ausschnitt eines Projektstrukturplans

Bei einem Projekt besteht immer die Gefahr, dass durch eine zu detaillierte Gliederung das Wesen der Ganzheit des Projekts in sich zerstört wird, weil bei der Zerlegung die Beziehungen der Komponenten untereinander verloren gehen können. Dieser Gefahr einer reduktionistischen Sichtweise wird durch den Projektstrukturplan entgegengewirkt, da er eindeutige Ordnungsbeziehungen, d.h. die Zusammengehörigkeiten der Arbeitspakete, und den Projektablaufplan mit den wesentlichen Flussbeziehungen, d.h. den prozessualen Abhängigkeiten, festhält.

Der Projektstrukturplan ist kein Ablaufplan, Terminplan, Kostenplan oder Ressourcenplan. Der PSP ist auch kein Projektorganigramm. Aber der PSP ist die gemeinsame strukturelle Basis für die Ablaufplanung, Terminplanung, Kostenplanung und Ressourcenplanung. Und im PSP werden die Arbeitspakete definiert, die an Projektteammitglieder zu verteilen sind.

> Der PSP ist ein zentrales Kommunikationsinstrument im *Projektmanagement*. Er kann auch die Basis für das projektbezogene Ablagesystem sein.

Projektarbeitspaketspezifikationen

In einer Arbeitspaketspezifikation (Tabelle 2.5) werden die bezüglich eines Arbeitspakets (AP) zu erledigenden Inhalte spezifiziert und die Ergebnisse des Arbeitspakets beschrieben.

Arbeitspaketspezifikationen sind jedoch nur für ausgewählte Arbeitspakete zu erstellen.

Tabelle 2.5 Formular AP-Spezifikationen

Projektname	AP-SPEZIFIKATIONEN		
Projektnummer			
PSP-Code AP-Bezeichnung	AP-Inhalt		
	Nicht-AP-Inhalt		
	AP-Ergebnisse		
	Leistungsfortschrittsmessung wie z.B. 0% noch nicht begonnen 50% in Bearbeitung 100% abgeschlossen		
Version:	Datum:	Ersteller:	Seite 1 von 1

Projektmeilensteinplan

Terminpläne von umfangreichen Projekten müssen untergliedert werden, damit die nötige Übersichtlichkeit gewährleistet ist. Der Meilensteinplan dient vor allem zur Projektübersicht und zur Berichtslegung in komprimierter Form für höhere Managementebenen. Er kann auch als Basis für die Finanzmittelplanung dienen.

Tabelle 2.6 Projektmeilensteinplan

PSP-Code	Meilenstein	Plantermin	Ist-Termin

In einem Projektmeilensteinplan (Tabelle 2.6) werden wesentliche Projektereignisse (so genannte „Meilensteine") und deren Termine dargestellt. Projektbeginn und Projektende sind immer Meilensteine. Phasenübergänge können ebenfalls Meilensteine sein.

Projektterminliste

In der Projektterminliste werden die Termine aller Arbeitspakete dargestellt. Die Termine beziehen sich auf die Anfangs- und auf die Endereignisse der Arbeitspakete.

Projektbalkenplan

Der Projektbalkenplan (Bild 2.7) ist eine grafische Darstellung des Projekts bzw. eines Projektteils, aus dem die terminlichen Lagen und die Dauern der Vorgänge ersichtlich werden. Die Vorgänge sind als zeitproportionale Balken dargestellt. Die zeitliche Darstellung der Projektleistungen entspricht einer integrativen Betrachtung von Leistungen und Terminen.

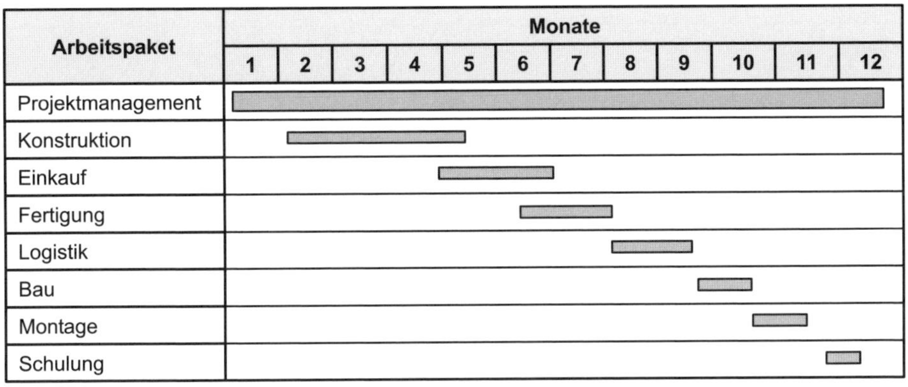

Arbeitspaket	Monate											
	1	2	3	4	5	6	7	8	9	10	11	12
Projektmanagement												
Konstruktion												
Einkauf												
Fertigung												
Logistik												
Bau												
Montage												
Schulung												

Bild 2.7 Projektbalkenplan

Projektnetzplan

Der Netzplan ist eine grafische Darstellung des Projekts bzw. eines Projektteils, aus dem die terminlichen Lagen und Dauern der Arbeitspakete sowie – anders als beim Projektbalkenplan – auch deren Beziehungen zueinander ersichtlich sind.

Im Netzplan kann der die Projektdauer bestimmende, so genannte „kritische Weg", dargestellt werden. In der Vorgangsknotenmethode werden die Vorgänge als Knoten und die Anordnungsbeziehungen zwischen den Vorgängen als Pfeile dargestellt.

Projektpersonaleinsatzplan

Im Personaleinsatzplan wird in tabellarischer Form der Personalbedarf für das Projekt dargestellt. Dabei wird auf Grund unterschiedlicher Qualifikationen nach Personalkategorien unterschieden (z.B. Experten, Administrationspersonal, externe Projektmitglieder).

Projektfinanzmittelplan

Der zeitliche Anfall projektbezogener Auszahlungs- und Einzahlungsströme ist im Projektfinanzmittelplan beschrieben. Die projekttypischen, periodischen Auszahlungsüberschüsse machen den jeweiligen Finanzbedarf ersichtlich.

Projektkostenplan

Im Projektkostenplan (Tabelle 2.7) werden die projektbezogenen Kosten geplant. Der Projektkostenplan hat die in der folgenden Abbildung dargestellten Kostenarten (Personalkosten, Materialkosten, Fremdleistungen, Sonstige) zu berücksichtigen.

Die Annahme der Kostenplanung (Mengengerüste, Verrechnungssätze) ist kurz zu begründen.

Tabelle 2.7 Formular Projektkosten

Projektname			Projektkostenplan				
Projektnummer							
PSP- Code	Phase/ Arbeits- paket	Kostenart	Plankosten	Adaptierte Plankosten geändert am	Ist-Kosten	Kostenab- weichung
		Personal				
		Material				
		Fremdleis- tungen				
		Sonstige				
		Gesamt				
Projekt- kosten						
Version:		Ersteller:			Datum:		

Wirtschaftlichkeitsanalyse/Kosten-Nutzen-Analyse

Kosten und Nutzen von Projekten sind in einer Wirtschaftlichkeitsanalyse zu analysieren und zu bewerten. Dabei kann nach Projektkosten bzw. Projektnutzen und Folgekosten bzw. Folgenutzen unterschieden werden.

2.3.2 Methoden zur Gestaltung der Projekt-Kontext-Beziehungen

Projektumweltanalyse

In der Projektanalyse werden die Beziehungen des Projekts zu (relevanten) Umwelten betrachtet, die Einfluss auf den Projekterfolg nehmen können.

Relevante Projektumwelten (Bild 2.8) können in projektinterne und projektexterne Umwelten unterschieden werden. Projektexterne Umwelten sind z.B. Kunden, Lieferanten, Banken, Konkurrenten, aber auch Bereiche und Abteilungen des projektdurchführenden Unternehmens. Das Projektteam oder der Projektauftraggeber können als projektinterne Umwelten betrachtet werden.

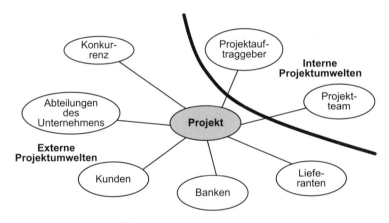

Bild 2.8 Projektumwelten

Analyse: Beziehungen zu anderen Projekten, Maßnahmen

Ein Projekt hängt meistens mit anderen in Durchführung befindlichen oder geplanten Projekten und Maßnahmen zusammen. Diese Zusammenhänge sind zu analysieren und aktiv zu gestalten.

Die Beziehungen können konfliktreduzierender Art (z.B. gemeinsamer Zugriff auf Engpassressourcen) oder synergetischer Art (z.B. Verfolgung gemeinsamer Ziele) sein.

Durch das Verständnis dieses Projektkontextes bekommen Projektteammitglieder Handlungsorientierung.

Projektpräsentationen, Projektvernissagen, Projektpublikationen

Zur Kommunikation der Projektziele und der Projektstrukturen an unterschiedliche Zielgruppen dienen Projektpräsentationen, Projektvernissagen und Projektpublikationen.

Ein aktives „Projektmarketing" trägt zur Akzeptanz der Projektergebnisse bei.

Methoden zum Design von Projektorganisationen

Projektauftrag

Der Projektauftrag (Tabelle 2.8) ist der schriftliche Auftrag des Projektauftraggebers an das Projektteam. Er ist das formale Startereignis eines Projekts. Der Projektauftrag ist mittels eines standardisierten Formulars zu dokumentieren. Er enthält die wichtigsten Projektdaten. Er ist vom Projektauftraggeber und vom Projektmanager zu unterschreiben.

Tabelle 2.8 Projektauftrag

Projektauftrag			
Projektstartereignis:		Projektstarttermin:	
Projektendereignis:		Projektendtermin:	
Projektziele:		Nicht-Projektziele:	
Hauptaufgaben:		Projektkosten auf Phasenebene:	
Projektteammitglieder:		Subunternehmerkosten:	
Projektmanager:		Projektauftraggeber:	
....		....	

Projektorganigramm

Im Projektorganigramm (Bild 2.9) werden die Projektrollen, deren Beziehungen zueinander und Projektkommunikationsstrukturen dargestellt.

Projektrollen

Zusätzlich zu Rollen der Stammorganisation eines Unternehmens wie z.B. Geschäftsführer, Abteilungsleiter oder Betriebsrat, existieren in *projektorientierten Unternehmen* Projektrollen. Dabei kann zwischen Individual- und Gruppenrollen unterschieden werden. Individualrollen sind

- Projektauftraggeber,
- Projektmanager,
- Bauleiter,

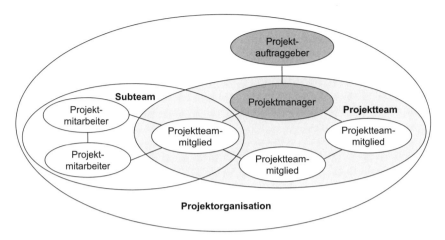

Bild 2.9 Projektorganigramm im POU

Gruppenrollen sind

- Projektteammitglied (mit unterschiedlichen Funktionen) und
- Projektmitarbeiter (mit unterschiedlichen Funktionen).

Die Unterscheidung zwischen den Rollen Projektteammitglied und Projektmitarbeiter drückt eine unterschiedliche Nähe zum Projekt aus. Im Gegensatz zu den Projektmitarbeitern arbeiten Projektteammitglieder kontinuierlich und nicht nur punktuell im Projekt mit und nehmen an Projektteamsitzungen teil.

Projektfunktionendiagramm

Ein Projektfunktionendiagramm (Tabelle 2.9) ist ein Instrument zur Planung und zur Dokumentation der Funktionen, die Projektrollenträger und Vertreter von Projektumwelten bei der Erfüllung einzelner Arbeitspakete wahrnehmen.

Tabelle 2.9
Projektfunktionendiagramm (K steht für interne und externe Kommunikation, D für Durchführung, M für Mitwirkung)

Zuständigkeit / Arbeitspakete	Projektauftraggeber	Projektmanager	Projektkernteam	Projektteam	Projektteam-mitglieder	Projektcoach	Externe	Dokumente
1.1 Phase								
AP 1.1.1		K	D					
AP 1.1.2		K	D	M				
AP 1.1.3		K	D					

Projektfunktionsdiagramme sind Matrixdarstellungen. In den Zeilen der Matrix sind die Arbeitspakete und in den Spalten die Rollen bzw. die Projektumwelten gelistet. In den Kreuzungsfeldern der Matrix sind die wahrzunehmenden Funktionen dargestellt.

Ein Projektfunktionendiagramm ist nicht explizit für alle, sondern nur für ausgewählte Arbeitspakete zu erstellen.

Projektkommunikationsstrukturen

Führungsaufgaben können in Gesprächen zwischen dem Projektmanager und einzelnen Projektteammitgliedern erfolgen. Darüber hinausgehend setzen Projekte auf Grund ihrer Komplexität intensive Teamarbeit voraus. Erst durch die Potenziale von Teams können interdisziplinäre Probleme qualitativ entsprechend gelöst werden. „Echte" Teamarbeit sichert durch Interaktion zwischen Teammitgliedern die notwendigen Informationen und Abstimmungen für Problemlösungen (Tabelle 2.10).

Ein zentrales Führungsinstrument in Projekten sind Projektmeetings, in denen Informationen ausgetauscht, Ergebnisse abgestimmt, Entscheidungen getroffen und Ziele vereinbart werden.

Für unterschiedliche Zielsetzungen sind unterschiedliche Meetingarten mit unterschiedlichen Teilnehmern in unterschiedlicher Häufigkeit durchzuführen. Die einzelnen Sitzungsarten sollten spezifisch bezeichnet werden. (z.B. Projektauftraggeber-Meeting, Projektteam-Meeting, usw.). Teilnehmer von Projektmeetings können auch Vertreter relevanter Projektumwelten sein.

Projektspezifische Organisationsregeln

Projektspezifische Regeln sollen den Projektmitgliedern Orientierung für die Zusammenarbeit im Projekt geben.

Diese Regeln können sich z.B. auf die zur Dokumentation einzusetzende Software, auf Unterschriftenregelungen usw. beziehen.

Tabelle 2.10 Projektkommunikationsstrukturen

Bezeichnung	Inhalte	Teilnehmer	Häufigkeit und Dauer
Projektstart-Workshop			
Projektauftraggeber-Sitzung			
Projektteam-Sitzung			
Subteam-Sitzung			
Projektabschluss-Workshop			

Projekthandbuch

Wesentliche Projektdokumente werden im Projekthandbuch zusammengefasst. Dieses Handbuch wird auf EDV geführt und durch Hardcopies ergänzt.

Die Gliederung des Projekthandbuchs sollte entsprechend der Struktur des Projektstrukturplans erfolgen. Der erste Teil beinhaltet daher die *Projektmanagementdokumentation*, der Rest die Dokumentation der inhaltlichen Projektergebnisse.

Die Administration der Zugriffsrechte auf die Projekthandbücher kann durch den Projekt-Controller erfolgen.

Methoden zur Entwicklung der Projektkultur

Projektname

Zur eindeutigen Identifizierung eines Projektes und zur Kommunikation des zentralen Projektziels ist ein „sprechender" Projektname zu wählen.

Projektlogo

Zur Förderung der projektspezifischen Kulturentwicklung trägt ein Projektlogo bei. Als Projektlogo kann entweder ein Schriftzug oder eine Grafik verwendet werden.

Projektleitbild

Zentrale Werte des Projekts werden in einem Projektleitbild dokumentiert. Dadurch wird die gemeinsame Orientierung der Projektteammitglieder gefördert.

Die Formulierung der Leitbildaussagen kann in Form von Slogans erfolgen.

Projekt-„Vokabelheft"

Projektspezifische Begriffe, die nicht allen Projektteammitgliedern geläufig sind, können in einem „Vokabelheft" definiert werden.

Projektspezifische „soziale" Veranstaltungen

Zur Förderung des „Wir-Gefühls" im Projektteam sind periodisch „soziale" Veranstaltungen durchzuführen.

Diesbezügliche Beispiele sind ein „Projektheuriger", „Projektfrühstück", usw.

Methoden zum Projektrisikomanagement

Projektrisikoanalyse

In der Projektrisikoanalyse sollen die Projektrisiken möglichst vollständig erfasst werden. Eine Orientierung am Projektstrukturplan und an der Projektumweltanalyse fördert einerseits die Realisierung des Ziels der Vollständigkeit und sichert andererseits Konsistenz in der Projektdokumentation.

Die Definition von Projektrisiken ermöglicht Maßnahmen zur Risikovermeidung und -vorsorge.

Projektszenarioanalyse und Alternativplanung

Zum Erkennen von Projektkrisenpotenzialen dienen Projektszenarien. Bei der Entwicklung von Projektszenarien kann zwischen dem „Best-Case", dem „Worst-Case" und dem Zielszenario unterschieden werden.

Basis für die Szenarienentwicklung ist die Projektumweltanalyse.

Die Konstruktion von Projektszenarien ermöglicht Maßnahmen zur Vermeidung von und zur Vorsorge für Projektkrisen. Die Erstellung alternativer Projektpläne (z.B. alternativer Projektstrukturpläne oder Projektterminpläne) dient der Projektkrisenvorsorge.

2.3.3 Methoden zum Projektcontrolling

Methoden zum Projektberichtswesen

Projektfortschrittsberichte werden periodisch, eventuell differenziert für unterschiedliche Zielgruppen (z.B. Projektauftraggeber, Projektteam, Kunde) erstellt. Sie beschreiben den jeweiligen Projektstatus sowie die geplanten steuernden Maßnahmen.

Projektfortschrittsberichte sind nach folgender Struktur zu gliedern: Gesamtstatus, Status Projektziele, Status Projektleistungsfortschritt, Status Projekttermine, Projektressourcen und Projektkosten, Status Projekt-Umwelt-Beziehungen, Status Projektorganisation und -kultur.

Anlagen zu den Projektfortschrittsberichten sind die adaptierten *Projektmanagement-Dokumentationen*, wie beispielsweise Projektzielepläne, Projektleistungspläne, Projektterminpläne, Projektkostenpläne.

Projekttrendanalysen stellen zu unterschiedlichen Projektkontrollstichtagen erwartete Abweichungen bezüglich Projektumsatz, Projektkosten oder Projektterminen dar. Die erwarteten Abweichungen beziehen sich jeweils auf das Projektende.

Adaptierung der Projektmanagementdokumentationen

Für die im Projektstart erstellten bzw. im vorhergehenden Projektcontrolling adaptierten Dokumentationen (Projektzielpläne, Projektleistungspläne, Projektterminpläne, Projektressourcenpläne und Projektkostenpläne) sind im Zuge des aktuellen Projektcontrollings jeweils die Ist-Daten zu erheben, Soll-Ist-Vergleiche durchzuführen und entsprechende Neuplanungen zu erstellen. Dies gilt auch für die Dokumentationen der

- Projekt-Kontext-Beziehungen,
- Projektorganisation,
- Projektkultur sowie der
- Projektrisikoanalysen und Projektkrisenvermeidungs- und Projektvorsorgepläne.

2.3.4 Methoden zum Projektabschluss

Projektergebnisdokumentation

Projektabschlussberichte

Die durch das Projekt erzielten Ergebnisse sowie die bei der Projektdurchführung gesammelten Erfahrungen werden im eventuell nach Zielgruppen differenzierten Projektabschluss dargestellt.

Anlagen zu den Projektabschlussberichten sind die *„As-is"-Projektmanagement-Dokumentation* und die Vereinbarungen für die Nachprojektphase.

„As-is"-Projektmanagement-Dokumentation

Die *„As-is"-Projektmanagement-Dokumentation* beinhaltet den Status der Projektzielpläne, Projektleistungspläne, Projektressourcenpläne und Projektkostenpläne zum Projektende.

Abschließende Gestaltung der Projekt-Kontext-Beziehungen

Vereinbarungen für die Nachprojektphase

In den Vereinbarungen für die Nachprojektphase werden die bezüglich des Betrachtungsobjekts des Projekts nach Projektende zu erfüllenden Aufgaben geplant und diesbezügliche Zuständigkeiten geregelt.

Abschließende Projektergebnispräsentationen, Publikationen

Ein abschließendes „Projektmarketing" erfolgt durch zielgruppenspezifische Projektpräsentationen und Publikationen.

2.4 Das projektorientierte Unternehmen (POU)

Nach *Gareis* nehmen *projektorientierte Unternehmen* Projekte und Programme als temporäre Organisationen zur Durchführung komplexer Prozesse wahr, z.B. zur Abwicklung eines Kundenauftrags, zur Entwicklung eines Produkts oder zur Reorganisation eines Geschäftsbereichs.

Projektorientierte Unternehmen betrachten Projekte als eine strategische Option zum Design der Unternehmensorganisation. Sie benötigen spezifische Organisationsstrukturen wie z.B. Expertenpools, ein *PM-Office* und *Projektportfolio-Groups* (Bild 2.10). Diese Organisationen verfügen über spezifische integrative Hilfsmittel wie z.B. PM-Richtlinien und Standardprojektpläne und PM-Marketinginstrumente.

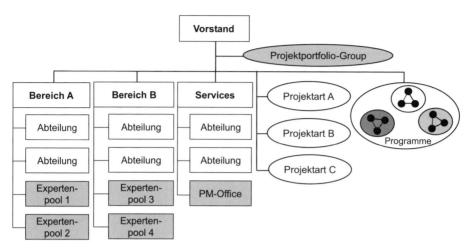

Bild 2.10 Organigramm des POU

Ein PM-Office ist eine permanente Einrichtung zur Professionalisierung des *Projektmanagements* im projektorientierten Unternehmen. Zumeist ist das PM-Office Prozesseigentümer des *Projektmanagement*- (und des Programmmanagement-)Prozesses und für dessen Anwendung und Weiterentwicklung verantwortlich.

2.4.1 Strategie, Struktur und Kultur im POU

Das *projektorientierte Unternehmen* hat eine spezifische Strategie, Struktur und Kultur. *Projektorientierte Unternehmen* sind auf Grund ihrer dynamischen Grenzen und ihrer dynamischen Kontexte besonders komplexe Organisationen.

Die Grenzen des *projektorientierten Unternehmens* (Bild 2.11) verändern sich laufend durch die variierende Anzahl und Größe jeweils aktueller Projekte und Programme, durch die variierende Anzahl von Mitarbeitern, durch die variierende Raum- und IT-Infrastruktur und durch variierende Budgets.

Zum Management der Komplexität und Dynamik des *projektorientierten Unternehmens* sind im Unternehmen im Hinblick auf die optimale Realisierbarkeit der Projekte sowohl differenzierende als auch integrierende Funktionen zu realisieren.

Die organisatorische Differenzierung erfolgt durch die Definition von Projekten und Programmen und durch die Förderung der Autonomie dieser Projekte und Programme. Durch die Anwendung eines „Management by Projects" als Organisationsstrategie sollen dabei folgende Ziele realisiert werden:

- Steigerung organisatorischer Flexibilität durch den Einsatz temporärer Organisationen zusätzlich zur permanenten Stammorganisation
- Delegation von Managementverantwortung in die Projekte und Programme
- Zielorientiertes Arbeiten durch die Definition von Projekt- und Programmzielen

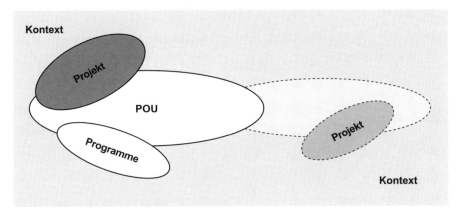

Bild 2.11 Dynamische Grenzen im POU

- Sicherung des organisatorischen Lernens durch die Monitoring-Potenziale von Projekten und Programmen
- Ausrichtung der Organisation auf die Unterstützung der Projektarbeit.

Die Maßnahmen zur Integration dienen vor allem der Realisierung der Ziele und Strategien eines *projektorientierten Unternehmens*. Spezifische Vorkehrungen zur organisatorischen Integration sind permanente Organisationseinheiten, wie *Projektmanagement-Büros* und *Projektportfolio-Group*, sowie eine Unternehmenskultur, die durch die Umsetzung eines neuen Managementparadigmas charakterisiert ist.

Neben dem *Projektmanagementprozess* sind

- der Projektbeauftragungsprozess,
- der Programmmanagementprozess,
- der Projektportfoliomanagementprozess,
- der Projektcoaching- und der Projektauditingprozess,
- sowie der Prozess des Projekte-Netzwerkens

spezifische Prozesse im *projektorientierten Unternehmen*.

Diese Prozesse können durch die Beschreibung der zu erfüllenden Funktionen, der dafür zuständigen Organisationseinheiten, der einzusetzenden Methoden sowie der zu erzielenden Ergebnisse definiert werden. Die Kompetenzen zur Erfüllung dieser Prozesse können beurteilt und in einem Spinnennetzmodell dargestellt werden (Bild 2.12).

Zur erfolgreichen und effizienten Führung von Projekten und Programmen ist die Umsetzung eines neuen Managementparadigmas Voraussetzung. Ein traditionelles Managementparadigma, das die Hierarchie als zentrales Integrationsinstrument betrachtet, Kooperationen auf Grund von Schnittstellen organisiert und Abläufe arbeitsteilig in funktionalen Organisationseinheiten strukturiert, nutzt keinesfalls die organisatorischen Potenziale von Projekten und Programmen. Diese können erst genutzt werden, wenn eine Unternehmenskultur existiert, die ein neues Managementparadigma fördert, das sich

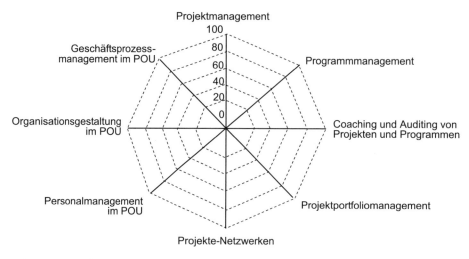

Bild 2.12 Spezifische Prozesse im *projektorientierten Unternehmen*

aus Managementansätzen wie z.B. Lean Management, lernende Organisation, Wissensmanagement oder Total Quality Management ableitet.

Seine wesentlichen Elemente sind:

- Kundenorientierung
- Verständnis von Organisation als Wettbewerbsvorteil
- Prozessorientierung
- Teamorientierung
- Empowerment von Mitarbeitern und (temporären) Organisationen
- Förderung des Netzwerkens zwischen Mitarbeitern und zwischen (temporären) Organisationen und
- Förderung des (dis-)kontinuierlichen Wandels.

2.4.2 Typische Beispiele von Strategieansätzen

Innenwirksame Strategien könnten etwa sein:

- Einführung einer neuen Managementkultur „Management by Projects" in x Jahren.
- Einsatz der „Projektarbeit als eine Möglichkeit zur Personal- und Führungskräfteentwicklung" ab diesem Geschäftsjahr.
- Integration der „Abteilungen" Verkauf, *Projektmanagement*, Montage und Service in ein Neukunden- und ein Bestandskundenbetreuungscenter mit dem Fokus „Management by Projects" in x Jahren.
- *Projektmanagement* in x Jahren zu einer Kernkompetenz im ganzen Unternehmen auszubauen. Projektmanager werden ein eigenständiges Berufsbild mit eigenem Karrierepfad mit Querschnittsfunktion im *projektorientierten Unternehmen* sein.
- Erhöhung der internen Querbestellungen (Cross-Selling) um 15% zur Erhöhung der „Inhouse-Wertschöpfung" im Unternehmen im nächsten Geschäftsjahr.

Außenwirksame Strategien könnten sein:

- In x Jahren der Marktführer im Bereich ... zu werden.
- In x Jahren durch die Investition einer Summe y in die Expansion des Projektgeschäfts in die EU-Beitrittsländer das Ziel erreichen, in diesen Ländern jeden unserer existierenden Kunden umfassend betreuen zu können. Dadurch wird die exzellente Inlands-Kundenbindung auf die EU-Beitrittsländer überführt.

Ein wesentlicher Erfolgsfaktor ist dabei die Konkretisierung der Strategie. Je weicher diese ist, umso mehr Interpretationsspielraum bleibt für die Formulierung der Ziele bestehen; allerdings ergibt sich auch ein Vorteil durch einen größeren Spielraum für Kreativität in der Zielentwicklung.

2.4.3 Projektarbeit im Unternehmen

Zur Durchführung komplexer, riskanter Aufgaben setzen Unternehmen Projekte ein. Zusätzlich zu den traditionellen *projektorientierten Unternehmen* der Bau- und Anlagenindustrie wenden auch immer mehr Maschinenbauunternehmen, Banken und Versicherungen, öffentliche Verwaltungen usw. Projekte als Organisationsform an.

Diese Unternehmen führen gleichzeitig interne und externe, einmalige und repetitive, kleine, mittlere und große Projekte mit unterschiedlichen Inhalten durch. Zusätzlich zu traditionellen Projektarten wie z.B. Investitionsprojekten, Auftragsdurchführungsprojekten und Forschungs- und Entwicklungsprojekten werden auch Angebotserstellungen, Marktforschungen, Organisationsentwicklungen und sogar Krisenbewältigungen in Projektform durchgeführt (Tabelle 2.11).

Die neuen, internen Projekte zeichnen sich durch folgende Charakteristika aus:

- Es gibt keinen externen Kunden, sondern nur einen internen Projektauftraggeber.
- Interne Projekte sind sozial komplex, da ihre Ergebnisse unmittelbar das *projektdurchführende Unternehmen* und dessen Mitarbeiter betreffen.
- Die Projektgröße (Anzahl der Arbeitspakete, Dauer und Kosten) ist meist gering. Die einzusetzenden personellen Ressourcen des *projektorientierten Unternehmens* sind

Tabelle 2.11 Trend zur Projektarbeit im Unternehmen

von	zu
Auftragsabwicklung, Forschung und Entwicklung	Auftragsabwicklung, Forschung und Entwicklung, Angebotserstellung, Marketing, PR, Personalentwicklung, Organisationsentwicklung, Investitionen
Wenige große Projekte	Viele kleine, mittlere und große Projekte
Vor allem Projekte mit externen Auftraggebern	Projekte mit externen und Projekte mit internen Auftraggebern

jedoch relativ hoch, da viele Leistungen nicht an Dritte vergeben werden können, sondern nur durch das *projektorientierte Unternehmen* selbst wahrzunehmen sind.

- Standardtechnologien und organisatorische Standards können nur beschränkt zur Anwendung kommen, wenn es sich um einmalige, innovative Aufgaben handelt.
- Projekte sind nicht ausschließlich Instrumente zur Erfüllung komplexer Aufgaben, sondern sind eine strategische Option bezüglich der organisatorischen Gestaltung von Unternehmen.

Unternehmen haben die Wahlmöglichkeit, ihre Organisation mit oder ohne Projekte zu gestalten.

Projektorientierte Unternehmen haben spezifische projektorientierte Strategien, Strukturen und Kulturen, die die erfolgreiche Führung von Projekten unterstützen (Bild 2.13).

Die Wahrnehmung von Unternehmen als *projektorientierte Unternehmen* schafft neue Potenziale und neue Herausforderungen für das Management.

Bei der Wahrnehmung als *projektorientiertes Unternehmen* betrachtet der Beobachter die Projektarbeit im Unternehmen und deren strategische, strukturelle und kulturelle Voraussetzungen.

Selbstverständlich kann ein Unternehmen auch aus anderen Perspektiven beobachtet werden. Das *projektorientierte Unternehmen* stellt somit nur eine mögliche Konstruktion der Unternehmenswirklichkeit dar. Durch die Wahrnehmung eines Unternehmens als *projektorientiertes Unternehmen* können aber neue organisatorische Gestaltungsmöglichkeiten geschaffen werden, durch die das Potenzial für eine erfolgreiche Durchführung von Projekten gesteigert werden kann.

Projektorientierte Unternehmen sind logischerweise durch Projekte geprägt. Es werden gleichzeitig eine Anzahl von Projekten gestartet, geführt, abgeschlossen bzw. auch abgebrochen. Dadurch wird der Zustand eines Fließgleichgewichts hergestellt, der die Entwicklung des Unternehmens und dessen Überleben sicherstellen soll.

Je unterschiedlicher die Projekte eines *projektorientierten Unternehmens* sind, umso höher wird die Managementkomplexität des Unternehmens. Sie ist einerseits von der Dyna-

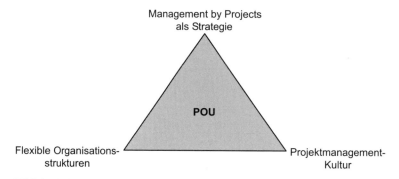

Bild 2.13 Strategie, Strukturen und Kultur des *projektorientierten Unternehmens*

mik und Komplexität der einzelnen Projekte und andererseits von den Beziehungen zwischen den Projekten abhängig.

Das *projektorientierte Unternehmen* hat folgende Merkmale:
- Management by Projects ist eine explizite Managementstrategie.
- Projekte werden als temporäre Organisationen eingesetzt.
- Entscheidungskompetenz wird in Projekte delegiert.
- Die Dynamik der Umwelten wird in den dynamischen Unternehmensstrukturen abgebildet.
- Projekte-Netzwerke sind Betrachtungsobjekte des Managements.
- Die langfristigen Know-how-Sicherungen erfolgen durch Ressourcenpools.
- Koordinationsaufgaben werden von Steuerungskreisen wahrgenommen.
- Es existiert eine Projektmanagementkultur.
- Integrierende Funktionen werden von Multi-Rollenträgern erfüllt.

2.4.4 Projekte sind Strukturelemente des POU

Traditionellerweise sind Unternehmensorganisationen für die Durchführung von sich wiederholenden Aufgaben gestaltet.

Die Aufbau- und die Ablauforganisation soll den Mitarbeitern durch klare Aufgaben-, Kompetenzen- und Verantwortungsverteilungen und konkrete Handlungsanweisungen Orientierung geben. Außerdem soll durch die Organisation die Kontinuität in den Beziehungen zu relevanten Umwelten des *projektorientierten Unternehmens* gewährleistet werden. Diesen organisatorischen Zielsetzungen kann durch eine stabile, hierarchische Linienorganisation weitgehend entsprochen werden. Ein *projektorientiertes Unternehmen* hingegen, das laufend neue Projekte unterschiedlicher Inhalte und Größen durchführt, erfordert eine flexible, vernetzte Organisationsstruktur.

Grundsätzlich können Unternehmensorganisationen auf einem Kontinuum zwischen der extrem „steilen, hierarchischen Organisation" und der „flexiblen, netzwerkartigen Organisation" positioniert sein. Das Ausmaß an Routinearbeit in Relation zum Ausmaß von Projektarbeit bestimmt die organisatorische Positionierung eines *projektorientierten Unternehmens* auf diesem Kontinuum. Es gibt zwar keine optimale Positionierung für ein *projektorientiertes Unternehmen*, ein Trend zu flachen, vernetzten Strukturen ist aber festzustellen.

In *projektorientierten Unternehmen* mit geringer Projektorientierung werden Projekte zusätzlich zur hierarchischen Linienorganisation eingesetzt. Durch den Einsatz von Projekten wird diese Unternehmensorganisation flacher und flexibler. Die Verflachung entsteht durch eine Vergrößerung der Kommunikationsspannen und eine teilweise Verringerung der Anzahl hierarchischer Ebenen. Die Flexibilität entsteht auch durch die Möglichkeit, Projektorganisationen einzusetzen und wieder aufzulösen.

In flachen, vernetzten Unternehmensorganisationen werden wesentliche Aufgaben in Projekten und Teams wahrgenommen (Bild 2.14). Ein Beispiel einer flexiblen, netzwerkartigen Struktur ist im Organigramm (Bild 2.15) dargestellt.

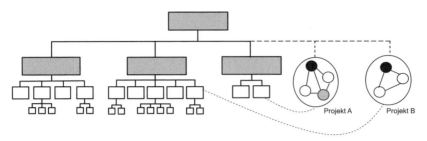

Bild 2.14 Verflechtung von Unternehmensorganisationen durch Projekte

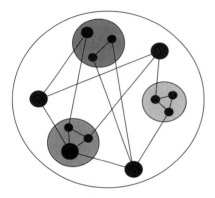

Bild 2.15
Organigramm eines flexiblen,
vernetzten Unternehmens

Das Spezifische dieser Organisationsstruktur ist, dass Rollen, Kommunikationsbeziehungen und Grenzen zwischen Gruppen, Projekten und Abteilungen dargestellt werden und nicht Über- und Unterordnungsbeziehungen.

2.4.5 Projekte als Instrumente der Differenzierung

Um zu gewährleisten, dass durch die Projekte die generellen Ziele und Regeln des Unternehmens verfolgt werden, benötigen *projektorientierte Unternehmen* integrierende Strukturen wie z.B. strategische Zentren, Steuerungskreise (z.B. *Projektportfolio-Group*), Ressourcenpools und *Projektmanagement-Büros*. Diese Integrationsstrukturen stellen eher Kommunikationsstrukturen als organisatorische Einheiten dar und werden im weiteren Verlauf des Buchs näher erklärt.

Ressourcenpool

Die wesentlichsten Charakteristika eines Ressourcenpools im Vergleich zu einem traditionellen Abteilungsverständnis sind:

Orientierung

- Langfristig
- Fachspezifisch

Aufgaben

- Know-how-Entwicklung und -Sicherung
- Personalrekrutierung und Personalentwicklung
- Personaldisposition
- Bereitstellen der Infrastruktur
- Sicherung der Standards/Ethik

Nicht-Aufgaben

- Durchführung projektbezogener Arbeitspakete
- Kontrolle projektbezogener Arbeiten

Organisation

- Pool-Leiter
- Pool-Mitglieder
- Erfahrungs-Gruppen
- Supervisor-Gruppen

2.4.6 Empowered Projektorganisation und Projekte-Netzwerken

Das traditionelle Modell der Matrix-Projektorganisation wurde für Unternehmen entwickelt, die repetitive Projekte – z.B. Bau-, Anlagen-, Forschungs- und Entwicklungsprojekte – durchführen. Die Verantwortung für die Personaldisposition, die Form und die Qualität der Aufgabenerfüllung hat in diesem hierarchischen Modell der Vorgesetzte des Projektteammitglieds.

Im *projektorientierten Unternehmen* hingegen liegt die Verantwortung für die Aufgabenerfüllung bei den ausführenden Experten und nicht – wie früher – in der Linienorganisation (Bild 2.16).

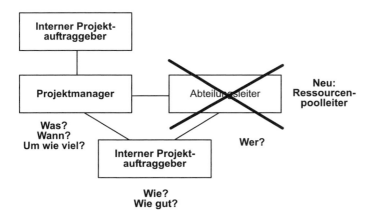

Bild 2.16 Empowered Projektorganisation

Projekte-Netzwerke

Projekte-Netzwerke sind neue Betrachtungsgegenstände des Managements im *projektorientierten Unternehmen*.

> Projekte, die ein Unternehmen gleichzeitig führt, und deren Beziehung zueinander können als Projekte-Netzwerk wahrgenommen werden. Projekte-Netzwerke sind Netzwerke aus relativ autonomen Projekten, die lose oder eng gekoppelt sind (Bild 2.17).

Die Anzahl der Projekte in Projekte-Netzwerken, deren Ziele und Größen sowie die Stadien, in denen sich die einzelnen Projekte befinden, verändern sich laufend. Starts neuer Projekte und Abschlüsse von Projekten bedingen eine hohe Dynamik von Projekte-Netzwerken.

Die Organisation dieser Netzwerke, also das wechselseitige Stiften von Nutzen zwischen den Projekten (z.B. Erhöhung der Informationsqualität), bezeichnet man als „Projekte-Netzwerken".

Die grundsätzlichen Strukturen von Projekte-Netzwerken, also die beinhalteten Projektarten, die Arten der Beziehungen zwischen den Projekten, die Kommunikation im Projekte-Netzwerk, netzwerkbezogene Rollen usw. bleiben jedoch relativ konstant.

Projekte-Netzwerke sind wesentliche Integrationsinstrumente von *projektorientierten Unternehmen*. Der sich durch die Definition einzelner Projekte ergebenden organisatorischen Differenzierung wird durch die Betrachtung von Projekte-Netzwerken eine integrierende Sichtweise gegenübergestellt.

> Ziel des Managements von Projekte-Netzwerken ist es, die Projekte hinsichtlich der Unternehmensziele zu koordinieren und das Netzwerkgesamtergebnis zu optimieren.

Dabei können die Zielsetzungen des Projekte-Netzwerkens in Konflikt zu den Zielen einzelner Projekte stehen. Ein Verständnis der Strukturen und der Evolution von Projekte-Netzwerken ermöglicht es, qualifizierte Entscheidungen bezüglich der Definition und

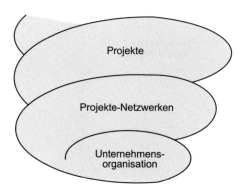

Bild 2.17
Projekte-Netzwerken als neuer Betrachtungsgegenstand des Managements

des Abschlusses bzw. Abbruchs von Projekten, des Setzens von Prioritäten zwischen Projekten sowie des Managements von Konkurrenz- oder Synergiebeziehungen zwischen den Projekten zu treffen.

Das Management von Projekte-Netzwerken verfolgt nicht ausschließlich innenorientierte, sondern auch außenorientierte Ziele. Unterschiedliche Projekte, die für den gleichen Kunden ausgeführt werden, sind bezüglich der langfristigen Kundenstrategien und der grundsätzlichen Verhaltensweisen gegenüber dem Kunden abzustimmen. Zukäufe und Dienstleistungen unterschiedlicher Projekte vom gleichen Lieferanten können eventuell hinsichtlich der Beschaffungskonditionen optimiert werden.

Controlling des Projekte-Netzwerkens

Das Controlling von Projekte-Netzwerken umfasst die Analyse der Projekte-Netzwerke und das Setzen koordinierender Maßnahmen. Es schafft eine zusätzliche Informationsqualität.

Die Analyse des Projekte-Netzwerkens dient zur Herstellung einer Gesamtsicht über alle einem Netzwerk zugehörigen Projekte, zum Erkennen von Gemeinsamkeiten und von Unterschieden zwischen diesen Projekten und zum Erkennen von Synergien und/oder von Konkurrenzbeziehungen zwischen den Projekten (Bild 2.18).

Analysen von Projekte-Netzwerken sind, abhängig von der Dynamik des Projekte-Netzwerkens, periodisch vorzunehmen. Außerdem sind Analysen eines Projekte-Netzwerkens auch bei einem geplanten Start bzw. bei Abschluss oder Abbruch eines Projekts vorzunehmen, um die diesbezüglichen Konsequenzen für das Netzwerk festzustellen.

Die Analyse der Konsequenzen eines neuen Projekts für das Projekte-Netzwerk ermöglicht eine qualifizierte Entscheidung, ob das Projekt gestartet werden kann oder nicht. Die Analyse der Konsequenzen des Abbruchs oder Abschlusses eines Projekts ermöglicht

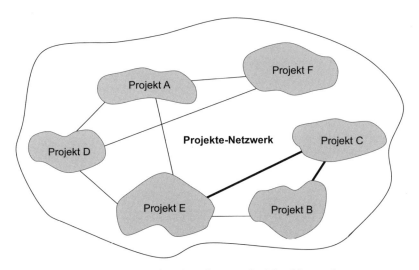

Bild 2.18 Beziehungen zwischen Projekten im Projekte-Netzwerk

den Transfer von Know-how, personelle Umschichtungen, Widmung freigesetzter Ressourcen für andere Projekte, usw.

Zum Verständnis und zur Kommunikation der komplexen Strukturen von Projekte-Netzwerken empfiehlt es sich, mehrere unterschiedliche Analyseschritte (Inhaltsanalyse, Terminanalyse, Ressourcenanalyse, Kosten-Nutzen-Analyse) und verschiedene Darstellungsformen (Listungen, Portfoliodarstellungen, Projekte-Netzwerk-Grafiken, Balkenpläne, Tabellen) zu verwenden.

Grundlagen für die Analyse von Projekte-Netzwerken sind die Dokumentationen ihrer einzelnen Projekte. Allerdings sind die Daten von Projekten nur dann vergleichbar und aggregierbar, wenn einheitliche Minimalanforderungen für die Dokumentation der Projekte festgelegt wurden.

2.5 Projektportfolio-Management

2.5.1 Das Projektportfolio

Ein Projektportfolio ist die Menge aller Projekte, die ein *projektorientiertes Unternehmen* zu einem Stichtag durchführt. Durch die Betrachtung der Beziehungen zwischen den Projekten ist ein Projektportfolio mehr als die Summe der Projekte.

Das Projektportfoliomodell wurde in den 50-er Jahren von *H. Markowitz* entworfen und dann von *W. Sharpe* und *J. Tobin* weiterentwickelt. Das Modell von *Markowitz* bezieht sich auf die optimale Auswahl und Zusammenstellung teilbarer Finanzmittel am Kapitalmarkt. In weiterer Folge wurde das Modell von *Markowitz* und anderen Autoren für

Cluster von Projekten		
Reihe von aufeinander folgenden Projekten	Menge aller Projekte einer projektorientierten Organisation	Teilmenge gekoppelter Projekte
Zeitraumbetrachtung	Zeitpunktbetrachtung	Zeitpunktbetrachtung
⇩	⇩	⇩
Projekte-Kette	Projektportfolio	Projekte-Netzwerk
Cluster		

Bild 2.19 Cluster von Projekten

andere Bereiche verwendet. Dabei ist zwischen dem Portfoliomodell, der Portfoliotechnik und der Portfolioanalyse zu unterscheiden.

Eine zentrale Aussage in der Portfoliotheorie besagt, dass sich eine Kombination von Aktien bestimmen lässt, die ein niedrigeres Risiko hat als das risikoärmste Papier. Diese Elemente eines Portfolios können Wertpapiere, Investitionen, aber auch „Projekte" sein. In diesem Buch geht es allerdings ausschließlich um das Element „Projekt".

Hauptziel der Projektportfoliotechnik ist die Generierung und Auswahl einer für das Unternehmen optimalen Anzahl und Kombination von Projekten im systemischen Sinn.

Zwecks Integration in das *projektorientierte Unternehmen* können Projekte in verschiedene Cluster (Projektportfolio) zusammengefasst werden (Bild 2.19). Betrachtet man die Abfolge, in welcher mehrere Projekte zusammengefasst werden, so entsteht eine „Projekte-Kette". Beim Vergleich von Projektgruppen untereinander, z.B. technologisch, geografisch usw. entsteht ein „Projekte-Netzwerk", und beim stichtagsbezogenen Betrachten von allen Projekten, die in einer Organisation durchgeführt werden, entsteht ein „Projektportfolio".

2.5.2 Der Projektportfolio-Management-Prozess

Bei *Gareis* ist das Projektportfolio-Management ein Geschäftsprozess des *projektorientierten Unternehmens*. Projektportfolio-Management-Prozesse sind das Beauftragen von Projekten und Programmen, die Projektportfolio-Koordination und das Netzwerken zwischen den Projekten und Programmen. Die Betrachtungsobjekte sind Projekte, Programme sowie die Korrelation zwischen ihnen.

Beauftragung von Projekten und Programmen

Ziel des Beauftragens von Projekten und Programmen ist das Entscheiden von Investitionsanträgen über Projekte und Programme. Bei positiver Entscheidung des Investitionsantrages ist auch eine adäquate Organisationsform vorzuschlagen. Adäquate Organisationsformen zur Initialisierung von Projekten und Programmen können entweder Einheiten der permanenten Organisation (zum Beispiel ein Investitions-Vorschlags-Team) oder Projekte oder Programme als Organisation auf Zeit sein.

In der Investitionsentscheidung werden neben finanziellen Kriterien auch Kundenzufriedenheit, Innovationsgrad und verfügbare Prozess- und Ressourcenkompetenzen berücksichtigt.

Im Beauftragungsprozess (Bild 2.20) muss auch ein Projekt- oder Programmauftraggeber nominiert werden.

Die wichtigsten Methoden, die im Beauftragungsprozess eingesetzt werden, sind die der „Business Case Analyse", die Definition der Projektgrenzen und des Projektkontextes.

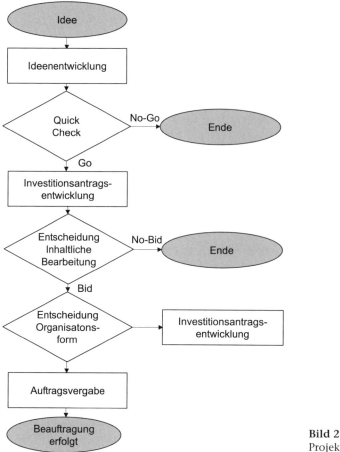

Bild 2.20
Projektbeauftragungsprozess

Netzwerken zwischen den Projekten

Ziele des Netzwerkens zwischen Projekten und Programmen (Bild 2.21) sind die Sicherstellung der Nutzung von Synergien zwischen Projekten einer Gruppe gleichen oder ähnlichen Inhalts, z.B. beim gleichen Kunden, mit gleichen Technologien oder im gleichen geografischen Gebiet. Als Beispiel zeigt Bild 2.21 das Zusammenwirken verschiedener Projekte und Programme zur Entwicklung der projektorientierten Gesellschaft. Dieses Programm wird von der IPMA im Rahmen von Forschungsprojekten in verschiedenen Ländern zusammen mit Universitäten und regionalen Organisationen durchgeführt.

Projektportfolio-Koordination: Prozesse und Methoden

Die Ziele des Projektportfolio-Koordinationsprozesses und der Methoden sind:

- Optimieren der Ergebnisse des Projektportfolios (nicht der einzelnen Projekte)
- Selektion der zu startenden Projekte und Programme
- Weiterbetreiben und Abbruch von Projekten und Programmen
- Definition von Projekt- und Programmprioritäten

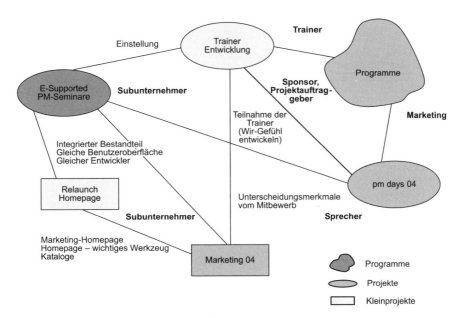

Bild 2.21 Netzwerk von Projekten und Programmen

- Koordination von internen und externen Ressourcen
- Steuern der Beziehungen und Wechselwirkungen zwischen den einzelnen Projekten und Programmen
- Verbesserung der Organisation und Beitrag zum Erfolg des Projektes
- Unterstützung des Wissenstransfers in die lernende Organisation

Die Basis für die Koordination von Projekten und Programmen ist eine Projektportfolio-Datenbasis, die z.B. Projekttyp, Beziehung der Projekte untereinander (Bild 2.22 und 2.23), Information über die Projektorganisation, Projektrisiko (Bild 2.24), Information

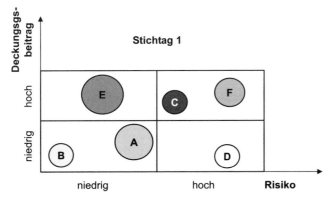

Bild 2.22
Erste stichtagsbezogene Portfolio-Darstellung, erstellt durch die Projektportfolio-Group, selektiert nach bestimmten Kunden

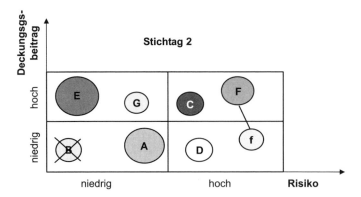

Bild 2.23
Zweite stichtagsbezogene Portfolio-Darstellung durch die Projektportfolio-Group, selektiert nach bestimmten Kunden

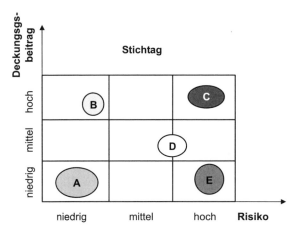

Bild 2.24
Stichtagsbezogene Portfolio-Darstellung, erstellt durch die Projektportfolio-Group, selektiert nach niedrigem und hohem Projektrisiko

über die Projektumwelten und die Projektverhältnisse enthält. Diese Daten werden dann in einem Projektportfolio-Bericht verarbeitet, welcher als Basis für weitere Projektportfolio-bezogene Entscheidungen dient. Die Projektportfolio-Datenbasis ist kein Projektinformationssystem, sondern beinhaltet nur aggregierte Projektdaten. Sie kann aber gegebenenfalls auch mit einem Projekt-Informationssystem gekoppelt werden.

Projektportfolio-Koordination: Rollen

Die Funktionen und Verantwortungen des *Projektportfolio-Prozesses* können in einer Zuständigkeitsmatrix (Tabelle 2.12) beschrieben werden. Verantwortungen für die Durchführung der verschiedenen Funktionen sind von *Projektportfolio-Group*, *Projektmanagement-Büro*, Projekt- und Programmauftraggeber, Projekt- und Programmmanager und

Tabelle 2.12 Projektportfolio-Koordinationsprozess-Zuständigkeitsmatrix

Verantwortung / Rolle	Projektportfolio-Group	PM-Büro	Projektauftraggeber	Projektmanager	Investitions-Vorschlags-Team	Dokumente
Vorbereitung der Koordination						
Updating der Portfolio-Datenbanken		D				
Entwicklung der Portfolio-Berichte		D				1.
Sammeln der Projektinvestitions-Vorschläge		D			A	2.
Sammeln ausgewählter Projektfortschritts-berichte		D		A		3.
Einladung der Teilnehmer	I	D		I		4.
Durchführung der Koordination						
Verteilung des Informationsmaterials	I	D	I			
Durchführung des Projektportfolio-Group-Meetings	D	A	A			5.
Nachbearbeitung der Koordination						
Updating der Portfolio-Datenbanken		D				6.
Information an Mitarbeiter	A	D		I	I	

Legende:
D ... Durchführender
A ... Assistent
I ... Information

Dokumente:
1. Projektportfolio-Berichte
2. Neue Investitions-Vorschläge
3. Ausgewählte Projektfortschritts-Berichte
4. Einladung zu Projektportfolio-Group-Meetings
5. Besprechungsberichte vom Projektportfolio-Group-Meeting
6. Updates der Projektportfolio-Datenbanken

Projekt- und Programmmitglieder als auch dem Projekt- und Programminvestitionsteam wahrzunehmen. Die Ergebnisdokumente sind spezifiziert.

Die Zuständigkeitsmatrix zeigt, dass das *Projektportfolio-Group-Meeting* von der *Projektportfolio-Group* und dem *PM-Büro* vorbereitet, durchgeführt und nachbearbeitet wird.

Die Projektportfolio-Group

Für das Management des gesamten Projektportfolios ist die *Projektportfolio-Group* zuständig.

Die Mitglieder der *Projektportfolio-Group* sollten aus solchen Managern der permanenten Organisation rekrutiert werden, die fortlaufend in Projekten und Programmen arbeiten. Sie sollten eine starke strategische Perspektive haben. Ein Erfahrungswert ist, dass sie sich etwa in zweiwöchigen Abständen abstimmen sollten.

Je nach der Komplexität und der Dynamik von Projekten und Programmen kann eine *Projektportfolio-Group* bis zu ca. 60 Projekte gleichzeitig koordinieren. Sollten mehr Projekte im Projektportfolio zu betreuen sein, so könnten mehrere *Projektportfolio-Groups* z.B. in verschiedenen Divisionen oder Regionen eines Unternehmens etabliert werden. Als gemeinsame Plattform kann das *Projektmanagement-Büro* genutzt werden.

Das Projektmanagement-Büro

Die Serviceleistungen eines *Projektmanagement-Büros* beziehen sich auf Projekt- und Programmmanagement sowie auf das Projektportfolio-Management. Das *Projektmanagement-Büro* hat die *Prozessverantwortung* für die *Projekt- und Programmmanagement-Prozesse* und unterstützt die *Projektportfolio-Group*. Das *Projektmanagement-Büro* wartet und pflegt die Projektportfolio-Datenbasis, erstellt Projektportfolio-Berichte, unterstützt das Investitions-Vorschlags-Team bei der Erstellung der Investitionsanträge und erstellt Fortschrittsberichte für Projekte mit Diskontinuitäten. Ein Organigramm ist in Bild 2.25 dargestellt. Die organisatorische Integration eines *Projektmanagement-Büros* kann entweder direkt als Profitcenter oder aber als Servicecenter, welches mehrere Profitcenter betreut, erfolgen. In großen Unternehmen können sich auch mehrere *Projektmanagement-Büros* befinden, welche durch Netzwerken untereinander Beziehungen erhalten.

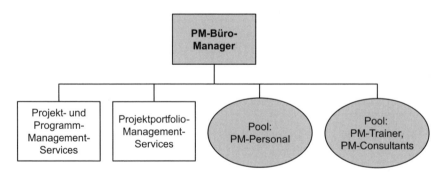

Bild 2.25 Organigramm eines PM-Büros

3 Prozessorientiertes Qualitätsmanagement und Kennzahlensysteme

Projekt-, Prozess- und Qualitätsmanagement weisen inhaltliche Überschneidungen und Zusammenhänge auf. Die Integration von Prozess- und Qualitätsmanagement in Projekte bzw. in die Projektarbeit und in ein *projektorientiertes Unternehmen* erfolgt entsprechend der Projektphasenstruktur.

Dieses Kapitel bietet neben der Beschreibung verschiedener, für dieses Buch relevanter Methoden und Konzepte des Prozess- und Qualitätsmanagements eine Darstellung, wie Abläufe in einem projektorientierten Unternehmen definiert, gemessen, bewertet und gesteuert werden können.

Auf die Abgrenzung der Begriffe Prozess und Qualität und des mit ihnen verbundenen Managements folgen Darstellungen zu *Total Quality Management (TQM)*, *Prozessmanagement* sowie zu verschiedenen Bewertungsinstrumenten.

3.1 Begriffsbestimmungen

3.1.1 Die prozessorientierte Sichtweise

Ausgehend von den an die Kunden gelieferten Produkten und erbrachten Dienstleistungen stellt sich die Frage, welche Abläufe notwendig sind, damit die Lieferung erfolgen kann. Die Beantwortung dieser Frage führt zu den Prozessen eines *projektorientierten Unternehmens*.

Der Begriff *Prozess* wird heute weitgehend einheitlich verwendet und beispielsweise durch die International Organisation of Standardisation (ISO) definiert als „ ... jene Tätigkeit oder jener Satz von Tätigkeiten, die bzw. der Ressourcen verwendet, um Eingaben in Ergebnisse umzuwandeln."

Prozesse beschreiben das „Wie" etwas gemacht wird, um einen Input in einen Output zu verwandeln. Sie sind also die Abfolge von Tätigkeiten, die zu konkreten Ergebnissen (Outputs) führen. Dieses Ergebnis bzw. diese Ergebnisse kann bzw. können materieller oder immaterieller Natur sein. Ein Prozess ist zeitlich begrenzt, weist also Beginn und Ende auf.

Die inhaltliche Begrenzung eines Prozesses erfolgt durch die Definition von Schnittstellen. Für jeden Prozess ist festzuhalten, welches Ergebnis in welcher Form vom vorhergehenden Prozess übergeben wird, wie dieses Ergebnis weiterverarbeitet wird und in welcher Form das weiterverarbeitete Ergebnis an den anschließenden Prozess weitergegeben wird.

Wie aus Bild 3.1 zu entnehmen ist, verfügen Prozesse über Inputs und Outputs, die den eigentlichen Prozess zum vor- bzw. nachgelagerten Prozess abgrenzen und der Erfüllung des Prozesszwecks dienen müssen.

Weitere für die Beschreibung und die Bewertung eines Prozesses erforderliche Kriterien sind:

- der Input,
- der eigentliche Prozessablauf,
- der Output und
- die erforderlichen Ressourcen.

Die *Prozessziele* werden top-down aus den Unternehmenszielen abgeleitet und können beispielsweise Qualitätsaspekte ebenso abdecken wie Kosten- oder Zeitaspekte. Um die Güte bzw. den Erfolg eines Prozesses beurteilen zu können, ist für den Prozess eine Messung mit nachfolgender Evaluierung bzw. Analyse erforderlich. Darauf aufbauend treffen *Prozessverantwortlicher* und *Prozessteam* Vorgaben und Maßnahmen zur Zielerreichung.

Prozessorientierung ist die Grundhaltung, bei der das gesamte betriebliche Handeln als Kombination von Prozessen beziehungsweise *Prozessketten* betrachtet wird.

Die erste Aktivität – der *Prozessstart* – wird durch den *Input* gespeist. Dieser kann sich entweder aus vorgelagerten Prozessen oder durch direkte Eingabe in Form von Vorgaben aus der Organisation oder externer Lieferanten ergeben.

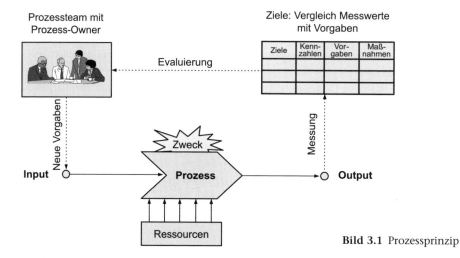

Bild 3.1 Prozessprinzip

Als *Output* werden die durch den betreffenden Prozess erzeugten physischen Produkte, Informationen und Dienstleistungen bezeichnet. Die Eigenschaft des Outputs besteht darin, dass er sich im Sinne einer gewollten positiven Veränderung qualitativ und/oder quantitativ vom Input unterscheiden muss. Dieser Vorgang wird auch als Wertsteigerungstransformation bezeichnet. Um das zu erreichen, müssen entlang des Prozessflusses, zwischen Input und Output, *Ressourcen* bereitgestellt und zur Zielerreichung entsprechend genutzt werden.

3.1.2 Was ist „Qualität"?

Qualität wird in unserer (Industrie-)Gesellschaft in einer nicht immer eindeutigen Definition verwendet. Zusätzlich variiert die intendierte Bedeutung in unterschiedlichen Kontexten und Zusammenhängen. Der meist positiv besetzte Begriff „Qualität" (lat. „qualis" – wie beschaffen) ist jedoch grundsätzlich wertneutral.

Der Qualitätsbegriff wird durch die International Organisation of Standardisation (ISO) in der EN ISO 8402 folgendermaßen definiert:

> Qualität ist „die Gesamtheit von Merkmalen (und Merkmalswerten) einer Einheit bezüglich ihrer Eignung, festgelegte und vorausgesetzte Erfordernisse zu erfüllen."

Die „Einheit" dieser Definition kann eine materielle Leistung (Produkt), eine immaterielle Leistung (Dienstleistung), eine Tätigkeit, ein Prozess, ein System oder eine Kombination daraus sein.

Dieser umfassende Qualitätsbegriff (Bild 3.2) ist hier ausgehend von der Betrachtung der Produktqualität hin zu einer umfassenden Sicht unter Einbeziehung der unterschiedlichen Aspekte (Dimensionen) der Qualität

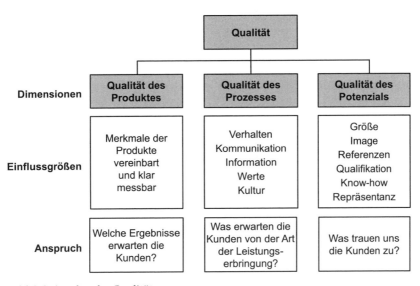

Bild 3.2 Aspekte der Qualität

- des Produktes (*Ergebnisqualität*),
- des (Erstellungs-)Prozesses (*Prozessqualität*, *Verhalten*) und
- des Potenzials des Anbieters (*Image*, *Leistungsvermögen*) erweitert.

Qualität des Potenzials ist meist die Voraussetzung dafür, als *projektorientiertes Unternehmen* überhaupt die Chance zu bekommen, Produkte bzw. Dienstleistungen liefern zu können.

Das Verständnis von Qualität hat sich vom hersteller-/ergebnisbezogenen Zugang hin zum kunden- und prozessbezogenen Zugang gewandelt. Deshalb wird in diesem Buch folgende Begriffsdefinition zu Grunde gelegt:

Qualität drückt aus, zu welchen Grad Systeme, Produkte, Anlagen, Dienstleistung und Prozesse die Kundenanforderungen und -erwartungen hinsichtlich Funktionalität/Leistung und Kosten/Preise erfüllen.

Die Qualität des Produktes kann nur dann voll zur Geltung kommen, wenn für den Kunden – in seiner Erlebniswelt – auch die Qualität des Prozesses an seinen Berührungspunkten überzeugend ist.

Kundenzufriedenheit beschreibt dann die Wahrnehmung des Kunden, zu welchem Grad die Kundenanforderungen und deren Kundenerwartungen erfüllt worden sind.

3.1.3 Managementsystem

Ein *Managementsystem* ist ein System zur Festlegung von Politik und Zielen und zur Erreichung dieser Ziele und dient als Steuerungsinstrument für die Unternehmensführung (des POU). Es steht permanent im Spannungsfeld zwischen Ermittlung und Erfüllung der Kundenforderungen, Renditewünschen der Kapitalgeber, Beschaffung und Nutzung von Ressourcen, Erfüllung von Normen und Gesetzen, Druck vom Mitbewerber usw.

Ziele im Rahmen des Aufbaus eines Managementsystems sind:

- Erhöhung der Kundenzufriedenheit durch Steigerung der Qualität beim (internen und externen) Kunden und Schaffen der Möglichkeit eines systematischen und flächendeckenden Feedbacks auf der Basis messbarer Kriterien;
- Schaffung eines überschaubaren und umfassenden Managementsystems mit definierten Messkriterien und Parametern als Ansatz zur Verbesserung sowie Klärung der Leistungserbringungsprozesse, der Verantwortung sowie der Kompetenzen und Befugnisse in Form von Prozessbeschreibungen;
- übersichtliche und leicht handhabbare Dokumentation des Managementsystems beispielsweise in Form einer Intranetlösung und mit Unterstützung eines Prozessmodellierungswerkzeuges (-tools);
- Erreichung hoher Akzeptanz des Managementsystems bei den Mitarbeitern und Stärkung der Bewusstseinsbildung für Qualität durch Schulung, stetiges Lernen und Praxiserfahrungen.

Prozesse zu „managen" bedeutet, diese Zielsetzungen in einem immer besser werdenden Ausmaß zu erfüllen.

In Anlehnung an die Definition des Begriffes Management nach *Fayol* beinhaltet *Prozessmanagement* die Punkte Planung, Organisation, Führung, Mittelbereitstellung, Kontrolle und Steuerung sowie die ständige Verbesserung der Prozesse.

3.2 Qualitätsmanagement

3.2.1 Allgemeines

Unter *Qualitätsmanagement* (QM) versteht man die qualitätsbezogenen, aufeinander abgestimmten Tätigkeiten zum Leiten und Lenken einer Organisation durch Festlegen der Qualitätspolitik und der Qualitätsziele sowie die Verwirklichung dieser durch Qualitätsplanung, Qualitätslenkung, Qualitätssicherung und Qualitätsverbesserung.

Aufbauend auf der Definition von „Qualität" kann „Qualitätsmanagement" daher wie folgt interpretiert werden:

Das Qualitätsmanagement fasst die Tätigkeiten zusammen, die zu koordinieren sind, um die Organisation bezüglich Qualität zu leiten und zu lenken.

Qualitätsmanagement ist daher die Summe aller *Führungsmaßnahmen* (Managementaufgaben) zur Koordination aller qualitätsrelevanten Tätigkeiten in einer Unternehmung zur Zufriedenstellung der Anforderungen/Wünsche des Kunden. Beginnend mit der Erfassung des Kundenwunsches (aus- oder unausgesprochen), seiner Umsetzung in die Sprache des eigenen Unternehmens, der Realisierung des Produktes oder der Dienstleistung bis hin zur Übergabe an den Kunden in der gewünschten Form bilden Qualitätsmanagement und ein damit verbundenes *Qualitätsmanagement-System* ein Rahmenkonzept für Unternehmungen.

Damit Qualitätsmanagement optimal funktioniert, braucht man Qualitätsmanagement-Prinzipien bzw. Grundsätze. *Qualitätsmanagement-Prinzipien* sind umfassende und grundlegende Richtlinien oder Überzeugungen zur Führung und Leitung einer Organisation, mit dem Ziel ständiger, langfristiger Verbesserung der Leistungen. Gleichzeitig werden darin die Erfordernisse aller am Unternehmen Beteiligten angesprochen.

Als Grundlage für den Erfolg eines (prozessorientierten) Qualitätsmanagement-Systems kann die Berücksichtigung der acht *Qualitätsmanagement-Grundsätze* angesehen werden (Tabelle 3.1).

Tabelle 3.1 Die acht Qualitätsmanagement-Grundsätze

Qualitätsmanagement-Grundsätze	
Kundenorientierung	Organisationen hängen von ihren Kunden ab und sollten daher gegenwärtige und zukünftige Erfordernisse der Kunden verstehen, deren Anforderungen erfüllen und danach streben, deren Erwartungen zu übertreffen.
Führung	Führungskräfte schaffen die Übereinstimmung von Zweck und Ausrichtung der Organisation. Sie sollen das interne Umfeld schaffen und erhalten, in dem sich Personen voll und ganz für die Erreichung der Ziele der Organisation einsetzen können.
Einbeziehung der Personen	Auf allen Ebenen machen Personen das Wesen einer Organisation aus. Ihre vollständige Einbeziehung ermöglicht es, ihre Fähigkeiten zum Nutzen der Organisation einzusetzen.
Prozessorientierter Ansatz	Ein erwünschtes Ergebnis lässt sich effizienter erreichen, wenn Tätigkeiten und dazugehörige Ressourcen als Prozess geleitet und gelenkt werden.
Systemorientierter Managementansatz	Erkennen, Verstehen, Leiten und Lenken von miteinander in Wechselbeziehung stehenden Prozessen als System tragen zur Wirksamkeit und Effizienz der Organisation beim Erreichen ihrer Ziele bei.
Ständige Verbesserung	Die ständige Verbesserung der Gesamtleistung der Organisation ist ein permanentes Ziel der Organisation.
Sachbezogener Ansatz zur Entscheidungsfindung	Wirksame Entscheidungen beruhen auf der Analyse von Daten und Informationen.
Lieferantenbeziehungen zum gegenseitigen Nutzen	Eine Organisation und ihre Lieferanten sind voneinander abhängig. Beziehungen zum gegenseitigen Nutzen erhöhen die Wertschöpfungsfähigkeit beider Seiten.

Die *projektbezogene Qualität* ist, allgemein formuliert, die Gesamtheit von Eigenschaften bzw. Merkmale eines Projektergebnisses und des zugehörigen Prozesses, bezogen auf deren Eignung zur Erfüllung vorgegebener Anforderungen bzw. Erwartungen. Sinngemäß ist die Definition von Qualitätsmanagement auf Projekte übertragbar.

3.2.2 Der prozessorientierte Ansatz der Normenreihe ISO 9000:2000

Entsprechend der der Normen-Reihe der *EN ISO 9000:2000* bezeichnet *prozessorientiertes Qualitätsmanagement* die Beschreibung der Maßnahmen des Qualitätsmanagements einer Organisation orientiert an den Prozessen, die zur Erstellung der Leistungen dieser Organisation erforderlich sind.

Der prozessorientierte Management-Ansatz der ISO 9000:2000 Reihe schließt das gesamte Unternehmen ein und geht vom Management der Organisation über das Management der im Unternehmen vorhandenen Prozesse bis hin zum Erkennen und Einleiten von Verbesserungsmaßnahmen.

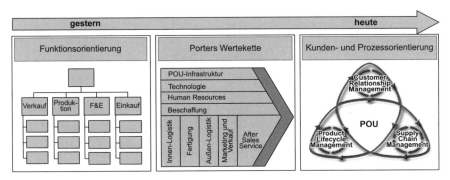

Bild 3.3 Entwicklung zur Kunden- und Prozessorientierung

Die Normen-Reihe der ISO 9000, die erstmals 1987 erschienen ist, hat im (prozessorientierten) Qualitätsmanagement größte Bedeutung erlangt. Die EN ISO 9001:2000, ein Mitglied der Normen-Reihe, ist eine international gültige Norm, die die Forderungen an ein Qualitätsmanagement-System darstellt. Diese Norm „fordert" einen prozessorientierten Ansatz zur Organisation und Steuerung einer Unternehmung auf der Grundlage des umfassenden Qualitätsbegriffs.

In Bild 3.3 sind die Entwicklungsstufen des Qualitätsmanagements von der funktionsorientierten zur prozessorientierten Sichtweise dargestellt.

3.2.3 Prozessmodell der ISO 9001:2000

Das *Prozessmodell* ist eine schematische Beschreibung der Aktivitäten eines *projektorientierten Unternehmens*, die den Input der Umwelt (z.B. Kunden, Gesetzgeber, Know-how) in Form von Wünschen und Forderungen unter Verwendung angemessener Ressourcen in jenen Output umsetzen, der den Wünschen und Forderungen der Umwelt entspricht. Die Grundlage des Prozessmodells ist der *kontinuierliche Verbesserungskreis* (Bild 3.4) mit den Schritten Plan-Do-Check-Act. Dieser Verbesserungskreis ist auch als PDCA-Kreis oder *Deming-Kreis* bekannt. Der Verbesserungsprozess wird als ein sich bewegendes Rad mit vier Grundaktivitäten dargestellt.

- Der Verbesserungsprozess beginnt mit der PLAN-Phase (Planen), in der die Ursachen der aufgetretenen Probleme analysiert werden. Es erfolgt eine Festlegung der Ziele und eine Planung der Prozesse (Maßnahmen), die für die Erzielung von Ergebnissen in Übereinstimmung mit den Kundenanforderungen sowie der Politik der Unternehmung erforderlich sind.

- In der DO-Phase (Durchführen) werden zunächst die notwendigen Voraussetzungen zur Durchführung der Verbesserungsaktivitäten geschaffen und danach die Prozesse bzw. Verbesserungsmaßnahmen durchgeführt.

- Ein Vergleich der erreichten Verbesserungen mit dem angestrebten Ziel erfolgt in der CHECK-Phase (Prüfen). Es erfolgt eine Überwachung und Messung von Prozessen und Produkten anhand der Vorgaben, Ziele und Forderungen für das Produkt bzw. die Dienstleistung.

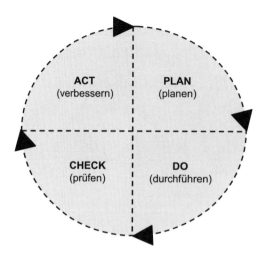

Bild 3.4
Prozess der ständigen
Verbesserung

- In der ACT-Phase (Verbessern) werden die Ursachen für positive und negative Auswirkungen der Verbesserungsmaßnahmen untersucht, um festzustellen, wo noch weitere Verbesserungen möglich sind. Dieses Erfahrungswissen wird für den nächsten Problemlösungszyklus genutzt.

Ein Vorteil des prozessorientierten Ansatzes besteht in der ständigen Lenkung, die sich aus der Verknüpfung dieses Ansatzes mit dem systemimmanenten Verbesserungskonzept des Prozessmodells ergibt. Der prozessorientierte Ansatz und damit ein prozessorientiertes Qualitätsmanagement betont vor allem

- das Verstehen der Forderungen der Kunden und der Interessenpartner sowie die Wichtigkeit der Erfüllung dieser Forderungen,
- die Notwendigkeit, Prozesse aus der Sicht der Wertschöpfungskette zu betrachten,
- die Erzielung von Ergebnissen bzgl. Prozessleistung und -wirksamkeit und
- die ständige Verbesserung von Prozessen auf der Grundlage objektiver Messungen.

Das *Prozessmodell der ISO 9001:2000* (Bild 3.5) ist eine bildhafte Darstellung der Forderungen des Qualitätsmanagements und dieser Norm, gruppiert in die Hauptkategorien

- Verantwortung der Leitung,
- Management von Ressourcen,
- Produkt-/Dienstleistungsumsetzung und
- Messung, Analyse und Verbesserung.

Dieser Regelkreis des Zusammenwirkens der Prozesse der vier *Prozesskategorien* zur Transformation des Inputs („Eingabe") unter Berücksichtigung der Kundenanforderungen in den Output („Ergebnis") zur Erreichung von Kundenzufriedenheit, steht im Mittelpunkt der Betrachtungen des prozessorientierten Qualitätsmanagements.

Die vier Hauptkategorien repräsentieren die Inhalte der ISO 9001:2000 und finden sich in den Kapitelüberschriften des Normentextes wieder. Die Inhalte der einzelnen Katego-

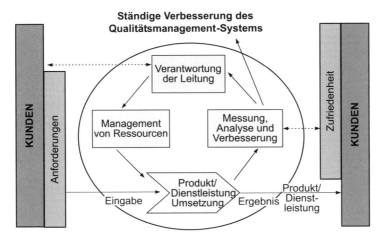

Bild 3.5 Prozessmodell der ISO 9001:2000

rien sind jedoch nicht isoliert und in sich abgeschlossen zu betrachten, sondern stehen in gegenseitiger Verbindung zur Erreichung eines umfassenden prozessorientierten Qualitätsmanagement-Systems.

> Das *Prozessmodell* ist für alle Branchen und Größen von Unternehmungen gleichermaßen anwendbar.

Zu beachten bleibt jedoch, dass im Mittelpunkt des prozessorientierten Qualitätsmanagements der Erstellungsprozess von Produkten oder Dienstleistungen steht und diesen Betrachtungen eine – für das Verständnis – wichtige Annahme bzw. Voraussetzung zugrunde liegt: Es wird impliziert, dass der Erstellungsprozess bezüglich seiner Vorgaben fehlerfrei läuft und somit eine gute Ausgangsbasis geschaffen ist, dass das Produkt bzw. die Dienstleistung den Kunden zufrieden stellen. Das heißt aber nicht, dass die Existenz eines Qualitätsmanagement-Systems ein/eine den Kunden zufrieden stellende(s) Produkt/Dienstleistung garantiert.

3.2.4 Kontinuierlicher Verbesserungsprozess

Ein Grundprinzip des Qualitätsmanagements ist die *kontinuierliche Verbesserung* aller Ansätze, Vorgehensweisen und Ergebnisse im *projektorientierten Unternehmen*. Die Realisierung eines kontinuierlichen Verbesserungsprozesses in allen Bereichen und auf allen Ebenen des *projektorientierten Unternehmens* erfordern neben einer systematischen und leicht verständlichen Vorgehensweise sowie der Anwendung geeigneter Methoden auch die Beeinflussung bzw. Schaffung der entsprechenden Rahmenbedingungen. Beide Aspekte werden im Folgenden betrachtet.

Voraussetzungen zur Etablierung eines Verbesserungsprozesses

Über die Beherrschung und Anwendung von Qualitätsmethoden und durch Aneignung definierter Verhaltensweisen wie Teamarbeit, Eigenverantwortung und Kundenorientierung wird der Mensch zum Gestalter in den verschiedenen Dimensionen (Bild 3.6). Er legt die Organisationsstrukturen fest, entwickelt die Methoden und Verfahren, definiert Arbeitsabläufe, gestaltet die Arbeitsbedingungen und das Arbeitsumfeld. Zudem bestimmt der Mensch die vom Kunden wahrgenommene Qualität der Außenbeziehung und nicht zuletzt natürlich die Qualität der Produkte und Dienstleistungen.

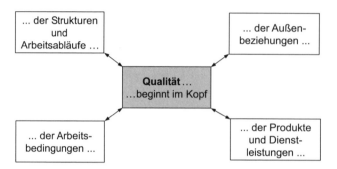

Bild 3.6 Der Mensch als Ausgangspunkt und Gestalter von Qualität

Bei der Gestaltung und kontinuierlichen Verbesserung all dieser Qualitätsdimensionen müssen folgende wesentliche Zielsetzungen, welche in Wechselbeziehung stehen, verfolgt werden:

- Steigerung der Kundenzufriedenheit (unternehmensintern und -extern) und
- kontinuierliche Verbesserung aller Leistungen und Prozesse im Unternehmen.

Die gegenseitige Abhängigkeit dieser beiden Aspekte ergibt sich aus der Dynamik, der der Wettbewerb und damit auch die Kundenanforderungen unterworfen sind. Die ständig wachsenden Forderungen bedingen einen permanenten Anpassungsprozess von Seiten jedes Mitarbeiters. Das Ziel der bestmöglichen Erfüllung der Kundenwünsche ist daher nicht als absolute Größe, sondern als „Moving Target" aufzufassen. Somit ist die unternehmensweite kontinuierliche Verbesserung als ein Zielzustand anzustreben, der niemals abgeschlossen sein wird.

Jedoch gilt der bekannte Spruch „der Weg ist das Ziel" in diesem Zusammenhang nicht, da der kontinuierliche Verbesserungsprozess kein Selbstzweck ist. Im kontinuierlichen Verbesserungsprozess gilt es vielmehr, immer wieder neu definierte Etappenziele zu erreichen. Diese konkreten Ziele müssen mit den Mitarbeitern vereinbart werden.

Durch ein System strukturierter Zielvereinbarungen muss eine Kultur der gemeinsamen Ziele im *projektorientierten Unternehmen* realisiert werden, bei der die Betroffenen zu eigeninitiativ Handelnden gemacht werden. Für jeden Mitarbeiter müssen operative Ziele formuliert werden, verbunden mit relevanten Kenngrößen, um die Zielrichtung transparent und die Zielerreichung messbar zu machen.

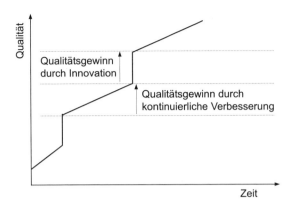

Bild 3.7
Innovation und kontinuierliche
Verbesserung

Zur Zielerreichung sind sowohl viele kleine Schritte, als auch Innovationen als große, grundlegende, verändernde Maßnahmen notwendig (Bild 3.7). Die Definition der beiden Begriffe macht den Unterschied und die Erfolg versprechende Kombination der beiden Qualitätsverbesserungen deutlich:

> *Kontinuierliche Verbesserung* heißt, die Fähigkeiten aller Mitarbeiter zur ständigen Verbesserung der Geschäftsabläufe im Sinne der Unternehmensziele zu wecken und zu nutzen. *Innovation* heißt Verbesserungen in großen Sprüngen.

Neben den in größeren Zeitabständen vorkommenden Innovationen bewirken gerade die vielen kleinen Verbesserungen in ihrer Summe einen hohen Nutzen und tragen wesentlich zur Zufriedenheit bei. Jeder Mitarbeiter kann in seinem Arbeitsumfeld mit seinem Wissen und seinen Fähigkeiten am Verbesserungsprozess mitwirken. Es ist sehr motivierend, wenn man zielorientiert Verbesserungsmaßnahmen initiiert, selbst umsetzt und dabei den Nutzen messbar ausweisen kann.

Diesen Prozess zu fordern und zu fördern ist die Aufgabe des Managements. Dabei wird man nur dann Erfolg haben können, wenn im Vorfeld bei den Betroffenen die notwendige Einstellung und Bereitschaft erzeugt wurde. Dies kann nicht von heute auf morgen realisiert, geschweige denn angeordnet, sondern nur durch eine langfristige Qualitätsstrategie und entsprechende Maßnahmen vorbereitet werden.

Es liegt in der Verantwortung der Führungskräfte, die Rahmenbedingungen zu schaffen und den Prozess der kontinuierlichen Verbesserung voran zu treiben, damit die kleinen und damit scheinbar unwichtigen Dinge nicht vom Tagesgeschäft verdrängt werden. Über langfristige Veränderungen von Denk- und Verhaltensweisen müssen ein Klima und eine Kultur geschaffen werden, die einen kontinuierlichen Verbesserungsprozess ermöglichen und fördern.

Von der Idee zur Umsetzung

Jeder liefert im Rahmen seiner Arbeit eine materielle oder immaterielle Leistung für unternehmensinterne und -externe Kunden. Damit ist jeder auch in Prozesse eingebunden, die zur Leistungserstellung beitragen. Das ständige Bemühen, das eigene Arbeitsumfeld zu verbessern, muss an diesen Prozessen ansetzen und die nicht Wert schöpfenden Anteile daran minimieren.

Wertschöpfend sind nur solche Tätigkeiten, die den Wert des Produktes oder der Dienstleistung aus der Sicht des Kunden (intern und extern) erhöhen.

Unter dieser prozessorientierten Betrachtungsweise ergeben sich zumeist schon viele Verbesserungsideen, die so schnell wie möglich, möglichst ohne die übliche Bürokratie des betrieblichen *Vorschlagswesen*s, bewertet, priorisiert und umgesetzt werden müssen.

Darüber hinaus finden *Verbesserungsprojekte* ihren Ursprung in den unterschiedlichsten Quellen:

- Auditergebnisse
- Fehleranalysen
- FMEA
- Betriebliches Vorschlagswesen
- Qualitätszirkel
- Wertanalysen
- Design-Reviews
- Quality-Gates (Meilenstein-Meetings).

Wenn die Ideenvielfalt groß ist, müssen die Themen zum effektiven Ressourceneinsatz priorisiert angegangen werden. Wichtig ist dabei die Schaffung der entsprechenden Problemlösungsplattform, d.h. die Einbeziehung derjenigen Mitarbeiter, die mittel- oder auch unmittelbar mit ihrer täglichen Arbeit am Problem beteiligt sind. Die Aufgabe des Teams besteht darin, die Problemlösung nicht nur systematisch zu erarbeiten, sondern auch umzusetzen.

Gerade bei vielen kleinen Verbesserungen ist es wichtig, die einzelnen Maßnahmen zu bündeln und für jeden transparent zu machen. So wird verhindert, dass man einfach in den alten Zustand zurückfällt. Das durch den bisher erreichten Standard definierte Verbesserungsniveau bildet den Ausgangspunkt für weitere Optimierungsmaßnahmen.

Ein wesentlicher Punkt bei der Analyse von Schwachstellen und der Erarbeitung von Verbesserungen ist die Definition und Bewertung von Messgrößen. Durch die Erarbeitung, Beobachtung und Dokumentation der relevanten Kennzahlen lassen sich die Leistungsstände, Ziele und die Wirksamkeit von Maßnahmen visualisieren. Die Schaffung dieser Transparenz ist die Voraussetzung für eine effektive Vorgehensweise.

Bei der systematischen kontinuierlichen Verbesserung sind einerseits die betroffenen Mitarbeiter als Team einzubeziehen. Ebenso müssen geeignete Methoden und Werkzeuge eingesetzt und die Mitarbeiter dafür entsprechend geschult werden. Schulungsthemen sind:

- Präsentationstechniken
- Kommunikationstechniken
- Methoden der Entscheidungsfindung

- Problemlösungstechniken
- Kreativitätstechniken.

3.2.5 Qualitätskosten

Viele Unternehmen sehen in der Produkt- und Dienstleistungsqualität einen wichtigen Erfolgsfaktor. Neben verschiedenen Gründen für die Einführung eines Qualitätsmanagement-Systems ist die Kosteneinsparung durch Qualität im Management eines der bedeutendsten Ziele. Moderne Kostenrechnung ist ein Lenkungs- und Steuerungsinstrument und keine Ansammlung bloß statistischer Informationen.

Nach DIN 55350 Teil 11 versteht man unter Qualitätskosten (qualitätsbezogenen Kosten) alle Kosten, die durch Tätigkeiten der Fehlerverhütung, durch planmäßige Qualitätsprüfung, sowie durch interne und externe Fehler verursacht werden.

Qualitätskosten können unterteilt werden in

- Fehlerverhütungskosten,
- Prüfkosten,
- innerbetriebliche Fehlerkosten,
- außerbetriebliche Fehlerkosten,
- entgangene Gewinne sowie
- zusätzliche administrative Kosten durch Kundenreaktionen.

Erfassung von Qualitätskosten

Optimal ist es, wenn die Betriebsdatenerfassung Fehlerursachen durch ERP-Systeme mittels entsprechendem Schlüssel an die Kostenrechnung weitergeben kann, dann müssen für die Kosten- und Fehleranalyse zu diesen Kontierungsangaben lediglich noch weitere Detailinformationen bereitgestellt werden.

Entstehung von Qualitätskosten

Der größte Anteil der Qualitätskosten fällt in der Regel im administrativen Bereich an.

Dies können *Misserfolgskosten* sein, entstanden etwa durch Kundenretouren, Schleuderverkäufe minderwertiger Produkte oder Managementinterventionen zur Zufriedenstellung der Kunden.

Diese Qualitätskostenelemente können kaum der Betriebsabrechnung entnommen werden, sie sind durch Einzeluntersuchungen zu ermitteln. Noch schwieriger ist die Bezifferung der entgangenen Gewinne aufgrund des gegenwärtigen und zukünftigen Geschäftsumsatzes („Costs of Lost Sales"). Die geeigneten Werkzeuge zur Bestimmung dieser Kosten sind Kundenumfragen, Nachfragestatistiken und andere Marketingressourcen.

Systematik der Qualitätskostenstrukturierung

Qualitätskosten gliedert man häufig in Kosten für die *Qualitätsplanung, Prüfkosten und Fehlerkosten* (Tabelle 3.2). Dabei übersieht man jedoch, dass Prüfkosten sowohl im ge-

Tabelle 3.2 Beispiel Qualitätskosten

Notwendige Qualitätskosten		Vermeidbare Qualitätskosten	
Qualitätsplanung	Prüfkosten		Fehlerkosten (innerbetrieblich, außerbetrieblich)
Forschung	Routinekontrolle	Test für Nachproben	Nacharbeit, Material-verlust usw.

planten Produktionssystem als auch im Bereich der Fehlerkosten auftreten. Daher bietet sich eine Systematik an, die alle Qualitätskosten nach notwendigen und vermeidbaren Kosten aufteilt. Diese Struktur eignet sich für sehr dafür, einen Weg zur Kostenreduzierung durch Fehlervermeidung zu finden.

Verfahren zur Ermittlung der Qualitätskosten

Der erste Schritt zum *Controlling der Qualitätskosten* ist eine Ist-Erfassung der bestehenden Betriebsdaten. Anschließend wird ein Qualitätskosten-Rahmen festgelegt und im Vergleich mit dem Statusbericht des vorhandenen Berichtwesens werden die noch fehlenden Informationen bestimmt. Eine nützliche Unterlage dafür bilden Checklisten mit einer Auflistung sämtlicher qualitätssichernder Maßnahmen von der Produktidee bis zum Einsatz beim Kunden.

Steht fest, welche Kostenelemente man als Qualitätskosten betrachten will, stellt man auch Verarbeitungsregeln auf. Wegen der Vielschichtigkeit der Qualitätskosten werden dafür in der Praxis meist genauere (fertigungstechnische) Aussagen über die Kostenarten gemacht. In einem Soll-Ist-Vergleich aus dem Konstruktionsbereich findet man beispielsweise folgende Kostenarten:

- Lohnkosten für Wartezeiten und Störungen
- Lohnkosten für Fehlerbeseitigung in der eigenen Kostenstelle
- Nacharbeit für fremde Kostenstellen
- Instandhaltung von Werkzeugen
- Reparaturen an Maschinen
- Material-/Retourausschuss und Platzausschuss.

Ausgewählte *Kennzahlen des Qualitätscontrollings* sind beispielsweise:

- Änderungen
- Zahl der Änderungen pro Entwicklungsphase
- Zahl der Änderungen pro Entwicklungsprojekt
- Zahl der Änderungen pro Entwicklungsbereich
- Quelle und Ursachen der Änderungen
- Durchschnittlicher Zeit- und Kostenaufwand pro Änderung
- Bearbeitete Änderungen/Gesamtänderungen pro Jahr.

Fehler

- Fehlerzahl pro Entwicklungsphase, -projekt, -bereich
- Durchschnittlicher Zeit- und Kostenaufwand pro Fehlerbehebung
- Bearbeitete Fehler/Gesamtfehler pro Jahr.

Kosten

- Fehlleistungskosten pro Entwicklungsphase und Entwicklungsprojekt
- Fehlleistungskosten/F&E-Kosten pro Jahr
- Präventive Qualitätskosten/F&E-Kosten pro Jahr.

Qualitätskennzahlen

- Zahl der Reviews und Gesamtzahl Entwicklungsprojekte pro Jahr
- Zahl IPP (Integrierte Produktplanungen) pro Jahr
- Anzahl Entwicklungsprojekte mit Anwendung der QFD-Methode (Quality Function Deployment)/Gesamtzahl Entwicklungsprojekte pro Jahr
- Kosten Qualitätsmethoden/F&E-Kosten pro Jahr
- Kosten für Qualifizierung und Motivation
- Zahl, Teilnehmer, Budget für Qualitätsschulungen pro Jahr
- % Mitarbeiter mit Job-Rotation pro Jahr
- Zahl der Verbesserungsvorschläge pro Jahr.

3.2.6 Maßnahmen zur Qualitätskosten-Analyse im Überblick

Qualitätskosten lassen sich unter Beachtung der folgenden Aspekte mit vertretbarem Aufwand erfassen:

- Controlling und Qualitätsmanagement müssen intensiv und kollegial zusammenarbeiten.
- Die Finanzdaten sind weitestgehend zu nutzen. Sie sind im Hinblick auf steigende Qualitätskosten zu analysieren, die Qualitätskosten-Faktoren sind zu identifizieren. Es ist möglichst eine am Kostenrechnungssystem des Unternehmens orientierte Struktur einzurichten, die die Qualitätskostenarten periodisch in immer derselben Weise bereitstellt.
- Die internen und externen Fehlerberichte bilden die zweite Säule für eine monatliche Auswertung. Die Fehlerarten werden gelistet und mit den erfassbaren Kosten bewertet. Nicht verfügbare Zahlen werden geschätzt.
- Alle Bereiche erfassen in ihren Monatsberichten jene Daten, die als Qualitätskosten erkannt wurden. Auch hier gilt: Falls keine messbaren Zahlen verfügbar sind, werden Schätzungen verwendet. In einem Monatberichtsblatt werden alle Daten des Betriebs kumuliert und berichtet.

Dieses Erfassen schafft die Voraussetzungen für eine kontinuierliche Kostensenkung. So sind z.B. Pareto-Analysen möglich, die Kostenschwerpunkte aufdecken. Am besten in

Gruppenarbeit können dann Maßnahmen zur internen wie externen Kostensenkung entwickelt werden. Zur internen Kostensenkung sind präventive Qualitätsstrukturen mit gezielter Qualitätsplanung, Prüfverlagerung, Organisationsveränderungen und intensive Schulung zur externen Lieferantenbewertung, Audits und gewissenhafte Lieferantenauswahl erforderlich.

Zuordnung von Fehlerkosten nach Prozessen

Marketing-/Vertriebsprozess

- Fehlerhaftes Angebot (Anschrift, Preise, ...)
- Nicht kalkulierte Leistungen aufgrund unklarer Verträge
- Nicht eindeutige Auftragsklärung
- Nicht kalkulierte Kosten aufgrund von Zusagen von Terminen und Leistungen
- Umtausch aufgrund falscher Bestelldaten
- Nicht eingehaltene Vertragsbedingungen
- Mehraufwand für Nachverhandlungen
- Abweichungen von Marktprognosen
- Angebote, die nicht vzum Auftrag führen
- Unklare Bereitstellung, z.B. Mitarbeiter, Qualifikation, Räumlichkeiten und Hardware
- Terminverzögerung bzw. zusätzliche Kosten für die Änderung von Lasten-/Pflichtenheft

Projektmanagementprozess

- Nicht durchgeführte Projektstart-Workshops
- Mangelhafte Projektpläne
- Unzureichendes Projektcontrolling
- Keine Projektabschluss-Workshops
- Keine Lessons-learned-Dokumentation

Engineeringprozess

- Unvollständige Projektdefinitionen
- Konstruktionsänderungen
- Unnötige Sicherheitszuschläge-Herstellkosten
- Nicht montagegerechte Planung
- Unklare/unvollständige Anforderung für Lieferanten (= Anforderungsqualität)
- Verlust durch nicht termingerechten Beschaffungs-/Baustellenbeginn
- Prüfkosten und Zeitverzögerung für die Gerätezulassungen (Zertifikate)
- Aufwand für Prüfplanung in der Entwicklung
- Mehrfache Unterlagenprüfung, bedingt durch Planungsfehler

Beschaffungs- und Logistikprozess

- Falsche Bestellung – Umtausch, Verschrottung, Mehraufwand bei der Montage
- Unqualifiziertes Personal von Subunternehmern und Leihfirmen
- Fehlerhafte Anlieferung – Kosten für Mehraufwand, Prüfen, Versand und Belastung
- Zu hohe Lagerbestände durch Einkauf von großen Losgrößen – zu hoher Sicherheitsbestand
- Unnötige Wareneingangsprüfungen
- Fehlerhafte Bestellung (Anschrift, Preis und Menge)
- Unklare Rahmenverträge
- Nicht aktuelle Lieferantenbewertung
- Kosten für verspätete oder vergessene Bestellung
- Kosten zur Befähigung von Lieferanten
- Nacharbeiten bei instabilen Produkten, die nicht an die Lieferanten weiterverrechnet werden können

Montage- /Inbetriebnahmeprozess

- Fehlerhafte Produkte – Nacharbeit außerhalb der Vorgabezeiten, Wiederholprüfungen, Ausschuss
- Fehlerhafte Produkte – Nacharbeit innerhalb der Vorgabezeiten
- Bevorratung – um für fehlerhafte Montage Ersatz zu haben (zu hohe Vorhaltekosten)
- Pönalezahlungen
- Kosten zur Fehlerkorrektur (z.B. Fehlerbesprechungen und Lösungserarbeitung).
- Wartezeiten von Mitarbeitern
- Aufwand für Entsorgung/Recycling
- Reduzierte Produktivität wegen fehlerhafter Planung
- Zwischenlager innerbetrieblicher Transporte
- Mehrarbeiten, die nicht weiterverrechenbar sind
- Wartezeiten durch Nichtverfügbarkeit von Infrastruktur (Rechnerausfall)
- Prüfungen, die nicht vom Kunden und Gesetzgeber gefordert werden
- Fehlerhafte Bedarfsanforderung
- Umlaufbestände

Serviceprozess

- Unverrechenbare Fehlerbehebung beim Kunden (Zeit, Reisekosten und Material)
- Folgekosten, Sachschäden – Einbau, Austausch, Stillstand
- Fehlerhafte Produkte, Dienstleistungen, Instandsetzungen, Wertminderungen, Austausch – Ersatzlieferungen, Transport, Montage und wiederholte Dienstleistungen
- Kulanz aufgrund von Kundenunzufriedenheit (erwartete Leistungen, die aber nicht spezifiziert waren)

- Entsorgung
- Ungenügende Serviceleistung, Arbeits- und Wegezeit
- Fehlende Ersatzteile – zusätzliche Wegezeiten
- Nicht kalkulierter Aufwand bei Wartungsverträgen
- Mangelhafte Terminabstimmung – Wartezeiten
- Entgangene Aufträge durch Nichterreichbarkeit

Lager-/Verwaltungsprozess

- Schwund, Inventur
- Transportschäden – Ausschuss, Nacharbeit und Wertminderung
- Lagerbereinigung
- Zu hoher Lagerbestand
- Falsche Verpackung, Inhalt nicht montagegerecht gekennzeichnet
- Verspätete Lieferungen
- Personalfluktuation, Demotivation, Krankenstand
- Aufwand für Beschwerdemanagement
- Risikoversicherungen
- Außenstände durch ungenügende Dokumentation, Qualität, Nichtannahme von Rechnungen
- Ungenügende Unterweisung
- Fehlerhafte Personalauswahl

Man sieht an dieser (unvollständigen) Liste sehr deutlich, wie schwierig es ist, auf alle Eventualitäten optimal vorbereitet zu sein.

3.2.7 Qualitätsmanagement in Projekten

Traditionelle Qualitätsmanagement-Ansätze für Projekte konzentrieren sich stark auf die Produktqualität und auf die Qualitätskontrolle durch statistische Methoden, wie Inspektionen, Qualitätsregelkarten, Pareto-Diagramme, Stichprobenverfahren usw.

Die Anforderungen, die an Projekte gestellt werden, sind aber höher als diese Qualitätsmanagement-Ansätze. Qualitätsmanagement für Projekte durch Review- und Audittechniken erlangt daher immer größere Bedeutung.

> Im Gegensatz zur traditionellen Produktprüfung, die erst nach der Fertigstellung durchgeführt wird, werden die Prozesse (Projektphasen) in der Projektabwicklung durch Integration von Quality Gates gesteuert, um das Erreichen der erforderlichen Projektergebnisse sicherzustellen. Quality Gates sind Meilensteine aus Sicht des Qualitätsmanagements in der Projektabwicklung.

Aufgaben des Qualitätsmanagements für die Projektabwicklung

- *Qualitätsentwicklung*
  Qualität dauerhaft möglich zu machen ist unternehmerische Verantwortung und Aufgabe der Geschäftsleitung bzw. der Projektauftraggeber im *Projektmanagement*.

- *Qualitätsplanung*
  Es sind alle Qualitätsstandards zu identifizieren, die für das Projekt sowie für die Umsetzungsplanung relevant sind.

- *Qualitätssicherung*
  Das Projekt ist so zu evaluieren, dass sichergestellt ist, dass die relevanten Qualitätsstandards erreicht werden.

- *Qualitätskontrolle*
  Die Einhaltung der vereinbarten Qualitätsstandards und erforderliche Korrekturen und Verbesserungen des Produktes (Komponenten, deren Aufbau, Einrichtungen) und der Prozesse sind zu überwachen.

Ergebnis- und Prozessqualität in Projekten

Die Ergebnis- und Prozessqualität in Projekten wird üblicherweise durch folgende Kriterien sichergestellt:

- *Kompetentes Projektpersonal*
  Projektteam und *projektorientiertes Unternehmen* mit ausreichender Erfahrung und Qualifikation zur Schaffung eines geeigneten Arbeitsumfeldes

- *Spezifikationen mit folgendem Inhalt*
  Erforderliche Funktionalität des Systems und seiner Komponenten, erforderlicher Designstandard, Anforderungen für Zeit- und Kostenaufwand, Verfügbarkeit, Zuverlässigkeit, Instandhaltbarkeit und Anpassungsmöglichkeit

- *Standards*
  Ausführungsstandards, Prozessstandards und Projektstandards

- *Audits und Reviews der Projekt(teil)ergebnisse durch Quality Gates*
  z.B. Designreview und Review des Projektprozesses bei Meilensteinen

- *Steuerung*
  Änderungskontrolle und Konfigurationsmanagement

Audits und Reviews für die Überprüfung des *Projektabwicklungs-Prozesses* und seiner Ergebnisse sind geeignete Methoden der Qualitätssicherung in Projekten. Sie können jeweils am Ende der einzelnen Phasen oder bei Meilensteinen eingesetzt werden.

> Die Reviews sind mit den Quality Gates verknüpft und daher Auslöser für Stop-and-Go-Entscheidungen. Nur positive Ergebnisse der Reviews ermöglichen z.B. ein Meilensteinmeeting für die Projektfortführung.

Diese Qualitätssicherungsaktivitäten sind ein fester Bestandteil der inhaltlichen Prozesse (Engineering, Beschaffung/Logistik, Montage/Supervision, Inbetriebnahme/Schulung und Pilotbetrieb), auf die in diesem Buch Bezug genommen wird, und müssen im Projektstrukturplan, im Meilensteinplan und im Kostenplan eines Projektes dargestellt werden. Die Durchführung der vorher beschriebenen Reviews, verbunden mit der laufenden Verbesserung der Lösungskonzepte, kann als ein Teil eines „Best-Practice-Qualitätsmanagements" für Projekte angesehen werden.

In *Projekten und Programmen* ist nicht immer die auf den ersten Blick beste Lösung auch die optimale Lösung. Dies ist vor allem dann der Fall, wenn sie von der Organisation nicht akzeptiert wird. Qualität ist im hohen Maße von der Akzeptanz der Mitarbeiter abhängig. Das erfordert zwingend, dass die *Prozessdefinition* unter Beteiligung der Teammitglieder erarbeitet wird und Lösungskonzepte einvernehmlich beschlossen werden. Nur die Mitgestaltungsmöglichkeit der Teammitglieder sichert die erforderliche Akzeptanz der Qualitätsanforderungen an Prozesse.

Gestaltung der einzelnen Phasen in Projekten

Liegen der Projektabwicklung keine Standards zugrunde, so ist es die Aufgabe des *Projektmanagements* (als Organisationseinheit), die inhaltlichen Prozesse und eine dafür entsprechende Organisation, einen prozessorientierten Projektstrukturplan, angemessene Terminpläne und entsprechende Projektrollen und -kompetenzen zu entwickeln. Eine weitere Aufgabe des *Projektmanagements* ist es, den Status dieser inhaltlichen Prozesse zu überprüfen und entsprechend zu steuern und bei Abweichungen vom Soll-Zustand Korrekturmaßnahmen einzuleiten, Pläne zu adaptieren und Schnittstellen abzustimmen. Übernimmt das *Projektmanagement* diese Aufgaben, so übernimmt es Aufgaben des Prozess-Owners.

Bei nicht standardisierten Projekten sind in der Regel mehr Interessenpartner involviert als bei repetitiven Projekten. Dadurch entsteht automatisch eine höhere soziale Komplexität und somit erlangen der *Projektmanagementprozess* und seine Qualität eine höhere Bedeutung.

Die Qualität des *Projektmanagementprozesses* kann beurteilt werden durch:
- Gemeinsame Projektplanung mit Interessenpartnern in einem Startworkshop
- Wie viele Personen sind im *Projektmanagement* beteiligt?
- Welche Arbeitsformen und welche Infrastruktur werden angewandt oder benutzt?
- Entsprechende Kontextbetrachtungen
- Angepasste Organisation- und Kommunikationsstrukturen
- Festlegung der Kompetenzen
- Ein bewährtes Team (Wiederholungsgrad)
- Ein etabliertes Projekt- oder Programmbüro
- Eine eingeführte Projekt- bzw. Programmkultur
- Messen der Entwicklungsschritte
- Messen der Prozessergebnisse
- Existenz von
  - Projektstrukturplan
  - Objektstrukturplan

- Terminplänen
- Meilensteinplänen
- Ressourcenplänen
- Kostenplänen
- Risikoplänen

Zur *Ergebnis- und Prozessqualität* trägt wesentlich eine integrierte Projektorganisation bei. Eine integrierte Projektorganisation ist dann gegeben, wenn die Interessenpartner eines Projektes (z.B. Kunden, Lieferanten, Gesellschaft, Eigentümer und Mitarbeiter) kooperativ in einer Projektorganisation zusammenarbeiten, an Stelle von parallelen Projektorganisationen bei Investoren, Lieferanten und Subunternehmern. Diese Form der Projekt- oder Programmorganisation spart Zeit, reduziert Kosten und steigert die Qualität.

3.2.8 Werkzeuge im Qualitätsmanagement

Sieben Qualitätswerkzeuge

Aus der Vielzahl von Techniken, die die Problemlösung im Qualitätsmanagement unterstützen, sind vor allem die sieben statistischen Werkzeuge bekannt geworden, die auch als QC-Werkzeuge (Quality Control) bezeichnet werden. Die einzelnen Methoden sind teilweise seit Jahrzehnten bekannt (Bild 3.8). Sie bilden eine methodische Hilfe zur

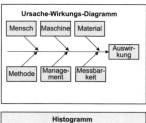

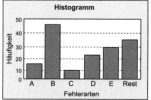

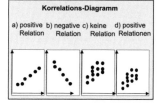

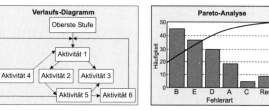

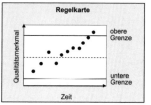

Bild 3.8 Die sieben Qualitätswerkzeuge

Strukturierung und Visualisierung komplexer Fragestellungen und unterstützen damit alle Phasen des Problemlösungsprozesses (PDCA). Sie eignen sich besonders dann, wenn Daten, die zur Lösung des Problems benötigt werden, verfügbar sind und analysiert werden müssen.

Ursache-Wirkungs-Diagramm

Mit dem Ursache-Wirkungs-Diagramm, auch als Ishikawa- oder Fischgräten-Diagramm bekannt, lässt sich ein Sachverhalt in Form einer definierten Wirkung nach seinen Ursachen analysieren. Das Problem bzw. die Auswirkung wird am Kopf des Fisches eingetragen; die Gräten bezeichnen die Haupteinflussgrößen. Innerhalb der Gräten werden dann die einzelnen Ursachen angetragen. Oft korrespondieren die Haupteinflussgrößen mit der 7-M-Checkliste (Mensch, Maschine, Material, Methode, Mitwelt, Management und Messung).

Histogramm

Histogramme ermöglichen über die Darstellung der Verteilung von Messdaten eine Interpretation der Streuungsursachen. Die Messwerte werden dabei entsprechend den Regeln der Statistik in Klassen (z.B. Intervalle) eingeteilt. Diese bilden die Abszisse des Diagramms. Auf der Ordinate wird die Anzahl der Messwerte pro Klasse dargestellt. Aus der Verteilungskurve lassen sich Mittelwert und Art der Streuung ableiten.

Korrelations-Diagramm

Streuungs- oder auch Korrelations-Diagramme beschreiben grafisch, ob zwischen zwei Größen (Problem- und Einflussgröße) eine Abhängigkeit besteht. Durch die Darstellung der in Beziehung zueinander stehenden Faktoren in einem Diagramm lassen sich dann Aussagen zur Art der Korrelation der Faktoren ableiten. Dazu trägt man eine ausreichende Anzahl von Wertepaaren, die durch Veränderung der Problemgröße und Bestimmung der zugehörigen Einflussgröße gebildet werden, als Messpunkte in das Diagramm ein. Anhand der Verteilung der Punkte lässt sich die Art der Korrelation (stark oder schwach, positiv oder negativ) erkennen, die dann Rückschlüsse auf potenzielle Ursachen ermöglicht.

Verlaufs-Diagramm

Hinter dem Begriff Verlaufs-Diagramm verbergen sich die bekannten Darstellungen wie Balken-, Linien-, Kreis- und Spinnendiagramm. Je nach Zweck der Analyse eignet sich die eine oder andere Visualisierungsform um Zusammenhänge, Verläufe oder Aufteilungen transparent zu machen.

Regelkarte

Die Datenerfassung bildet den Ausgangspunkt für notwendige Verbesserungsaktivitäten. Beim Einsatz von Regelkarten werden in regelmäßigen Abständen Stichproben entnommen und die Messwerte bzw. die statistischen Kenngrößen (z.B. Mittelwert, Streuung oder Spannweite) in die Regelkarten eingetragen. Unter Berücksichtigung der festgelegten Toleranzgrenzen und der charakteristischen Verläufe der Messwerte muss gegebenenfalls in den Prozess eingegriffen werden.

Pareto-Analyse

Oft steht man einer Fülle von Informationen oder Fehlerursachen gegenüber, die man nicht alle gleichzeitig bearbeiten kann. Sinnvollerweise sollte der größte, wichtigste oder kostenintensivste Sachverhalt zuerst bearbeitet werden. Die Pareto-Analyse (auch ABC-Analyse oder Lorenz-Verteilung genannt) visualisiert die Rangordnung der für einen Sachverhalt relevanten Einflussfaktoren. Diese werden nach der Größe ihres Einflusses geordnet und ihrer zahlenmäßigen Bedeutung sowie dem kumulativen Prozentanteil entsprechend dargestellt. Bei der Untersuchung eines Qualitätsproblems stellt sich oft heraus, dass von den vielen erkannten Ursachen nur wenige sehr wichtig, viele andere jedoch sehr unbedeutend sind.

Strichliste

Durch Strichlisten lässt sich die Häufigkeit des Auftretens einzelner Fehlerarten bzw. die Häufigkeit des Auftretens von Messwerten in bestimmten Intervallen des Messbereichs darstellen. So können Fehler-Häufungen an einzelnen Stellen erkannt und die Ursachen untersucht werden.

In diesem Buch wurden im Zuge der Entwicklung des Modells und der Durchführung der Fallstudien das Verlaufs-Diagramm, die Regelkarte, die Pareto-Analyse und die Strichliste angewendet.

Sieben Managementwerkzeuge

Bei komplexen Problemstellungen und Datensammlungen reichen die sieben Qualitätswerkzeuge zur Analyse und Lösungsfindung oftmals nicht aus. In der Realität sind zudem viele Sachverhalte durch unscharfe Daten beschrieben und durch Informationen, die lediglich verbal existieren. Diese verbalen Informationen müssen durch geeignete Werkzeuge in eine entscheidungsfähige Form gebracht werden. In Ergänzung zu den vorgestellten Qualitätswerkzeugen werden in der Praxis auch die *sieben Managementwerkzeuge* verwendet.

Jedes einzelne dieser sieben Managementwerkzeuge ist für sich bereits sehr wirkungsvoll, ein zusätzlicher Nutzen liegt jedoch in der kombinierten Anwendung. Im Folgenden wird das Zusammenwirken der sieben Managementwerkzeuge dargestellt.

Affinitäts-Diagramm

Affinitäts-Diagramme dienen der Sammlung und Ordnung von Ideen. Dazu werden in einem Brainstorming die einzelnen Ideen auf Karten festgehalten und dann entsprechend ihrer thematischen Zusammengehörigkeit gruppiert. Innerhalb des Problemlösungsprozesses ist dadurch die Schwerpunktbildung bzw. die Konzentration auf einzelne Aspekte möglich.

Relationen-Diagramm

Ausgehend von einem zentralen Problem oder einer zentralen Idee werden beim Relationen-Diagramm die Einflussfaktoren bzw. die Ursachen und deren Zusammenhänge dargestellt. Bei der Erarbeitung des Diagramms werden um die Frage- bzw. Problemstellung die möglichen Ursachen als Karten angeordnet. In einem zweiten Schritt werden Ursache-Wirkungs-Beziehungen zwischen den Karten hergestellt, so dass mögliche Hauptursachen erkennbar sind. Das Relationen-Diagramm eignet sich auch zum Visualisieren komplexer Gedankengänge.

Baum-Diagramm

In Erweiterung der Funktionsanalyse werden durch das Baum-Diagramm Zusammenhänge zwischen Zielen und den entsprechenden Maßnahmen beschrieben. Ausgehend von dem zu realisierenden Ziel werden mögliche Lösungen als Äste aufgezeichnet. Jede ermittelte Lösung wird daraufhin untersucht, ob sie eine unmittelbar ausführbare Aktivität darstellt. Ist dies nicht der Fall, muss der entsprechende Ast weiter verzweigt werden.

Matrix-Diagramm

In einer Matrix werden Zusammenhänge und Wechselwirkungen zwischen zwei Faktoren dargestellt. Meistens dienen sie der Verknüpfung zweier Listen. Eine typische Anwendung dieser Darstellung ist das im Rahmen von QFD verwendete House of Quality.

Portfolio (Matrix-Daten-Analyse)

Die Matrix-Daten-Analyse hilft, aus einer unübersichtlichen Fülle von Informationen verdeckte Strukturen offen zu legen. Die im Matrix-Diagramm erfassten Informationen können z.B. in einem Portfolio anhand definierter Kriterien bzw. Dimensionen detailliert untersucht werden.

Problem-Entscheidungs-Plan

Der Problem- oder auch *Prozess-Entscheidungs-Plan* dient der Erkennung potenzieller Probleme in der Planungsphase und der Erarbeitung präventiver Maßnahmen. Ausgehend vom angestrebten Ziel werden die für den Erfolg wichtigen Punkte diskutiert und auf mögliche Probleme untersucht und gewichtet. Für die priorisierten Punkte müssen Gegenmaßnahmen erarbeitet werden.

Netzplan

Netzpläne bzw. Pfeildiagramme eignen sich zur Darstellung einzelner Vorgänge eines Projektes und deren Abhängigkeiten. Die Ablauffolge ist dabei durch sequenzielle und parallel zu bearbeitende Arbeitsschritte gekennzeichnet. Wichtig ist die Bestimmung des kritischen Pfades, die die Gesamtdauer des Projektes determiniert. Bei der Darstellung lassen sich verschiedene Formen von Netzplänen unterscheiden, wie Meta Potential Method (MPM), Critical Path Method (CPM), Program Evaluation and Review Technique (PERT).

In diesem Buch werden im Zuge der Entwicklung des Modells und der Durchführung der Fallstudien das Affinitäts-Diagramm, das Matrix-Diagramm und das Portfolio angewendet.

3.3 TQM – Total Quality Management

Mit Umsetzung der Reihe ISO 9000:2000 und der Implementierung und konsequenten Anwendung der *Projektmanagement-Methoden* in einem Unternehmen ist auch der Entwicklungsprozess in Richtung *Total Quality Management* initiiert. Durch die Ausdehnung des Managementsystems auf alle Abläufe und Organisationseinheiten im Unternehmen sowie auf die Lieferanten, Partner und auf die Gesellschaft wird das Erreichen von herausragenden Leistungen und somit das Streben nach TQM ermöglicht.

3.3.1 Allgemeines

Die Entwicklung der Qualitätskonzepte in Richtung TQM (Bild 3.9) war geprägt durch die permanente Erweiterung des Betrachtungsfeldes und durch die Betonung ganzheitlicher Sichtweisen. Getrieben wurde die Weiterentwicklung vor allem durch die Anwendung des PDCA-Kreises nach Deming.

Positive Geschäftsergebnisse, die Entwicklung eines entsprechenden verantwortungsbewussten Verhaltens gegenüber der Gesellschaft und der Umwelt sowie das Prinzip der kontinuierlichen Verbesserung erweitern im TQM das umfassende Verständnis von „Qualität".

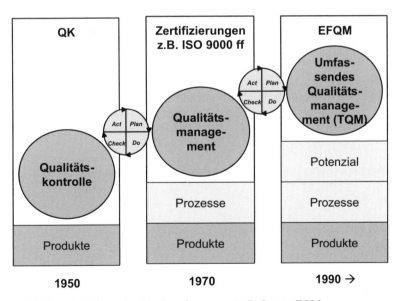

Bild 3.9 Entwicklung der Qualitätskonzepte in Richtung TQM

Der Begriff TQM wird in der ISO 8402 folgendermaßen definiert:

Total Quality Management ist eine auf der Mitwirkung aller ihrer Mitglieder beruhende Führungsmethode einer Organisation, die Qualität in den Mittelpunkt stellt und durch Zufriedenstellung der Kunden auf langfristigen Geschäftserfolg sowie auf Nutzen für die Mitglieder der Organisation und für die Gesellschaft zielt.

TQM bedeutet also nicht nur das Steuern der Produktqualität als Teil des Unternehmensmanagements, sondern umfasst das bewusste qualitätsorientierte Ausrichten und Handeln des gesamten Unternehmens über alle Hierarchieebenen unter Berücksichtigung aller Interessenpartner. In diesem Sinne bezieht sich das Attribut „Total" auf die Gesamtheit der Unternehmensprozesse, Prozessergebnisse und Mitarbeiter unter dem Blickwinkel funktionsübergreifender Zusammenarbeit:

- *Total*
  = ganzheitlich im Denkansatz, umfassend und unternehmensweit.
- *Quality*
  = Qualität, komplex verstanden; das bestimmende Kriterium für den langfristigen Unternehmenserfolg.
- *Management*
  = proaktives Planen, Steuern und Organisieren aller relevanten Größen (Mensch, Maschine, Material, Methode und Mitwelt).

Das Verständnis von Total Quality Management wird wie folgt definiert und abgegrenzt:

TQM ist

- eine Management-Philosophie, eine Einstellung,
- ein Prozess, der die persönliche Verantwortung aller hervorhebt, die ständige Verbesserung anstrebt, und
- ein System aus organisatorischen, administrativen und technischen Verfahren, Methoden, Techniken und Werkzeugen.

TQM-Preise (European Quality Awards) werden oft fälschlich als TQM-Modelle bezeichnet. Die Preise basieren aber lediglich auf den Modellen und im Rahmen ihrer Vergabe wird der Reifegrad eines *projektorientierten Unternehmens* in Richtung Excellence bewertet. Die TQM- oder *Excellence-Modelle* stellen somit Handlungsrahmen und Bewertungsmodelle für Organisationen auf dem Weg in Richtung TQM dar.

TQM orientiert sich an den wesentlichen *Interessengruppen* des Unternehmens:

- Kunden
- Mitarbeiter
- Lieferanten/Partner
- Eigentümer/Aktionäre
- Gesellschaft (Umfeld).

Grundvoraussetzung für umfassendes Qualitätsmanagement sind die drei Säulen – die Grundausrichtung – von TQM:

- Kundenorientierung
- Mitarbeiterorientierung
- Prozessorientierung.

Kundenorientierung

TQM baut auf einem kundenorientierten Qualitätsverständnis auf, nach dem die Unternehmenstätigkeiten an den Wünschen des Kunden ausgerichtet sind. Dieses Kunden-Lieferanten-Prinzip wird auch innerhalb des Unternehmens gelebt.

Mitarbeiterorientierung

Die Mitarbeiter sollten selbständig unternehmerisch denken und handeln sowie motiviert und zielorientiert vorgehen („Entrepreneurship"). Dies bedeutet u.a. eine starke Gewichtung der fach- und abteilungsübergreifenden Teamarbeit, da sich Projekte und Prozesse nur so optimal abwickeln lassen. Qualität wird eigenverantwortlich wahrgenommen und nicht durch eine Stabstelle erwirkt oder durch eine nachgelagerte Abteilung „hineingeprüft". Dies ist insbesondere für Projekt-Qualitätsmanagement entscheidend. Auf die Entwicklung der Mitarbeiter als der wichtigsten Ressource im Unternehmen wird bei TQM besonderer Wert gelegt.

Prozessorientierung

TQM empfiehlt die Entwicklung der Unternehmensorganisation anhand der wesentlichen Leistungserstellungsprozesse (z.B. Kern- oder Schlüsselprozesse), da unzureichende Prozessgestaltung eine der Hauptursachen für mangelnde Qualität ist. Ebenso ist eine funktionsübergreifende (abteilungsübergreifende) Optimierung aller Prozesse zur Erreichung eines Gesamtoptimums notwendig.

Alle relevanten Umweltgruppen (Gesellschaft, Mitbewerber, Partner, Umwelt im ökologischen Sinn, usw.) sind in ihrer Vernetzung mit dem Unternehmen zu berücksichtigen – man nennt dies *Umweltorientierung*.

Veränderungen/Verbesserungen

Neben den drei Säulen der Grundausrichtung stellen Innovationsfreudigkeit, ständige Verbesserung (siehe kontinuierlicher Verbesserungsprozess) und eine ausgeprägte Zielorientierung wichtige Forderungen in der TQM-Philosophie dar.

TQM soll vor allem praktisch umgesetzt werden, und dazu ist es notwendig, die strategischen Ansätze transparent zu machen. Die zehn strategischen Ansätze des TQM sind:

- Ausrichtung aller Aktivitäten auf Kundenzufriedenheit
- Top-down-Ansatz mit Verpflichtung des Managements
- Bottom-up-Ansatz mit Mobilisierung aller Mitarbeiter
- Team- und Gruppenarbeit mit Eigenverantwortung und Selbstprüfung
- Prozess- und Wertschöpfungsorientierung

- Benennung der Prozesseigentümer
- Kontinuierlicher Verbesserungsprozess (KVP)
- Fehlervermeidung von Anfang an – sofortige Fehlerabstellung an der Wurzel
- Internes Kunden-Lieferanten-Verhältnis
- Leistungsvergleich mit den Besten – Best Practice
- Vermeidung von Verschwendung mit dem Ziel: 0-Fehler, 0-Stillstand, 0-Stock.

3.3.2 Excellence

(Business-)Excellence-Modelle wie beispielsweise das *EFQM-Modell* (Europa) für Excellence, das Schema des *Malcolm Baldrige National Quality Award* (MBNQA, USA) oder das *Deming-Modell* (Japan) sind praktische und geeignete Werkzeuge zur Entwicklung des Managementsystems einer Organisation in Richtung Excellence bzw. TQM.

Excellence-Modelle geben Hinweise bzw. Hilfestellungen und können zur Bewertung des Fortschritts von Organisationen auf „ihrem Weg zu Excellence" herangezogen werden (Tabelle 3.3). Die Modelle berücksichtigen die verschiedenen Vorgehensweisen, mit denen in allen Leistungsaspekten nachhaltig Excellence erzielt werden kann.

> Excellence ist definiert als überragende Vorgehensweise beim Managen einer Organisation und beim Erzielen ihrer Ergebnisse.

Exzellente Ergebnisse im Hinblick auf Leistung, Kunden, Mitarbeiter und Gesellschaft werden durch eine Führung erzielt, die Politik und Strategie, Mitarbeiter, Partnerschaften, Ressourcen und Prozesse auf ein hohes Niveau hebt.

Ein Excellence-Modell bietet einen Rahmen, um das aktive Handeln (Wirken) und die damit erzielten Ergebnisse eines Unternehmens bzw. einer Organisation

- darzustellen,
- zu analysieren,
- zu bewerten und
- die aktive Weiterentwicklung im Sinne proaktiver Gestaltung zu unterstützen.

Excellence-Modelle enthalten Kriterien, die eine vergleichende Beurteilung der Leistung von verschiedenen Organisationen ermöglichen. Diese Kriterien sind auf alle Tätigkeiten und auf alle Interessenpartner einer Organisation anwendbar. Bewertungskriterien in Excellence-Modellen bieten einer Organisation die Grundlage, ihre Leistung mit anderen Organisationen zu vergleichen.

Die wesentlichen Voraussetzungen für eine praktische Umsetzung von Excellence-Modellen sind

- vollständiges Commitment und aktives Engagement der Führung,
- die Ausrichtung auf alle Interessenpartner mit dem Kunden an vorderster Stelle, gefolgt vom Mitarbeiter, sowie
- ein schlüssiges, konsistentes, auf Regelkreisen, Zahlen, Daten und Fakten beruhendes systematisches Management-Modell, das – ohne Ausnahmen – die gesamte Organisation umfasst.

Tabelle 3.3 Reifegradmodell zur Umsetzung von TQM im Unternehmen

TQM-Aspekte	Reife		
	erste Schritte	auf dem Weg	reife Organisation
Unternehmens-politik und Strategie	• Die Unternehmenspolitik ist formuliert • Strategische Ziele sind definiert	• Aus den strategischen Zielen sind operative Ziele abgeleitet • Es gibt eindeutige Messgrößen für die Zielerreichung	• Die Erreichung sowohl der strategischen als auch der operativen Ziele wird überwacht und ggf. durch entsprechende Maßnahmen sichergestellt
Führung	• Führungskräfte vermitteln TQM-Ideen und Ansätze	• Führungskräfte unterstützen die Mitarbeiter bei Verbesserungen und würdigen ihre Leistungen	• Es existieren gemeinsame Werte • Alle Mitarbeiter sind sich ihres Beitrags zum TQM bewusst und agieren als Vorbilder
Mitarbeiter-orientierung	• Die Mitarbeiter fühlen sich eigenverantwortlich für die Lösungen von Problemen	• Die Mitarbeiter arbeiten innovativ und kreativ daran mit, die Ziele der Organisation zu erreichen	• Die Mitarbeiter sind ermächtigt zu handeln und offen, Wissen und Erfahrung miteinander zu teilen
Prozessori-entierung	• Die Prozesse zum Erzielen der gewünschten Ergebnisse sind definiert	• Vergleichsdaten und -informationen werden verwendet, um herausfordernde Ziele zu setzen	• Die Prozessfähigkeit wird voll verstanden und verwendet, um Leistungsverbesserungen voranzutreiben
Kundenori-entierung	• Kundenzufriedenheit wird bewertet	• Strategische und operative Ziele sind mit den Kundenbedürfnissen und -erwartungen verknüpft; Aspekte zur Loyalität werden untersucht	• Treibende Kräfte bzgl. Kundenanforderungen, -zufriedenheit und -loyalität werden verstanden, gemessen und lösen Maßnahmen aus
Ergebnisori-entierung	• Alle relevanten Interessengruppen sind identifiziert	• Die Erfüllung der Bedürfnisse und Forderungen der Interessengruppen wird systematisch bewertet	• Es gibt transparente Vorgehensweisen, um die Erwartungen der Interessengruppen auszubalancieren

Grundkonzepte von Excellence

Die Grundkonzepte von Excellence sind ein Satz von Prinzipien und Idealen, auf denen das Modell basiert. Bild 3.10 bietet einen Überblick über die acht Grundkonzepte von Excellence mit deren Orientierung an bzw. Zuordnung zu den Interessenpartnern einer Organisation.

Da die Grundkonzepte eine unabdingbare Voraussetzung für das Erreichen von Excellence sind, sind eine umfassende Akzeptanz und ein einheitliches Verständnis dieser Konzepte durch die Führungsverantwortlichen erforderlich.

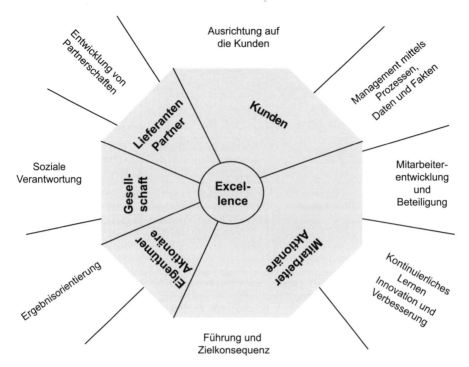

Bild 3.10 Grundkonzepte von Excellence und Interessenpartner

Ergebnisorientierung

Excellence ist davon abhängig, wie die Ansprüche aller relevanten Interessengruppen (Kunden, Mitarbeiter, Eigentümer, Lieferanten und Gesellschaft) in ein ausgewogenes Verhältnis zueinander gebracht werden können.

Ausrichtung auf die Kunden (Kundenorientierung)

Über die Produkt- und Dienstleitungsqualität entscheidet (letztendlich) die Meinung des Kunden. Kundenloyalität, Kundenbindung und Marktanteil werden am besten durch eine klare Ausrichtung auf die Bedürfnisse gegenwärtiger und zukünftiger Kunden (intern/extern) erreicht (optimiert).

Führung und Zielkonsequenz

Das Verhalten der Führungskräfte einer Organisation schafft Klarheit und Einigkeit hinsichtlich des Zwecks der Organisation und ein Umfeld, in dem die Organisation und ihre Mitarbeiter exzellente Leistungen erbringen können.

Management mittels Prozessen und Fakten (Prozessbeherrschung)

Organisationen arbeiten effektiver/effizienter, wenn alle miteinander verknüpften Aktivitäten verstanden und systematisch gemanagt werden. Ebenso wenn Entscheidungen über gegenwärtige Aktivitäten und geplante Verbesserungen aufgrund zuverlässiger, durchgängiger Information getroffen werden. Dabei sind auch die Belange der Interessengruppen zu berücksichtigen.

Mitarbeiterentwicklung und -beteiligung

Das Potenzial der Mitarbeiter kann sich am besten unter gemeinsamen Werten und einer Kultur des Vertrauens und des eigenverantwortlichen Handelns entfalten.

Kontinuierliches Lernen, Innovation und Verbesserung

Die Leistung einer Organisation wird gesteigert, wenn sie auf Management und Wissenstransfer beruht und in eine Kultur kontinuierlichen Lernens, kontinuierlicher Innovation und Verbesserung eingebettet ist.

Entwicklung von Partnerschaften (Aufbau von Partnerschaften)

Eine Organisation arbeitet effektiver, wenn sie vorteilhafte Beziehungen mit ihren Partnern unterhält, aufbauend auf Vertrauen, Wissenstransfer und Integration.

Soziale Verantwortung (Verantwortung gegenüber der Öffentlichkeit)

Den langfristigen Interessen der Organisation und ihrer Mitarbeiter dient am besten ein ethisch einwandfreies Vorgehen, das die Erwartungen und Regeln der Gesellschaft weitestgehend trifft.

3.3.3 Das EFQM-Modell für Excellence

Im September 1988 wurde von 14 führenden europäischen Unternehmen in Eindhoven die *European Foundation for Quality Management* (*EFQM*) mit der Zielsetzung gegründet,

- die Stellung der europäischen Unternehmen auf dem Weltmarkt durch Excellence zu stärken,
- mit Hilfe von Benchmarking die Akzeptanz der Qualität als Strategie zum Erlangen von weltweiten Wettbewerbsvorteilen zu beschleunigen und
- verstärkt Maßnahmen zur Qualitätsverbesserung (z.B. Self-Assessment) in den europäischen Unternehmen anzuwenden und zu verbreiten.

Hauptaufgabe der *EFQM* bis 1991 war, ein dem MBNQA vergleichbares Prozedere für den Europäischen Qualitätspreis zu erstellen und ein Modell sowie ein Bewertungsschema zu entwickeln, dass dem *EFQM-Wettbewerb* zugrunde liegt.

Modellbeschreibung

Unabhängig von Branche, Größe, Struktur oder Reifegrad benötigen Organisationen ein geeignetes Managementsystem, wenn sie erfolgreich sein wollen. Das *EFQM-Modell* für Excellence ist ein praktisches Werkzeug, das den Organisationen eine Hilfestellung gibt und zugleich aufzeigt, wo sie sich „auf der Reise" zu Excellence befinden. Es hilft, Lü-

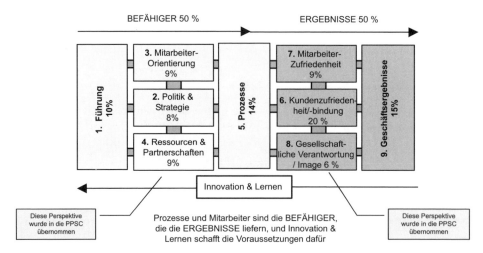

Bild 3.11 EFQM-Modell für Excellence

cken zu erkennen und regt zu Lösungen an. Die *EFQM* hat sich zur *Systempflege und Weiterentwicklung des Modells* verpflichtet. Sie hält es mit Hilfe des Inputs bestens bewährter Vorgehensweisen Tausender von Organisationen in und außerhalb Europas aktuell. So wird sichergestellt, dass das Modell seinen dynamischen Charakter bewahrt und mit dem aktuellen Management-Wissen Schritt hält.

Das Excellence-Modell der *EFQM* (Bild 3.11) hat eine aus neun (Haupt-)Kriterien bestehende, offen gehaltene Grundstruktur und erlaubt eine Vielzahl an Vorgehensweisen, mit denen Excellence erreicht werden kann. Bild 3.11 zeigt, welche Perspektiven bei der Entwicklung der PPSC mit berücksichtigt worden sind.

Die grundsätzliche Unterteilung des Modells in Befähiger (Enablers) und Ergebnisse (Results) geht auf die Frage zurück: „Wie erreicht eine Organisation welche Ergebnisse?"

- Die „Befähigerkriterien" behandeln das Vorgehen einer Organisation (WIE sie etwas tut!).
- Die „Ergebniskriterien" behandeln die Ergebnisse der Organisation (WAS wird erreicht?).

Die Ergebnis-Kriterien messen Mitarbeiter-, Kunden-, Gesellschaftsergebnisse sowie Schlüsselergebnisse und stellen dar, was eine Organisation erreicht. Die Befähiger-Kriterien zeigen, wie eine Organisation in den Bereichen Führung, Politik & Strategie, Mitarbeiter, Ressourcen & Partnerschaften und bei Prozessen vorgeht.

Die „Ergebnisse" sind auf die „Befähiger" zurückzuführen. Innovation und Lernen aus den Ergebnissen und den zugehörenden Vorgehensweisen schließen einen Regelkreis der kontinuierlichen Weiterentwicklung der Organisation. Im Rahmen einer Bewertung können im *EFQM-Modell* insgesamt 1000 Punkte vergeben werden, die entsprechend der prozentualen Gewichtung im Modell auf die Hauptkriterien verteilt sind.

Das *EFQM-Modell* für Excellence unterstreicht, dass eine Organisation nur dann einen dauerhaften Erfolg erzielen kann, wenn sie bei all ihren Aktivitäten die Erwartungen der

Interessengruppen mit berücksichtigt bzw. diese Erwartungen in eine für die Organisation „gesunde" Balance bringt.

Das Modell bildet durch das Zusammenspiel seiner neun Kriterien deren Wirkungsweise in einer Organisation ab. Jedes der Kriterien stellt gewissermaßen einen Baustein einer Organisation dar. Wenn jeder der in den einzelnen Kriterien angesprochenen Punkte hundertprozentig erfüllt würde, ergäbe sich die „ideale Organisation". Dabei bauen die Kriterien aufeinander auf und sind miteinander verwoben; je nach Bedeutung werden sie unterschiedlich gewichtet. Diese Gewichtung spiegelt sich in den unterschiedlichen erreichbaren Punktzahlen der einzelnen Kriterien wieder. Die Punktzahlen ermöglichen es, die Position einer Organisation auf dem Weg zu „Excellence" zu bestimmen. Durch die Anwendbarkeit dieser Kriterien auf jede Organisationsform sind auch Vergleiche zwischen divergierenden Organisationsformen möglich.

Die Differenzierung des Modells in „Befähiger" und „Ergebnisse" ist u.a. deshalb von Bedeutung, weil Ergebnisse immer nur Informationen über die Vergangenheit liefern. Erst durch die Evaluierung der Befähiger-Kriterien (z.B. Prozesse) ist die Erarbeitung von Informationen für die Zukunft möglich. Der Ausdruck „Befähiger" (Englisch: Enablers) ist nicht auf Anhieb verständlich, deshalb wird er im Deutschen oft auch als „Mittel und Wege" (oder auch als „Potenzialfaktoren" oder „Einsatzfaktoren") bezeichnet. Mittel und Wege sind einleuchtende Formulierungen, denn sie bringen zum Ausdruck, dass es sich um Vorgehensweisen, um Vorgänge, um Prozesse handelt. Eines der wichtigsten „Befähiger-Kriterien" wird daher auch direkt als „Prozess" bezeichnet.

Bei den Ergebnissen (Englisch: Results) werden (tatsächliche) Zahlen und Daten finanzieller und nicht-finanzieller Art bewertet und damit wird die Qualität der von der Organisation erreichten Ergebnisse beurteilt. Auf allen Gebieten wird abgefragt, welche Ergebnisse gegenüber den Zielvorgaben erreicht wurden, sowie welchen Trend die Ergebnisse aufweisen und ob sie mit denen anderer Organisationen verglichen werden konnten.

Bei den Ergebnissen wird verlangt, dass positive Trends vorliegen. Das setzt voraus, dass statistische Ergebnisse vorhanden sein müssen, mit denen sich Trends über einen Zeitraum von mindestens drei Jahren erkennen lassen.

Haupt- und Teilkriterien des EFQM-Modells

Die Hauptkriterien des *EFQM-Modells* sind in Teilkriterien unterteilt. Diese Teilkriterien beschreiben detailliert jene Inhalte, die im Rahmen des Managens einer Organisation zu berücksichtigen sind und auf die im Falle einer Bewertung einzugehen ist. Des Weiteren bietet jedes Teilkriterium eine Aufzählung so genannter Orientierungs- bzw. Ansatzpunkte. Es muss weder auf jeden dieser Punkte zwingend eingegangen werden, noch erhebt die Aufzählung einen Anspruch auf Vollständigkeit. Die Orientierungspunkte sollen lediglich beispielhaft die Bedeutung des Teilkriteriums noch detaillierter erklären.

1 Führung

Exzellente Führungskräfte fördern und vermitteln die Umsetzung der Mission und Vision. Sie entwickeln die für den nachhaltigen Erfolg der Organisation benötigten Werte und Systeme und setzen diese durch ihr Handeln und ihre Verhaltensweisen um. In Phasen der Veränderung bewahren sie die Konstanz der Zielsetzungen. Wenn nötig, sind solche Führungskräfte in der Lage, die Ausrichtung der Organisation zu ändern, und begeistern andere, ihnen zu folgen.

1a Führungskräfte entwickeln die Vision, Mission, Werte und ethischen Grundsätze und sind Vorbilder für die Kultur der Excellence.

1b Führungskräfte sichern durch ihre persönliche Mitwirkung die Entwicklung, Umsetzung und kontinuierliche Verbesserung des Managementsystems der Organisation.

1c Führungskräfte arbeiten mit Kunden, Partnern und Vertretern der Gesellschaft zusammen.

1d Führungskräfte verankern in der Organisation zusammen mit den Mitarbeitern eine Kultur der Excellence.

1e Führungskräfte erkennen und meistern den Wandel der Organisation.

2 Politik und Strategie

Exzellente Organisationen setzen ihre Mission und ihre Vision durch Entwicklung einer auf die Interessengruppen ausgerichteten Strategie um, die die Märkte und Branchen berücksichtigt, in denen die Organisation tätig ist. Politik, Pläne, Ziele und Prozesse werden zur Entfaltung der Strategie entwickelt und umgesetzt.

2a Politik und Strategie beruhen auf den gegenwärtigen und zukünftigen Bedürfnissen und Erwartungen der Interessengruppen.

2b Politik und Strategie beruhen auf Informationen aus Leistungsmessung, Untersuchungen, lernorientierten und nach außen gerichteten Aktivitäten.

2c Politik und Strategie werden entwickelt, bewertet und aktualisiert.

2d Politik und Strategie werden kommuniziert und durch ein Netzwerk von Schlüsselprozessen umgesetzt.

3 Mitarbeiter

Exzellente Organisationen managen, entwickeln und entfalten das gesamte Potenzial ihrer Mitarbeiter auf der Individual-, Team- und Organisationsebene. Fairness und Chancengleichheit werden aktiv gefordert, die Mitarbeiter werden eingebunden und zum Handeln ermächtigt. Die Organisation sorgt für die Mitarbeiter, kommuniziert, zollt Anerkennung und belohnt in einer die Mitarbeiter motivierenden Weise. Sie schafft so die Selbstverpflichtung der Mitarbeiter, ihre Fähigkeiten und ihr Wissen zum Vorteil der Organisation einzusetzen.

3a Mitarbeiterressourcen werden geplant, gemanagt und verbessert.

3b Das Wissen und die Kompetenzen der Mitarbeiter werden ermittelt, ausgebaut und aufrechterhalten.

3c Mitarbeiter werden beteiligt und zu selbstständigem Handeln ermächtigt.

3d Die Mitarbeiter und Organisation führen einen Dialog.

3e Mitarbeiter werden belohnt, anerkannt und betreut.

4 Partnerschaften und Ressourcen

Exzellente Organisationen planen und managen externe Partnerschaften, Lieferanten und interne Ressourcen zur Unterstützung ihrer Politik und Strategie und der effektiven Prozessabläufe. Durch Planung und Management von Partnerschaften und Ressourcen sorgen sie für Ausgleich zwischen den aktuellen und zukünftigen Bedürfnissen der Organisation, der Gemeinschaft und der Umwelt.

4a Externe Partnerschaften werden gemanagt.

4b Finanzen werden gemanagt.

4c Gebäude, Einrichtungen und Material werden gemanagt.

4d Technologie wird gemanagt.

4e Informationen und Wissen werden gemanagt.

5 Prozesse

Exzellente Organisationen gestalten, managen und verbessern Prozesse, um Kunden und andere Interessengruppen voll zufrieden zu stellen und die Wertschöpfung für diese zu steigern.

5a Prozesse werden systematisch gestaltet und gemanagt.

5b Prozesse werden nach Bedarf und unter Nutzung von Innovationen verbessert, um Kunden und andere Interessengruppen voll zufrieden zu stellen und die Wertschöpfung für sie zu steigern.

5c Produkte und Dienstleistungen werden auf Basis der Bedürfnisse und Erwartungen der Kunden entworfen und entwickelt.

5d Produkte und Dienstleistungen werden hergestellt, vermarktet und betreut.

5e Kundenbeziehungen werden gemanagt und vertieft.

6 Kundenbezogene Ergebnisse

Exzellente Organisationen führen bezüglich ihrer Kunden umfangreiche Messungen durch und erzielen dabei ausgezeichnete Ergebnisse.

6a Messergebnisse über die Wahrnehmung

Diese Messergebnisse zeigen, wie die Kunden die Organisation wahrnehmen (z.B. anhand von Kundenumfragen, Fokusgruppen, Lieferantenbewertungen, Anerkennung und Beschwerden).

6b Leistungsindikatoren

Diese Indikatoren sind Messergebnisse, die die Organisation verwendet, um ihre Leistung zu überwachen, zu analysieren, zu planen sowie zu verbessern und um vorherzusagen, wie ihre externen Kunden ihre Leistungen wahrnehmen werden.

7 Mitarbeiterbezogene Ergebnisse

Exzellente Organisationen führen bezüglich ihrer Mitarbeiter umfangreiche Messungen durch und erzielen dabei ausgezeichnete Ergebnisse.

7a Messergebnisse über die Wahrnehmung

Diese Messergebnisse zeigen, wie die Mitarbeiter die Organisation wahrnehmen (z.B. anhand von Umfragen, Fokusgruppen, Interviews und strukturierten Beurteilungsgesprächen).

7b Leistungsindikatoren

Dabei handelt es sich um interne Messergebnisse, die die Organisation verwendet, um die Leistung ihrer Mitarbeiter zu überwachen, zu analysieren, zu planen, zu verbessern und um vorherzusagen, wie die Mitarbeiter diese Leistungen wahrnehmen werden.

8 Gesellschaftsbezogene Ergebnisse

Exzellente Organisationen führen bezüglich ihrer Beziehung zur Gesellschaft umfangreiche Messungen durch und erzielen dabei ausgezeichnete Ergebnisse.

8a Messergebnisse über die Wahrnehmung

Diese Messergebnisse zeigen, wie die Gesellschaft die Organisation wahrnimmt (z.B. anhand von Umfragen, Berichten, Presseartikeln, öffentlichen Veranstaltungen, Vertretern der Öffentlichkeit und Regierungsbehörden).

(Einige der Messergebnisse aus Sicht der Gesellschaft können auch als Leistungsindikatoren Verwendung finden und umgekehrt.)

8b Leistungsindikatoren

Dabei handelt es sich um interne Messergebnisse, die die Organisation benutzt, um die Leistung zu überwachen, zu analysieren, zu planen, zu verbessern und um vorherzusagen, wie die Gesellschaft diese Leistungen wahrnehmen wird.

9 Schlüsselergebnisse

Exzellente Organisationen führen bezüglich der Schlüsselelemente ihrer Politik und Strategie umfangreiche Messungen durch und erzielen dabei ausgezeichnete Ergebnisse.

9a Folgeergebnisse der Schlüsselleistungen

Diese Kennzahlen sind von der Organisation definierte Schlüsselergebnisse und in ihrer Politik und ihren Strategien festgelegt worden.

(In Abhängigkeit von Zweck und operativen Zielen der Organisation können einige der Folgeergebnisse auch als Schlüsselleistungsindikatoren Verwendung finden und umgekehrt.)

9b Schlüsselleistungsindikatoren

Dies sind die operativen Kennzahlen zur Überwachung und zum Verständnis der Prozesse sowie zur Voraussage und Verbesserung der Folgen der Schlüsselleistungen der Organisation.

3.3.4 Exkurs: Projektmanagement-Award

Das Project-Excellence-Modell

Der *Projektmanagement-Award* basiert auf dem *Project-Excellence-Modell* (Bild 3.12). Dieses Modell wurde von der GPM (Gesellschaft für Projektmanagement e.V., mit rund 3.500 Mitgliedern der führende deutsche Projektmanagement-Verband) entwickelt und baut auf dem *EFQM-Modell* auf. Das *Project-Excellence-Modell* ist für alle Projektarten anwendbar. Es besteht aus neun Kriterien, die in zwei Hauptgruppen – *Projektmanagement* und *Projektergebnisse* – eingeteilt werden. Das Modell für Project Excellence dient sowohl der Selbstreflexion eines Projektteams, um Stärken und Verbesserungspotenziale zu erkennen und zu nutzen, als auch dem Assessment im Rahmen einer Bewerbung um den Deutschen *Projektmanagement-Award*.

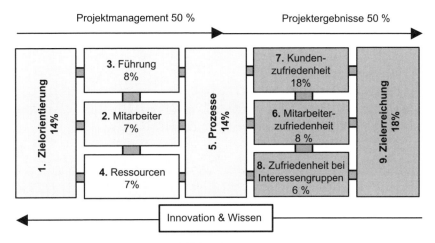

Bild 3.12 Project-Excellence-Modell der GPM

Projektteams und Projektorganisationen gelangen durch die konsequente Anwendung des Modells zu einer Selbstbewertung und finden selbst Verbesserungspotenziale. Im Vergleich mit anderen Projektteams ergibt sich durch Benchmarking eine einzigartige Möglichkeit, die Projektabwicklung zu verbessern.

Projektteams können nur aus Tatsachen und Befunden aus Reviews, Audits und Assessments lernen. Subjektive Meinungen steuern in der Regel wenig anwendbares Knowhow bei, mit dem sich die Qualität des Projekts beurteilen lässt. Es bedarf also einer grundlegenden, für alle Projekte anwendbaren und nutzbaren Bewertungsstruktur. Genau diese Struktur bietet das *Project-Excellence-Modell*. Es ist bewusst offen gestaltet. Es lässt viele Ansätze zu, um so nachhaltige Spitzenleistung in der Projektarbeit zu fördern. Die Elemente des Modells basieren auf den grundlegenden Einsichten, Konzepten und Erfahrungen von Total Quality Management und basieren auf folgenden grundlegenden Strategien:

1. Kundenorientierung

- Bei exzellent geführten *projektorientierten Unternehmen* und Projekten muss der Kunde – mit allen sich daraus ergebenden Konsequenzen – der Entscheider sein. Er alleine bestimmt, was Qualität in seiner Erlebniswelt ist. Seine Bedürfnisse und Wünsche muss ein *projektorientiertes Unternehmen* vollständig verstehen und befriedigen.

2. Mitarbeiterentwicklung und -beteiligung

- Das volle Potenzial von Mitarbeitern kann nur durch eine Kultur des Vertrauens und der Offenheit freigesetzt werden.

3. Partnerschaften mit Lieferanten

- Ein auf Vertrauen und Kooperation aufgebautes Kunden-Lieferanten-Verhältnis ist für beide Seiten ein Vorteil.

4. Führung und Zielkonsequenz

- Echte Führungskräfte prägen die Kultur im *projektorientierten Unternehmen* und lenken die Ressourcen und Energie hin zu exzellenten Leistungen. Deshalb ist Führungsqualität dringend notwendig.

5. Gesellschaftliche Verantwortung

- Jedes exzellente *projektorientierte Unternehmen* muss begreifen, dass es seine Entscheidungen niemals losgelöst von seinen Umwelten treffen kann. Ethik und soziale Verantwortung spielen eine wichtige Rolle bei allen Entscheidungen.

6. Prozesse

- Tätigkeiten werden systematisch als Prozesse geführt und unterliegen ständigen Verbesserungsanstrengungen. Als Grundlage dienen Zahlen, Daten und Fakten und eindeutige Messgrößen.

7. Ergebnisorientierung

- Um langfristig herausragende Ergebnisse zu erhalten, müssen die Erwartungen und Anforderungen aller Interessengruppen in ein ausgewogenes Verhältnis gebracht werden. Aus diesem Grundgedanken wurden neun Kriterien entwickelt, mit denen der Fortschritt eines Projekts auf dem Weg zu Spitzenleistungen beurteilt wird. Dabei wurde die Grundstruktur bewusst einfach gehalten. Ziel ist es, ein Modell zur Verfügung zu stellen, das in der Praxis ohne viel Aufwand und ohne große Anstrengungen als Maßstab und Richtlinie auf dem Weg zu exzellentem *Projektmanagement* dienen kann. *Projektorientierte Unternehmen*, die bereits in der Vergangenheit TQM eingeführt haben, werden mit der Anwendung dieses *Project-Excellence-Modells* keine Probleme haben.

Das *Project-Excellence-Modell* gliedert sich analog zum *EFQM-Modell* in neun Bewertungskriterien und zwei Beurteilungsbereiche:

- *Projektmanagement*: Wie verhält sich das Projekt und wie wird es gemanagt?
- *Projektergebnisse*: Was leistet das Projekt und was kommt dabei heraus?

Bei der Bewertung der einzelnen Kriterien ist folgendermaßen vorzugehen:

- Bei *Projektmanagement* ist zu beurteilen, inwieweit das Vorgehen exzellent ist, und

- bei Projektergebnissen ist zu beurteilen, inwieweit die Projektergebnisse exzellent sind.

Überblick der Bewertungskriterien – Projektmanagement

- *Projektziele*
  Wie werden die Projektziele formuliert, gestaltet, überprüft und umgesetzt?
- *Führung*
  Wie regt die Handlungsweise der Führung das Projekt an, wie unterstützt sie es und wie fördert sie Project Excellence?
- *Mitarbeiter*
  Wie sind Projektmitarbeiter in das Projekt eingebunden und wie wird ihr Potenzial genutzt?
- *Ressourcen*
  Wie werden vorhandene Ressourcen effektiv und effizient genutzt?
- *Prozesse*
  Wie werden wichtige Projektprozesse identifiziert, geprüft und wenn notwendig angepasst?

Überblick der Bewertungskriterien – Projektergebnisse

- *Kundenergebnisse*
  Was hat das Projekt betreffend Erwartungen und Zufriedenheit der Beteiligten erreicht?

Tabelle 3.4 Evaluierungstabelle des Kriteriums Projektziele

Kriterium Projektziele: 140 Punkte **Wie werden Projektziele formuliert, gestaltet, überprüft, und realisiert?**						
• Beteiligungen und die Anforderungen von involvierten Gruppen wurden erhoben • Projektziele für alle verschiedenen Interessengruppen sind definiert • Projektziele sind kommuniziert, realisiert, überprüft und adaptiert						
Fehlerfreier Prozess	*Systematische Fehlervorbeugung*	*Prüfungen*	*Erfahrungen und Verbesserungen der Effizienz in der Geschäftstätigkeit*	*Integration in die normale Projektarbeit und -planung*	*Modell für andere Projekte*	*Bewertung*
Eindeutiger und umfangreicher Nachweis	Eindeutiger und umfangreicher Nachweis	Häufig und planmäßig geprüft	Eindeutiger und umfangreicher Nachweis	Hervorragend integriert	Kann ein Beispiel für andere Projekte sein	100%
Klare Nachweise	Klare Nachweise	Häufig geprüft	Klare Nachweise	Sehr gut integriert		75%
Nachweise	Nachweise	Gelegentlich geprüft	Nachweise	Gut integriert		50%
Einige Nachweise	Einige Nachweise	Selten geprüft	Einige Nachweise	Teilweise integriert		25%
Keine Nachweise						0%

- *Ergebnisse von beteiligten Gruppen*
  Was hat das Projekt bezüglich Erwartungen und Zufriedenheit von beteiligten Interessenpartnern erreicht?

- *Schlüsselergebnisse und Projektergebnisse*
  Was hat das Projekt bezüglich der erwarteten Projektergebnisse erreicht?

Das Kriterium der Projektziele aus der Gruppe *Projektmanagement* wird in der Tabelle 3.4 beispielhaft dargestellt.

Das *Project-Excellence-Modell* kann auch bei Projekt-Reviews und -Evaluierungen angewendet werden. Üblicherweise wird es intern zur Selbstbewertung als auch zur Reflexion für das Projektteam eingesetzt. Basierend auf den Ergebnissen der Selbstbewertung werden weitere Schritte für kontinuierliche Verbesserung eingeleitet.

3.3.5 RADAR-Logik

Die *RADAR-Logik* (Bild 3.13) repräsentiert das Bewertungsmodell der *EFQM*. Sie fasst die Anforderungen zusammen, die innerhalb des *EFQM-Modells* (auch des *Project-Excellence-Modells*) in den Befähiger- und den Ergebniskriterien abgedeckt werden sollten.

RADAR ist ein Akronym für:
- **R**esults (Ergebnisse)
- **A**pproach (Vorgehen)
- **D**eployment (Umsetzung)
- **A**ssessment und **R**eview (Bewertung und Überprüfung)

Durch den Einsatz der *RADAR-Logik* kommt es zu einem vertieften Anwenden des Regelkreisgedankens. Insgesamt wird die konsequente Nutzung von Lernchancen durch die gesamte Organisation wesentlich stärker betont.

Die *RADAR-Logik* integriert die PDCA-Logik, indem sie ausgehend von den Ergebnissen dazugehörende Vorgehensweisen, deren entsprechende Umsetzung sowie eine Bewertung (des Vorgehens und der Umsetzung) als folgerichtige Schritte festlegt.

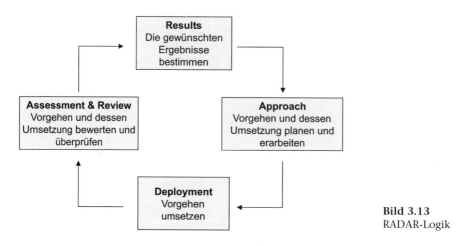

Bild 3.13
RADAR-Logik

Die Empfehlungen dieses logischen Konzeptes für ein *projektorientiertes Unternehmen* sind:

- Ergebnisse (Results) definieren, die mit dem Politik- und Strategieprozess erzielt werden sollen. Diese Ergebnisse enthalten die Leistung der Organisation in finanzieller und operationeller Hinsicht und berücksichtigen die Einstellung ihrer Interessengruppen.
- Planen und Entwickeln fundierter Vorgehensweisen (Approaches), um gegenwärtig und zukünftig die geforderten Ergebnisse zu erzielen.
- Umsetzen (Deployment) der Vorgehensweisen auf systematische Art und Weise, um deren vollständige Einführung zu gewährleisten.
- Bewerten und Überprüfen (Assessment und Review) der angewendeten Vorgehensweisen und deren Umsetzung, und zwar durch Überwachung und Auswertung der erzielten Ergebnisse mit Hilfe lernorientierter Maßnahmen. Daraus sind bei Bedarf Verbesserungen zu identifizieren, zu priorisieren, zu planen und einzuführen.

Bei der Anwendung des *EFQM-Modells* und der *RADAR-Logik* für die Bewertung einer Organisation werden die Elemente „Vorgehen", „Umsetzung", „Bewertung" und „Überprüfung" für jedes Befähiger-Teilkriterium und das Element „Ergebnisse" für jedes Ergebnis-Teilkriterium behandelt. Auf der Grundlage einer graduellen Bewertung wird diese Vorgehensweise quantifiziert und man erhält eine Messgröße, die die Leistung eines *projektorientierten Unternehmens* repräsentiert. Auf der Bewertungsskala sind theoretische Leistungen von 0 bis 1000 Punkte möglich; der praktische – bisher erreichte – Höchstwert liegt bei 800 Punkten. Die durchschnittliche Punktezahl von nach ISO 9000 *zertifizierten Unternehmen* liegt bei ca. 250 bis 300 Punkten. Die Exaktheit, die Verifizierbarkeit und die Validität der Bewertung wird durch eine tiefergehende Untergliederung der *RADAR-Logik* – der so genannten Bewertungsmatrix – sowie durch das gleichzeitige Bewerten durch verschiedene Assessoren verbunden mit einer Konsensfindung erreicht.

Im Zuge einer Preis-Bewertung werden die erreichten Punkteergebnisse ausschließlich in 50-er-Schritten/Kategorien bekannt gegeben. Das ist insofern logisch und konsequent, da ausschließlich Entwicklungsstufen auf dem Weg zu Excellence sinnvoll interpretierbar sind und eine entsprechende Vergleichbarkeit bieten und nicht konkrete Punktergebnisse.

3.3.6 Unternehmerischer Regelkreis und Schlüsselprozesse

Ein zentraler Grundgedanke im Zusammenhang mit Excellence ist die Implementierung von *Regelkreisen* in allen Ebenen und in allen Prozessen einer Organisation. Der unternehmerische Regelkreis (Bild 3.14) in einer Organisation ist jener besondere Regelkreis, der sich auf den *Strategiebildungs- und Strategieumsetzungsprozess* bezieht und damit der langfristigen Steuerung des gesamten Unternehmens dient. Die Balancierung, also der Aus- bzw. Abgleich der verschiedensten Anforderungen aller Interessengruppen, ist die fundamentale Aufgabe der Führung im Rahmen der Strategiebildung und bestimmt die aus der Strategie resultierende Ausrichtung der Prozesse und das unternehmerische Handeln. Der unternehmerische Regelkreis wird im *Excellence-Modell* der *EFQM* durch die

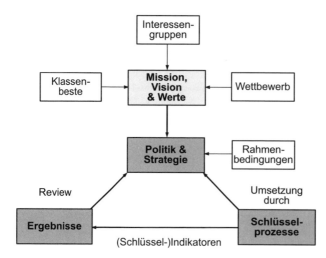

Bild 3.14
Der unternehmerische
Regelkreis

Befähiger-Teilkriterien 2 „Politik & Strategie", 5 „Prozesse" und durch alle Ergebniskriterien repräsentiert.

Ausgehend von der Mission, der Vision, also den Werten – die zusammen mit der Politik im deutschen Sprachraum oftmals als das Leitbild bezeichnet werden – formuliert die Führung einer Organisation die Strategie und die mit ihr verbundenen strategisch erforderlichen Maßnahmen. Die Erwartungen aller Interessengruppen (Kunden, Mitarbeiter, Gesellschaft, Lieferanten/Partner, Aktionäre/Eigentümer) müssen bei der Entwicklung der Unternehmensstrategie genauso berücksichtigt werden wie die Inputs aus Benchmark- und Wettbewerbsanalysen oder gesetzlichen Rahmenbedingungen.

Ausgehend von der Sichtweise und ihrer Bedeutung im *EFQM-Excellence-Modell* und im unternehmerischen Regelkreis lassen sich Schlüsselprozesse folgendermaßen beschreiben:

Schlüsselprozesse sind jene Prozesse, die aufgrund der strategischen Maßnahmen einer Organisation definiert werden und die Aufgabe erfüllen, die Strategie zu realisieren. Die Schlüsselprozesse eines *projektorientierten Unternehmens* sind u.a. die Geschäftsprozesse *Projektmanagement* sowie die inhaltlichen Prozesse der Projektabwicklung.

Sie sind somit jene Leistungserstellungs-, Geschäfts-, Management-, unterstützende Prozesse usw., die aus strategischer Sicht und daher mittel- und langfristig für den Unternehmenserfolg von Bedeutung sind. Im Rahmen des Konzepts des unternehmerischen Regelkreises „tragen" Schlüsselprozesse die Strategie in die Organisation hinein. Die Ownerschaft – also die Verantwortlichkeit – für Schlüsselprozesse ist unter den Mitgliedern des Führungskreises einer Organisation zu verankern.

3.3.7 Benchmarking

Begriffsbestimmung

Benchmarking wird als „die Suche nach besten Praktiken und deren Implementierung" beschrieben. Die Zielsetzung des Benchmarkings ist es, durch die Erhöhung der Qualität von Produkten und Dienstleistungen sowie die Optimierung von Geschäftsprozessen Branchenführer zu werden. Anhand von Benchmarks, die den Referenzwert für Bestleistungen markieren, werden Unternehmen identifiziert, die signifikant besser sind als das eigene Unternehmen. Daraufhin wird der Rückschluss vorgenommen, dass dort „möglicherweise die besten Praktiken zu finden sind". Der wirkliche Gewinn des Benchmarkings liegt im „Verstehen der Praktiken, die eine hohe Leistungsfähigkeit ermöglichen".

Benchmarking kann also als Lernen voneinander interpretiert werden und erfordert Mut, sich zu öffnen und auch andere Wege zu beschreiten.

„Benchmark" wird aus dem Englischen übersetzt mit „Vermessungsmarkierung", „... benutzt als Bezugspunkt" oder „... Standard, an dem etwas gemessen oder beurteilt werden kann". Ein Benchmark ist also ein Referenzpunkt für verschiedene Dimensionen von Leistung. Und da es darum geht, den jeweiligen höchsten Standard zu erreichen, geht die Definition von Benchmark noch weiter:

> Ein Benchmark ist ein Referenzpunkt einer gemessenen Bestleistung.

Benchmarking ist dann der Prozess, einen Benchmark zu erreichen.

Es existiert eine Vielzahl von Benchmarking-Definitionen. Die Gebräuchlichsten sind:

- Benchmarking ist der kontinuierliche Prozess, Produkte, Dienstleistungen und Praktiken zu messen gegen den stärksten Mitbewerber oder diejenigen Firmen, die als besser angesehen werden.
- Benchmarking ist die Suche nach den besten Industriepraktiken, die zu Spitzenleistungen führen.
- Benchmarking ist ein zielgerichteter, kontinuierlicher Prozess, bei dem die Vergleichsobjekte möglichst branchenunabhängig verglichen werden. Dabei werden Unterschiede sowie deren Ursachen und Möglichkeiten zur Verbesserung ermittelt. Die Vergleichsobjekte sind Produkte, Geschäftsprozesse, Dienstleistungen, Methoden, Unternehmen sowie die Unternehmensumwelt.
- Benchmarking ist eine herausragende Gelegenheit für eine Organisation, von den Erfahrungen anderer zu lernen.

Nutzen von Benchmarking

Aufgabe des Benchmarkings ist es, neue Ideen und Impulse zu setzen und sich mit den gesetzten Zielen zu beschäftigen. Der Blick über die Unternehmensgrenzen hinweg versetzt ein Unternehmen in die Lage, sich an die Spitze zu setzen, um selbst neue Standards in der Welt der Besten zu setzen. Kontinuierliche Innovationen durch das ständige Infragestellen der Ist-Situation sowie die Absicherung durch den Beweis, dass etwas bei

Tabelle 3.5 Nutzen des Benchmarkings

Benchmarking	
Direkter Nutzen	**Indirekter Nutzen**
• Analysiert Unternehmen • Vergleicht Unternehmensbereiche und Unternehmen • Definiert Bestleitungen • Identifiziert Leistungsdefizite • Bewertet Lösungsalternativen	• Erzeugt Verständnis für die eigenen Geschäftsabläufe • Legt die Unternehmensziele fest • Überprüft die Unternehmensstrategien • Stärkt die Wettbewerbsfähigkeit • Initiiert einen kontinuierlichen Verbesserungsprozess

anderen funktioniert, sind so möglich und schaffen hohen Nutzen für das *projektorientierte Unternehmen* (Tabelle 3.5).

Arten von Benchmarking

In Abhängigkeit vom Benchmarking-Objekt und vom anvisierten Kreis potenzieller Partner existieren unterschiedliche Benchmarking-Fassetten, auf die im Bild 3.15 eingegangen wird.

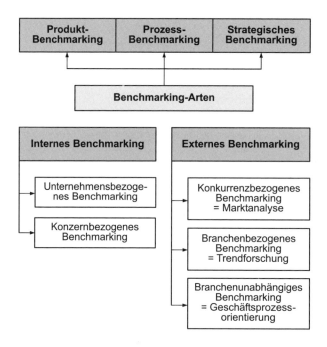

Bild 3.15
Arten des Benchmarkings

3.4 ISO 9000:2000 und EFQM-Modell – Vergleichende Betrachtung

3.4.1 Allgemeines

In der praktischen Anwendung in Unternehmen stellt sich oftmals die Frage, ob ISO 9000:2000 oder ob das *EFQM-Modell* das zweckmäßigere Konzept ist, wo die Unterschiede liegen und welche Einsatzgebiete und Anwendungskriterien es vor dem gemeinsamen Hintergrund der Prozessorientierung gibt. Wir wollen nun die aus den grundsätzlichen Unterschieden der Konzepte resultierende Verunsicherung „ISO oder *EFQM*" auflösen und die Gemeinsamkeiten sowie die wichtigen und notwendigen Wechselwirkungen darstellen.

Das *Prozessmodell* der ISO visualisiert *das Zusammenwirken* jener wichtigen Prozesse (Verantwortung der Leitung, Management der Mittel, Produktrealisierung und Messung, Analyse und Verbesserung), denen in der Norm jeweils eigene Kapitel gewidmet sind. Beispielsweise trägt der Prozess „Produktrealisierung" der Tatsache Rechnung, dass Kunden und weitere interessierte Parteien bei der Festlegung von Anforderungen eine wichtige Rolle spielen. Die Fokussierung des *Prozessmanagement-Verständnisses* liegt im „Betreiben" der Prozesse. Es werden alle Prozesse beschrieben, die zur Realisierung des Produktes oder Dienstleistung erforderlich sind, und ihre Ergebnisse werden verifiziert. Messungen der Kundenzufriedenheit und weitere Zufriedenheitsmessungen der relevanten, interessierten Parteien werden als Rückmeldung zur Bewertung und Validierung der Frage herangezogen, ob die Kundenanforderungen erfüllt werden.

Das *EFQM-Modell* stellt Prozesse ebenfalls in den Mittelpunkt der Betrachtung, allerdings unter dem Gesichtspunkt, WIE eine Organisation ihre Prozesse entwickelt, führt und verbessert, um Politik und Strategie zu unterstützen und die Interessenpartner voll zufrieden zu stellen, um dadurch einen Mehrwert für sie zu schaffen.

Im Rahmen der ISO 9001:2000 sind

- die Dokumentation der Prozesse und
- der Nachweis des „Funktionierens"

erforderlich, während die Anforderungen an das Prozessdenken im *EFQM-Modell* umfassender sind.

Im *EFQM-Modell* geht es um die Frage

- wie Prozesse systematisch ermittelt werden,
- wie diese Systematik aufgebaut ist,
- wie Prozesse verbessert werden,
- welche Kriterien dabei zur Anwendung gebracht werden und
- nach welchen Methoden Prozesse optimiert werden.

Es gilt also tendenziell, dass im Falle der ISO nach dem Vorhandensein von Prozessen gefragt wird, im Falle des *EFQM-Modell*s hingegen die Vorgehensweise im Umgang mit Prozessen beleuchtet wird.

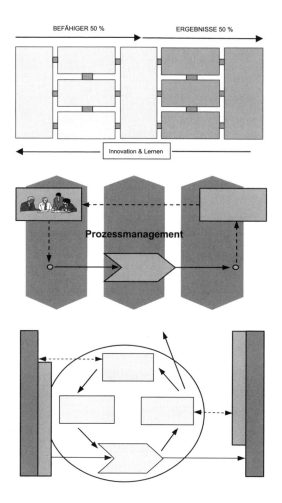

BEFÄHIGER 50 %   ERGEBNISSE 50 %

Innovation & Lernen

Prozessmanagement

Bild 3.16
Verbindung des ISO- und
des EFQM-Modells durch
Prozessmanagement

Die Implementierung und das „Leben" eines *Prozessmanagement-Systems* bedingen die Beantwortung und Umsetzung beider angedeuteten Denkrichtungen. Ein fundiertes *Prozessmanagement-System* ist einerseits Grundlage für die Erfüllung der Normforderungen, andererseits Voraussetzung auf dem Weg zu Excellence. Es repräsentiert somit die Summe aus Norm und *EFQM-Modell*.

Prozessmanagement (Bild 3.16) bietet den „Brückenschlag" zwischen ISO- und *EFQM-Mo-dell* mit unterschiedlichen Schwerpunktsetzungen und Nutzenaspekten.

3.4.2 Grundsätzliche Unterschiede zwischen ISO und EFQM-Modell

Der wissenschaftliche und praxisorientierte Diskurs (seit dem Jahr 2000) zwischen Vertretern beider Denkrichtungen, ob denn der Ansatz der ISO 9001:2000 oder der eines umfassenden Modells (z.B. dem *EFQM-Modell*) zur Verbesserung der Wettbewerbsfähigkeit einer Unternehmung geeigneter ist, hat zur Erkenntnis geführt, dass ein „sowohl – als auch" und nicht das „entweder – oder" zur Erreichung dieser Zielsetzung erforderlich ist.

Ein gemeinsames Vokabular bietet die Grundlage für den nachfolgenden qualitativen Vergleich, der die grundsätzlichen Unterschiede in den Zugängen und Philosophien der beiden Konzepte beschreibt.

Die Norm ISO 9001:2000 weist Vorschriftencharakter auf und enthält Mindestanforderungen, die erfüllt werden müssen – sozusagen den „Stand der Technik". Im Rahmen einer Zertifizierung bleibt am Ende die Frage des Erreichens oder Nichterreichens des Zertifikats. Zwischenebenen oder -ergebnisse sind nicht relevant. Ein Grundsatz der Norm ist, dass Arbeitsausführungen durch detaillierte Spezifikationen vorgegeben werden und durch entsprechende Überwachung (z.B. durch Audits) sichergestellt werden. Diese weitgehende Detaillierung birgt die Gefahr des Entstehens von nicht optimalen Abläufen.

Das *EFQM-Modell* hingegen bietet einen gedanklichen Ansatz, der einen Rahmen für die freie Gestaltung eines Unternehmens darstellt. Im Gegensatz zur Norm stellt das *EFQM-Modell* den „Stand der Wissenschaft" dar und repräsentiert Leistungen und Vorgehensweisen, die von Spitzenunternehmungen erbracht werden können.

Die ISO schreibt für ihre Erfüllung die strikte Einhaltung der Regelungen (z.B. interne Audits) vor, das *EFQM-Modell* hingegen sieht beispielsweise bei Selbstbewertungen ausdrücklich individuelle Abwandlungen und Anpassungen an die Gegebenheiten der jeweiligen Unternehmung vor. Die Norm ist daher besser geeignet, einen erreichten Zustand oder bereits erreichte Standards zu erhalten und zu bewahren; sie ist, trotz der Einbindung des Prozessverbesserungszyklus, vergangenheitsorientiert. Das *EFQM-Modell* ist zukunftsorientiert und dient zur Veränderung bestehender Zustände.

3.4.3 Einsatzgebiete der ISO und des EFQM-Modells

Die ISO-Norm bietet eine gute Anleitung für den Aufbau eines Qualitätsmanagement-Systems. Alle wesentlichen Elemente eines Managementsystems sind in der Norm beschrieben. Das *EFQM-Modell* bietet als geeigneter Denkrahmen in Kombination mit der Norm als methodischer Absicherung eine erfolgreiche Strategie in Richtung zu einem umfassenden Qualitätsmanagement.

Erfolgreich zertifizierte Organisationen sind nicht notwendigerweise erfolgreiche *projektorientierte Unternehmen* im Sinne von TQM. Die Normenreihe der ISO 9000:2000 ist eine notwendige jedoch keine hinreichende Bedingung zur Erfüllung von TQM. Begründet ist dies durch die großen Anforderungsunterschiede zwischen einer Zertifizierung und dem umfassenden Verständnis von TQM.

Die Einführung von TQM kann aufbauend auf einem zertifizierten Qualitätsmanagement-System durchgeführt werden (Bild 3.17). Das *EFQM-Modell* schafft dafür einen praktikablen Rahmen, der einerseits eine methodische Grundlage in der ISO 9001:2000 und der ISO 9004:2000 findet und andererseits auf einem fundierten Denkansatz in Richtung umfassendes Qualitätsmanagement begründet ist.

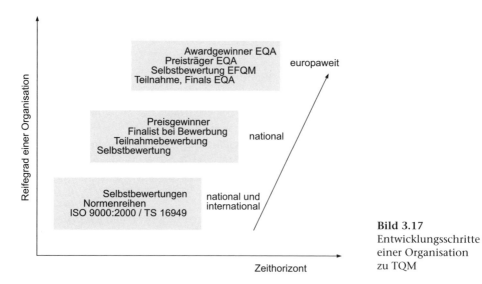

Bild 3.17
Entwicklungsschritte
einer Organisation
zu TQM

Der Schritt von der ISO 9001:2000 zum *EFQM-Modell* ist konsequent, da er eine geeignete Vorgehensweise zur Weiterentwicklung der Organisation darstellt. Organisationen bietet sich auf diesem Weg die Möglichkeit, mit beliebigen Zwischenschritten die für sie passende Position anzustreben.

3.4.4 Vergleichender Überblick ISO–EFQM

Tabelle 3.6 bietet, ohne den Anspruch auf Vollständigkeit zu erheben, einen qualitativen, vergleichenden Überblick zwischen der Normenreihe ISO 9000:2000 und dem *EFQM-Modell*.

Tabelle 3.6 Vergleichender Überblick: Normenreihe ISO 9001:2000 – EFQM-Modell

Grundsätzlicher Charakter	• Vorschriften	• Denkansatz
Anforderungsumfang	• Mindestanforderungen	• Rahmen für freie Gestaltung
Repräsentiert	• Stand der Technik	• Stand der Wissenschaft
Orientierung	• Vergangenheitsorientiert	• Zukunftsorientiert
Zur Erfüllung erforderlich	• Strikte Einhaltung von Regelungen	• Individuelle Anpassungen an Gegebenheiten gewünscht
Prozessbetrachtung	• Definiert vier essentielle Prozesskategorien und das Zusammenwirken von Verantwortung der Leitung, Produktrealisierung, Messen, Analysieren und Verbesserung sowie Managen der Ressourcen • Dokumentation und Nachweis des „Lebens" von Prozessen	• Setzt gelebte Prozesse voraus • Orientiert sich an der Art und Weise des Managens der Prozesse • Legt Wert auf systematisches Betreiben der Prozesse • Nur ein Teilkriterium befasst sich mit dem Betreiben der Prozesse

Tabelle 3.6 (Forts.) Vergleichender Überblick: Normenreihe ISO 9001:2000 – EFQM-Modell

Zufriedenheitsanalysen	• Gefordert – z.B. Kundenzufrie-denheit	• Verschiedenste Zufriedenheits-analysen vorausgesetzt
Anforderungserfassung	• Einbeziehung der Kunden gefordert	• Einbeziehung aller Interessen-partner
Bewertung intern	• Interne Audits	• Selbstbewertung
Bewertung extern	• Zertifizierungsaudit	• Assessment im Rahmen eines Qualitätspreises
Formale Bestätigung	• Zertifikat	• Gewinn des Awards, Preisträger, Finalist
Einsatz	• Anleitung zum Einstieg	• Umfassende Weiterentwicklung

3.5 Prozessmanagement

Das *Prozessmanagement-System* eines *projektorientierten Unternehmens* dient als Instrument zur erfolgreichen Unternehmensführung im Spannungsfeld zwischen Ermittlung und Erfüllung der Kundenforderungen, Renditewünschen der Kapitalgeber, Beschaffung und Einsatz von Ressourcen, Erfüllung von Normen und Gesetzen, Druck vom Mitbewerber, usw.

3.5.1 Prozess-Lifecycle – Lebensweg eines Prozesses

Der Prozess-Lifecycle beschreibt im *Prozessmanagement* die einzelnen Stationen auf dem Lebensweg eines Prozesses, beginnend mit seiner

- Aufnahme in die Prozesslandschaft, über
- die Prozessdefinition,
- die Prozessausführung und -regelung
- bis hin zu seiner Außerbetriebnahme.

Prozessaufnahme in die Prozesslandschaft

Jeder neue Prozess muss in die *Prozesslandschaft* eingefügt werden. Die Prozesslandschaft dient dazu, die einzelnen Prozesse eines Unternehmens abzubilden, und deren Beziehungen zueinander darzustellen. In ihr sind einerseits jene Prozesse dargestellt, die für den Kunden eine Leistung erbringen, und andererseits jene Prozesse, die der Steuerung, Unterstützung und Verbesserung dieser leistungserbringenden Prozesse dienen.

Aufnehmen eines Prozesses in die Prozesslandschaft bedeutet, dass der Prozess von den anderen Prozessen eindeutig abgegrenzt ist und seine Auswirkungen auf andere Prozesse untersucht und in der Darstellung der Prozesslandschaft berücksichtigt werden. Wird der Prozess später einmal geändert, dann kann dies ebenfalls Auswirkungen auf die Prozesslandschaft haben und eine Änderung der Prozesslandschaft notwendig machen.

Prozessdefinition

Der (Soll-)Prozess muss festgelegt werden. Hilfsmittel dazu ist die Prozessbeschreibung, in der der Prozessablauf, die Prozessziele, die zugehörigen Verantwortlichkeiten und die begleitenden Unterlagen schriftlich festgehalten werden können. Nach der Freigabe des (Soll-)Prozesses kann mit der Prozessausführung begonnen werden.

Prozessausführung/-regelung

Bei der Ausführung des Prozesses sind einerseits die Vorgaben im Rahmen der Prozessbeschreibung und andererseits die festgelegten Prozessziele zu beachten. Die Verantwortung dafür trägt der Prozessverantwortliche; er muss bei Bedarf steuernd eingreifen. Bei Unzulänglichkeiten im Prozess bzw. erkannten Verbesserungspotenzialen, die eine Prozessablaufänderung erforderlich machen, kann auch eine neuerliche Beschreibung und Freigabe des Prozesses notwendig sein. In dieser Phase des Prozess-Lifecycles steht das tagtägliche Leben des *Prozessmanagement-Gedankens* im Mittelpunkt.

Prozessmonitoring

Werden für den Prozess Ziele vereinbart, so ist auch die Zielerreichung zu überwachen. Prozesszielwerte und -vorgaben werden in periodischen Abständen neu festgelegt.

Prozesse außer Betrieb nehmen

Wird ein Prozess außer Betrieb genommen, so hat dies Auswirkungen auf andere Prozesse. Mit Hilfe der Prozesslandschaft sind zunächst die Auswirkungen an den Prozessschnittstellen zu untersuchen und bei Bedarf Anpassungen in den Prozessen vorzunehmen. Das geänderte Netzwerk der Prozesse ist in der Prozesslandschaft nachzuführen.

3.5.2 Prozesslandschaft in einem POU

In einem *projektorientierten Unternehmen* ergänzen sich *Projektmanagement* und *Prozessmanagement*. Die Geschäftsprozesse des *projektorientierten Unternehmens* sind u.a. die *Projektabwicklung* und das *Projektmanagement*. Dieses Zusammenwirken ist beispielhaft im Bild 3.18 dargestellt.

Eine Prozesslandschaft wird – wie im Folgenden beispielhaft ausgeführt – in Haupt- und Teilprozesse gegliedert.

Managementprozesse (Potenzialsicherung)

- Politik und Strategie
- Unternehmensplanung (strategisch und operativ), Zielvereinbarungen
- Marketing und Customer Relationship Management
- Controlling, Management Review
- Organisationsentwicklung
- Personalentwicklung
- Finanz- und Liquiditätsmanagement
- Qualitätsmanagement

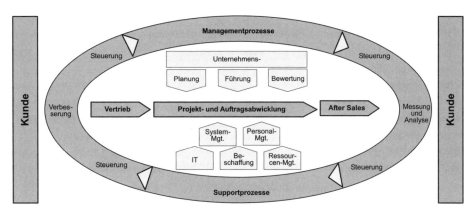

Bild 3.18 Prozesslandschaft eines POU (Beispiel)

Geschäftsprozesse (Kundenbeziehungsprozesse)

- Akquisitionsprozesse
- Projektmanagementprozesse
- Auftragsabwicklungsprozesse (in einer oder mehreren Prozessgruppen in Analogie zu definierten Portfolios zusammengefasst)
- Geschäftsprozesse ohne Projektcharakter

Supportprozesse (Evaluierungsprozesse)

- Logistik
- Korrektur- und Vorbeugemaßnahmen
- Interne Audits, Self-Assessment
- Controlling
- Informationstechnologie

Für *projektorientierte Unternehmen* ist eine umfassende Sichtweise des Qualitätsbegriffes unabdingbar, die kurzfristige und langfristige Aspekte (Zuverlässigkeit) sowie eine gemeinsame Betrachtung des Potenzials (Organisation), des Ergebnisses (Produkt) und des Leistungserstellungsprozesses (Projekt) umfasst. Das Messen und Bewerten der unterschiedlichen Dimensionen der Qualität gestaltet sich schwierig, da teilweise keine objektiv messbaren Prüf- und Bewertungskriterien definiert werden können.

> Die wesentliche Rolle, vor allem bei den Qualitätsaspekten „Potenzial" und „Prozess", spielen subjektive Empfindungen und Erlebnisse.

Dimensionen des umfassenden Qualitätsverständnisses in einem *projektorientierten Unternehmen* sind:

- *Potenzial*
  Es gibt eine klare Organisation, kundenorientierte Projektteams, klare Verantwortung und Kompetenz für den Projektmanager.

- *Prozess*
  Der Leistungserbringungsprozess – also der Projektablauf – ist in einem Angebots- und Projektleitfaden festgelegt und zusammengefasst (Aufgaben, Schnittstellen und Verantwortungen).

- *Produkt (Ergebnis)*
  Es gibt möglichst präzise Vereinbarungen und die Dokumentation der Vereinbarungen bereits im Angebotsstadium, Klärung von Messkriterien für Qualitätsmerkmale, projektspezifische Qualitätspläne.

In der Prozesslandschaft eines *projektorientierten Unternehmens* werden die verschiedenen Phasen der Projektabwicklung als Prozesse bzw. Prozessketten dargestellt. Für *projektorientierte Unternehmen* ist der Geschäftserfolg unabdingbar mit dem erfolgreichen Managen der Teilprozesse in der Projektabwicklung verbunden. Für ein Projekt, isoliert betrachtet, sind die einzelnen Phasen des Strukturplanes immer neu zu definieren und der Aufgabenstellung anzupassen. Wenn sich ein *projektorientiertes Unternehmen* mit repetitiven Kundenprojekten befasst, so können die einzelnen Phasen der verschiedenen Projekte entsprechend den komplexen Aufgabenstellungen zu Standardphasen zusammengefasst werden. Diese Standardphasen bilden die Vorgaben für neue Projekte, für die sich dann die Erfahrungen und Erkenntnisse vergangener Projekte nutzen lassen.

3.5.3 Prozesskette der Projektabwicklung

Die Aufgaben von ähnlich verlaufenden Projekten werden durch weitestgehend standardisierte Projektpläne zusammengefasst und als Hilfsmittel für die Projektmanager eingesetzt. Die verschiedenen *Prozessketten*, Prozesse oder Teilprozesse werden mit Zielvorgaben und Messkriterien versehen und damit eine Leistungsmessung durchgeführt. Die Erfahrungen aus den Projekten – Lessons Learned – und die Erkenntnisse aus den immerwiederkehrenden Aufgabenstellungen werden als kontinuierliche Verbesserungsmaßnahmen im *Prozessmanagement* umgesetzt.

So entstehen die Verknüpfung und der Zusammenhang zwischen dem *Projektmanagement* und dem *Prozessmanagement*. Die Projektmanager sind verantwortlich für das optimale Durchschleusen ihres Projektes durch die *Prozesskette der Projektabwicklung*. Die außerhalb der Projekte agierenden Prozessverantwortlichen wiederum haben die Aufgabe, einerseits den Bereich ihrer Zuständigkeit optimal zu organisieren (z.B. Ressourcen- und Mittelbereitstellung) sowie die Schnittstellen zwischen den Projektphasen so zu gestalten, dass ein möglichst fehlerfreier Übergang sichergestellt wird. Alle Prozessvorgaben werden aus Sicht des *Projektmanagements* entwickelt und für die Projektabwicklung übernommen.

Bild 3.19 bietet ein Beispiel über die im Anlagenbau üblichen unternehmensinternen Prozesse bzw. deren Zuordnung zur Projektphasenstruktur.

In den einzelnen Phasen werden die unterschiedlichen Inhalte, Methoden und Instrumente des *Projektmanagements* durch jene des Prozess- und Qualitätsmanagements er-

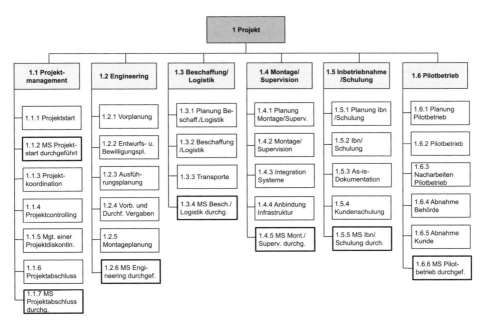

Bild 3.19 Phasenstruktur mit Arbeitspaketen des Projektabwicklungsprozesses

gänzt. Daraus resultiert ein an den Prozessen orientiertes Managementsystem, das der Sprache und Struktur der Projektarbeit entspricht. Die Unterscheidung in Projektphasen oder in Teilprozesse besteht nur in den unterschiedlichen Begrifflichkeiten der Projekt- bzw. Prozessmanager, inhaltlich wird die gleiche Aufgabenstellung betrachtet. Durch die unterschiedlichen Anforderungen, die traditionellerweise in großen Unternehmen von Projekt- und Prozessmanagern an die inhaltlichen Prozesse gestellt werden, kommt es zu einer unterschiedlichen Betrachtung und Bewertung der Ergebnisse. Die Herausforderung besteht darin, diese unterschiedlichen Betrachtungen zu einer gemeinsamen Sichtweise zusammenzuführen.

3.5.4 Bewertung von Prozessen im POU

Bei der Implementierung eines Managementsystems in ein *projektorientiertes Unternehmen* besteht eine der Kernaufgaben der Organisation darin, die ständig ablaufenden Prozesse zu messen, zu überwachen, zu bewerten und, wenn notwendig, steuernd einzugreifen. Für diese Aufgabe ist es erforderlich, den Ist-Zustand des Prozesses zu erfassen und mit dem geplanten Zustand zu vergleichen, um dann notwendige Prozessverbesserungen einzuleiten.

Eine wesentliche Grundlage dafür besteht auch darin, dass laufend Informationen über den Ist-Zustand des Prozesses geliefert werden können. In diesem Abschnitt werden die Messkriterien und Parameter klassifiziert und beschrieben, mit denen sich ein wirksames Steuerungsinstrument für das Unternehmen installieren lässt.

Zweck der Bewertung von Prozessen ist, fundierte Kenntnisse über den jeweiligen Prozess zu gewinnen. Diese Kenntnisse sind erforderlich, um den Prozess effizient und effektiv zu lenken und somit die Erfüllung der verschiedenen Qualitätsanforderungen gewährleisten zu können.

> Anstatt von Prozessmerkmalen können auch korrelierende Produktmerkmale betrachtet werden. Die Produktmerkmale charakterisieren nämlich nicht nur die Produkte selbst, sondern wegen ihrer Korrelation zu den Prozessmerkmalen auch den Prozess, der diese Produkte hervorbringt.

Ein Grundsatz im Controlling lautet: Was man nicht messen kann, kann man auch nicht steuern. Es müssen also zuerst Ziele, Messkriterien und konkrete Vorgaben für die Prozesse festgelegt werden.

Zu diesem Grund ist es notwendig, ein Messkriteriensystem aufzubauen. Dieses muss sich an den übergeordneten Zielen des *projektorientierten Unternehmens* orientieren und die wesentlichen Perspektiven ausgewogen abbilden. Eine zusätzliche Akzeptanzerhöhung wird erreicht, wenn man diese Perspektiven in den Rahmen einer Balanced Scorecard fasst und ihre Wechselwirkungen betrachtet. Erst dann treten Vorhaben und Initiativen zur jeweiligen Zielerreichung mit in den Vordergrund.

Kennzahlen zur Finanz- und Ertragskraft eines Unternehmens waren schon immer ein wichtiges Handwerkszeug der Manager. Finanzielle Indikatoren werden oftmals als „harte Faktoren" („Hard Facts") bezeichnet. Nicht nur klassische Kennzahlen wie Rentabilität oder *Cash-Flow* „sind" solche „harten Faktoren", auch der Beschäftigungsgrad, die Rüstzeiten, die Durchlaufzeiten und der durchschnittliche Lagerbestand sind Beispiele für „harte (messbare) Faktoren".

Gegenwärtig gewinnen jedoch Kennzahlen zur Messung nicht-kapitalorientierter Faktoren an Bedeutung. So spielen die Fähigkeit eines Unternehmens, die Bedürfnisse seiner Kunden optimal zu erfüllen, und der Grad, wie stark es seine Kunden an sich bindet oder seine Mitarbeiter motivieren kann, im heutigen Wettbewerb eine immer größere Rolle. Das ist insofern logisch, als z.B. ein erkennbarer Zusammenhang zwischen der Rentabilität und der Kundenzufriedenheit eines Unternehmens besteht.

Wichtige Fragen wie jene nach der Kundenzufriedenheit und der Mitarbeitermotivation beruhen ebenfalls nicht (ausschließlich) auf „harten" Fakten, sondern vor allem auf Verhaltensweisen und Einstellungen. Sie sind also anhand „klassischer" Kennzahlen nicht vollständig erfass- bzw. beschreibbar. Viele Unternehmen suchen aus diesen Gründen nach anderen Maßstäben, um die eingeführten Finanzkennzahlen um nicht-finanzielle Größen zu ergänzen. Es geht darum, eher subjektive Einflussfaktoren – so genannte „weiche" bzw. emotionale Faktoren („Soft Facts") – für den Unternehmenserfolg zu finden, zu ermitteln und offen zu legen. Weiche Faktoren betreffen beispielsweise Verhaltensweisen oder Einstellungen

- der Mitarbeiter,
- der Lieferanten und
- der Kunden.

Soft Facts sind quantitativ nicht oder kaum zu beschreiben und haben eine große Bedeutung für die Unternehmensentwicklung. Sie lassen sich aber mit Kennwerten, die aus Messungen resultieren, erfassen. Diese Erfassung der „weichen" Faktoren ist allerdings aufwändig, denn die Daten dafür müssen erst erhoben werden.

In der Regel werden solche quantitativen Untersuchungen, z.B. über die Kundenzufriedenheit, in Form von Befragungen durchgeführt, wie man sie aus der Marktforschung kennt. Dazu werden Fragebögen entwickelt, die man schriftlich, durch Telefonbefragungen oder in Interviews von seiner Zielgruppe beantworten lässt.

In diesem Buch werden diese qualitativen Ergebnisse mittels statistischer Methoden und Vorgehensweisen aufbereitet bzw. spezifiziert, somit quantifiziert und als Grundlage für die Formulierung und Ermittlung von Kennzahlen aufbereitet.

Die Ausgewogenheit zwischen „harten" und „weichen" Faktoren, zwischen den leicht quantifizierbaren Ergebniskennzahlen einerseits und den schwer messbaren und subjektiven „Leistungstreibern" andererseits, wird vom Kennzahlenkonzept der Balanced Scorecard angestrebt. Nach diesem Kennzahlenmodell sind für jedes Unternehmen folgende vier Erfolgsfaktoren wichtig:

- Die Finanzperspektive,
- die Kundenperspektive,
- die Prozessperspektive sowie
- die Lern- und Entwicklungsperspektive.

Die Betrachtung aller vier Bereiche verhindert, dass Kundenbedürfnisse und die Interessen der Mitarbeiter durch die Vorgabe finanzieller Ergebnisse außer Acht gelassen werden. Ein Messsystem ist demnach erst dann ausgewogen („balanced"), wenn es auch jene Größen erfasst, die hinter dem finanziellen Erfolg stehen (Prozesse, Mitarbeiterverhalten, Motivation, Kundenzufriedenheit usw.). Die Ergebnisse von Tätigkeiten der Vergangenheit sollen dabei aufzeigen, welche Leistungen in Zukunft verstärkt werden müssen.

3.6 Einführung in Kennzahlen und Kennzahlensysteme

Um die Erfassung von *Hard und Soft Facts* greifbarer zu machen und um für jeden Messvorgang die geeigneten Kennzahlen auswählen zu können, werden im folgenden Abschnitt die unterschiedlichen Kriterien bei der Auswahl und dem Einsatz der verschiedenen Kennzahlen näher erläutert.

3.6.1 Einführung in Kennzahlen

Eine grundlegende Klassifikation von Kennzahlen ist die statistische Einteilung in absolute Zahlen und Verhältniszahlen.

Kennzahlen sind jene Zahlen, die quantitative bzw. quantitativ erfassbare Sachverhalte in konzentrierter Form darstellen; sie werden nach unterschiedlichen Gesichtspunkten klassifiziert.

- *Absolute Zahlen* geben unmittelbar Auskunft über die Größe eines Systems. Sie können beispielsweise als Einzelzahlen, Summenzahlen, Differenzen oder Mittelwerte angegeben werden.
- *Verhältniszahlen* sind Quotienten aus zwei absoluten Zahlen. Bei Verhältniszahlen soll über die Größe im Zähler, die Beobachtungszahl, eine Aussage gemacht werden.

Bei Verhältniszahlen unterscheidet man:

- *Gliederungszahlen*, bei denen eine Gesamtgröße in Teilgrößen unterteilt wird und zur Gesamtgröße in Beziehung gesetzt wird.
  Beispiel: Fremdleistungsanteil = Fremdpersonalstunden/Gesamtpersonalstunden.
- *Beziehungszahlen*, die das Verhältnis zweier gleichrangiger aber wesensverschiedener Größen mit Bezug auf denselben Zeitpunkt und -raum bilden.
  Beispiel: Engineering-Anteil = Engineering-Stunden/Projektkosten.
- *Indexzahlen*, bei denen es sich um ein Verhältnis von Zahlen mit gleichen Maßeinheiten aus verschiedenen Perioden und zu unterschiedlichen Zeitpunkten handelt
  Beispiel: Personalkostenentwicklung.

Eine weitere Unterteilungsmöglichkeit von Kennzahlen ist die nach Unternehmensfunktionen. Daraus ergeben sich z.B. Personal-, Finanz- und Logistikkennzahlen (Tabelle 3.7).

Tabelle 3.7 Arten von betriebswirtschaftlichen Kennzahlen

Klassifizierungs-merkmal	Kennzahlenart				
Betriebliche Funktion	Logistik	Produktion	Absatz	Personal	Finanzen
Statistische Gesichtspunkte	Absolute Zahlen			Verhältniszahlen	
	Einzel-zahlen	Summen	Differen-zen	Bezie-hungs-zahlen	Gliede-rungs-zahlen	Indexzahlen
Zeitliche Struktur	Zeitpunktgrößen			Zeitraumgrößen	
Inhaltliche Struktur	Wertgrößen (z.B. Geldeinheiten)			Mengengrößen (z.B. Stückzahlen)	
Quellen im Rechnungswesen	Bilanz	Buchhaltung		Kostenrechnung	Statistik
Planungsgesichts-punkte	Sollwerte (zukunftsorientiert)			Istwerte (vergangenheitsorientiert)	
Leistung des Betriebs	Wirtschaftlichkeitskennzahlen			Kennzahlen über die finanzielle Sicherheit	
Relevanz	Spitzenkennzahl(en)		Hauptkennzahlen		Hilfskennzahlen

Kennzahlen werden in der Wirtschaft überwiegend für monetäre Bewertungen herangezogen. Durch den Einsatz der Balanced Scorecard ist der Betrachtungswinkel allerdings seit einigen Jahren auf nicht monetäre Messgrößen erweitert worden.

Die bloße Ermittlung einer Kennzahl ist für eine Bewertung zu wenig. Erst der Vergleich mehrerer Kennzahlen und/oder eine Zeitreihenbetrachtung ermöglichen eine Aussage über den Wert der Einzelkennzahl.

3.6.2 Klassifizierung von prozessorientierten Kennzahlen

Prozessorientierte Kennzahlen geben Auskunft über Sachverhalte, die einen oder mehrere Prozesse betreffen. Ihnen gegenüber stehen die funktionsorientierten Kennzahlen (Bild 3.20).

Die prozessorientierten Kennzahlen werden in Prozesskennzahlen und Kennzahlen zum Grad der Prozessorientierung unterteilt. Prozesskennzahlen im weiteren Sinne werden als Messgrößen für die Bewertung der Prozesse verwendet. Im Gegensatz dazu beschreiben die Kennzahlen zum Grad der Prozessorientierung eine Aussage zu einer Menge von Prozessen, z.B. den Anteil dokumentierter Prozesse im Unternehmen.

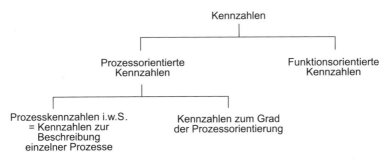

Bild 3.20 Einteilung von Kennzahlen

Prozesskennzahlen im weiteren Sinn beschreiben einzelne Prozesse, mit der Zielsetzung diese zu steuern und zu bewerten. Eine Unterscheidungsmöglichkeit dafür ergibt sich aus dem Standpunkt des Beobachters. Man kann einen Prozess von außen betrachten (anhand äußerer Parameter) oder seine inneren Charakteristiken untersuchen. Im ersten Fall spricht man von extrinsischen, im zweiten Fall von intrinsischen Kennzahlen. Eine weitere, übliche Klassifizierung ist jene in Qualität-, Kosten- und Zeitmessgrößen.

Extrinsische Prozesskennzahlen

Extrinsische Kennzahlen beschreiben einen Prozess von außen. Sie werden in Reifegrad-, Ressourcen- und Produktkennzahlen unterteilt.

- *Reifegradkennzahlen* bewerten anhand von Kriterien bzw. Best Practices einen Prozess anhand seines formalen Zustands; beispielsweise ob der Prozess definiert und beschrieben ist und ob ein Prozessverantwortlicher festgelegt worden ist.

- *Ressourcenkennzahlen* beurteilen den Prozess hinsichtlich seiner eingesetzten Ressourcen bzw. Mittel. Beispielsweise können hier Einstellparameter in der Fertigung (z.B. Förderbandgeschwindigkeit, Haltezeit) und an Betriebsmitteln (z.B. Hydraulikdruck) angeführt werden. Die Anzahl eingesetzter Verfahren und Techniken sowie der Grad der Mitarbeiterqualifikation sind ebenfalls Ressourcenkennzahlen.

- *Produktkennzahlen.* Da Produkte stets Ergebnisse von Prozessen sind und zumeist eine hohe Korrelation zwischen Produktmerkmalen und Prozessmerkmalen besteht, können unmittelbar aus der Produktqualität Rückschlüsse auf die Prozessqualität gezogen werden. Produktkennzahlen sind die quantifizierten Bewertungsmerkmale eines Produkts. Es werden zwei Merkmale unterschieden:

  - Qualitätsmerkmale, als die dem Produkt inhärenten Eigenschaften, also seine Beschaffenheit sowie
  - die dem Produkt zugeordneten Merkmale, z.B. Zeit, Preis, Lieferort.

Die Qualitätsmerkmale eines Produkts können sein:

- Physische Merkmale (z.B. Durchmesser, elektrischer Widerstand)
- Sensorische Merkmale (z.B. Geschmack und Geruch)
- Funktionale Merkmale (z.B. max. Lebensdauer).

Intrinsische Prozesskennzahlen

Beispiele für intrinsische Prozesskennzahlen sind:

- Anzahl an Prozess-Durchläufen
- Menge erzeugter Produkte
- Prozesskosten und Durchlaufzeit, sowie die sich darauf beziehenden fehlerbezogenen Größen wie z.B.

  - Fehlerquote oder Ausbeute
  - Ausschuss und
  - Nacharbeit.

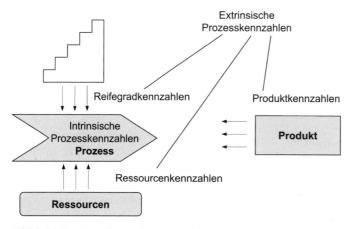

Bild 3.21 Extrinsische und intrinsische Prozesskennzahlen

Sie können auch als Prozesskennzahlen im engeren Sinn interpretiert werden. Der Unterschied zu den Produktkennzahlen ist, dass diese Kennzahlen den externen Kunden nicht direkt zur Verfügung stehen. Außerdem kann noch unterschieden werden, dass die Prozesskennzahlen im eigentlichen Sinne alle produzierten Produkte berücksichtigen, hingegen die Produktkennzahlen nur Teilbereiche der Produktion beleuchten (z.B. Fehlerkennzahlen).

Die Unterscheidung zwischen intrinsischen und extrinsischen Prozesskennzahlen wird in Bild 3.21 visualisiert.

Kosten-Zeit-Qualitätsmessgrößen

Eine weitere Möglichkeit der Einteilung von Kennzahlen lässt sich aus der Art der erhobenen Parameter ableiten. Man unterscheidet dabei zwischen Kosten-, Zeit- und Qualitätsgrößen.

Kostengrößen

Bei den Kostengrößen nimmt die Prozesskostenrechnung sicherlich den bedeutsamsten Platz ein. Sie ermöglicht die verursachungsgerechte Aufteilung der Gemeinkosten auf die einzelnen Produkte und dient somit als Grundlage für eine wirtschaftliche Prozessgestaltung.

Natürlich wirken fast alle Prozessparameter in irgendeiner Weise auch auf die Kosten (oder Erträge) ein. Die Wirkung einzelner Faktoren lässt sich aber besser durch direkte Erfassung dieser Parameter erkennen, während in die Prozesskosten alle Einflussgrößen (auch die sonst nicht einzeln Erfassten) eingehen.

In der Prozesskostenrechnung werden die Kosten transparent gemacht, die durch die Inanspruchnahme eines Prozesses entstehen.

Zeitgrößen

Zeitgrößen beziehen sich vor allem auf die Bestimmung von Reaktions- bzw. Durchlaufzeiten. Dabei werden diese häufig nicht nur durch technologisch notwendige Bearbeitungszeiten, sondern auch durch unproduktive Liege- bzw. Transportzeiten bestimmt. Häufig benutzte Vertreter dieser Kennzahlen sind „On-Time-Delivery" (Termintreue) und „Time-to-Market" (Entwicklungs- und Realisierungsdauer neuer Produkte bzw. Dienstleistungen).

Qualitätsgrößen

Unter Qualitätsgrößen versteht man quantifizierbare Qualitätsmerkmale von Produkten. Da diese Merkmale meistens als (Kunden-)Forderung bekannt sind, ist die Suche von Kennzahlen aus diesem Bereich meist problemlos möglich. Typische Kennzahlen aus diesem Umfeld sind:
- für Produkte: Länge, Gewicht, Oberflächenbeschaffenheit
- für Prozesse: Durchlaufzeit, Fehlerrate
- für Unternehmen: Gesamtpunkteanzahl nach dem *EFQM-Modell*.

Qualitäts-, Zeit- und Kostenorientierung

Die alleinige Betrachtung der Kosten-Nutzen-Relation zur Gestaltung der Prozesse ist nicht ausreichend. Deshalb steht bei der prozessorientierten Unternehmensführung die Gestaltung und Lenkung des Prozesses hinsichtlich der Ziele, Kosten, Qualität und Zeit im Mittelpunkt. Kosten, Zeit und Qualität stehen zueinander in einem magischen Spannungsdreieck (Bild 3.22). Die „Spannungen" der Größen zueinander entstehen, da immer nur zwei Parameter gemeinsam verbessert/erhöht/verkürzt werden können, jedoch beim dritten Parameter gleichzeitig eine Verschlechterung eintritt. Es gilt daher, das optimale Gleichgewicht zu finden.

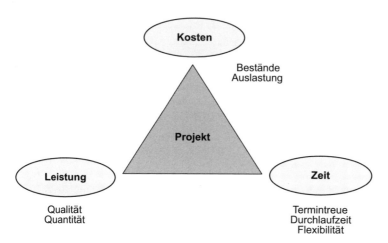

Bild 3.22 Das magische Dreieck von Zeit, Qualität und Kosten

Lage und Streuung

Um einen Prozess charakterisieren zu können, kann man neben den Lagegrößen der Kennzahlen bzw. Messgrößen auch deren Streuungsgrößen einsetzen. Somit erhält man Aussage über die Stabilität eines Prozesses.

> Einen Prozess bezeichnet man als stabil oder beherrscht, wenn seine Ergebnisse nur zufällig streuen und sich innerhalb seiner Eingriffsgrenzen bewegen, und er wird als fähig bezeichnet, wenn er hinsichtlich des betrachteten Qualitätsmerkmals die Toleranzvorgaben einhält.

Dieser Unterschied zwischen Prozessstabilität und Prozessfähigkeit wird im Bild 3.23 illustriert. UTG bzw. OTG bezeichnen die untere und die obere Toleranzgrenze.

Kombination von Kennzahlen

Das Ziel aller hier – ohne Anspruch auf Vollständigkeit – angeführten Unterscheidungsmerkmale ist jedoch nicht, alle Prozesskennzahlen penibel in die verschiedenen Kategorien einzuordnen und so eine strenge Systematik dieser Kennzahlen aufzubauen. Viel-

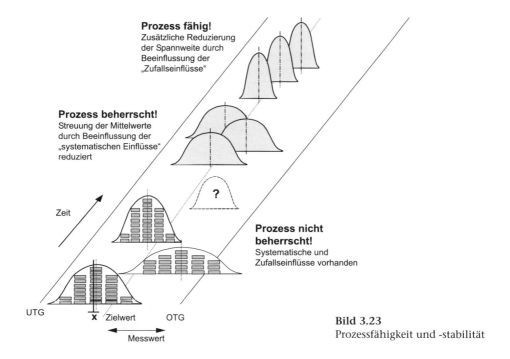

Bild 3.23
Prozessfähigkeit und -stabilität

mehr sind die Ausführungen dazu gedacht, viele verschiedene Bereiche aufzuzeigen, in denen man Kennzahlen für Prozesse finden kann. Damit soll der Blickwinkel auf Prozesse erweitert und ein Ausgleich zwischen den verschiedenen Interessengruppen ermöglicht werden. Während z.B. der verantwortliche Ingenieur vorwiegend auf intrinsische Größen achtet, hat der Vertrieb vielleicht nur Zeit- und Qualitätsgrößen und hat das Controlling Kostengrößen im Blick. Nur eine Kombination aller Blickwinkel ergibt in Summe ein realistisches Bild des Prozesses. Und nur dieses ermöglicht eine Weiterentwicklung der Prozesse im Sinne aller Interessenpartner, um so die Wettbewerbsfähigkeit des Unternehmens zu steigern und langfristig zu sichern.

3.6.3 Grundlagen von Kennzahlensystemen

Aufbau eines Kennzahlensystems

Kennzahlensysteme dienen zur Zielvorgabe, zur Koordination, zur Beschreibung und zur Analyse des unternehmerischen Geschehens. Sie beschreiben das Unternehmen modellhaft.

Sie sind Bestandteil des Informationssystems eines Unternehmens und ermöglichen Vergleiche zwischen geplanten und erreichten Werten (Soll-Ist-Vergleiche). Kennzahlensysteme bilden komplexe Zusammenhänge im Unternehmen in quantitativer Form ab.

Die Aussagekraft einer einzelnen Kennzahl ist oftmals begrenzt, da ein Sachverhalt häufig durch unterschiedliche, quantitative Informationen beschrieben und bewertet werden muss. Dieser Tatsache wird durch die Bildung eines Kennzahlensystems Rechnung getragen. Ein Kennzahlensystem ist eine Zusammenstellung von quantitativen Variablen, wobei die einzelnen Kennzahlen in einer sachlogischen Beziehung zueinander stehen, einander ergänzen oder erklären und insgesamt auf ein gemeinsam übergeordnetes Ziel ausgerichtet sind.

Der Aufbau eines Kennzahlensystems beruht auf der Aufspaltung von Unternehmenszielen in Teilziele, und somit der Offenlegung betrieblicher Zusammenhänge.

Kennzahlensysteme dienen zur Zielvorgabe, zur Koordination, zur Beschreibung und zur Analyse des unternehmerischen Geschehens.

Allgemeine Anforderungen an ein Kennzahlensystem stellen sich wie folgt dar:

- Jede Kennzahl muss in prägnanter Form über den durch sie erklärten Sachverhalt genau Auskunft geben; d.h. sie muss eine Veränderung des Sachverhalts durch eine Änderung der Kennzahlgröße anzeigen.
- Ein Kennzahlensystem wird für den Anwender transparent und verständlich, wenn es hierarchisch aufgebaut ist und dabei die übergeordneten Größen durch die untergeordneten erklärt. Die Kennzahlen auf einer Stufe müssen dabei möglichst unabhängig voneinander sein, damit sie isoliert voneinander bzgl. ihres jeweiligen Einflusses oder Beitrags untersucht werden können.
- Genauigkeit, Vollständigkeit, Aktualität und Übersichtlichkeit bei der Datenermittlung und -verdichtung müssen gewährleistet sein.
- Es müssen Ressourcen (z.B. Personal, IT-Unterstützung) für die Entwicklung und Anwendung des Kennzahlensystems bereitgestellt sein.
- Das Kennzahlensystem muss so aufgebaut sein, dass es an veränderte Anforderungen angepasst werden kann.

Soll ein Kennzahlensystem für den Einsatz der Balanced Scorecard genutzt werden, dann ergeben sich aus dem Prozess- und Qualitätsmanagement folgende spezielle Anforderungen:

- Ein Kennzahlensystem soll Benchmarking unterstützen und somit den Vergleich mit anderen Unternehmen oder Organisationseinheiten ermöglichen.
- Ein Kennzahlensystem soll mehrdimensional aufgebaut sein, um Sachverhalte in mehreren Perspektiven abbilden zu können.

DuPont-Kennzahlenmodell

Das DuPont-Kennzahlenmodell (Bild 3.24) ist eines der bekanntesten betriebswirtschaftlichen Kennzahlensysteme. Es wurde entwickelt, um die wirtschaftliche Situation eines Unternehmens anhand der Kenngröße Rentabilität zu beurteilen. Das DuPont-Kennzahlenmodell betrachtet finanzielle Erfolgs- und Liquiditätsgrößen im Rahmen einer rückblickenden Ergebnisanalyse.

An der Spitze der *DuPont-Kennzahlenpyramide* steht der *Return of Investment (RoI),* der den Gewinn in Beziehung zum investierten Kapital setzt. Die Zerlegung in die Komponenten Kapitalumschlag und Umsatzrentabilität zeigt, dass die Kapitalrentabilität durch die Er-

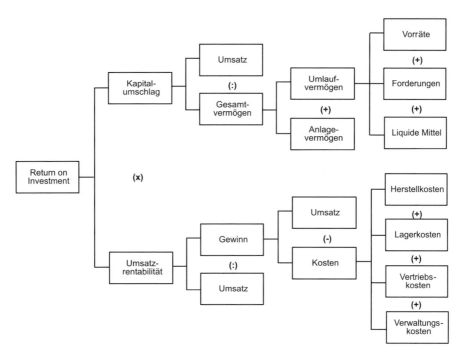

Bild 3.24 DuPont-Kennzahlenmodell

höhung des Kapitalumschlages und/oder durch die Steigerung der Umsatzrentabilität verbessert werden kann.

Auf den unteren Ebenen des Systems werden absolute Zahlen verwendet, welche die Einflussmöglichkeiten auf den RoI aufzeigen. Analysiert werden dabei vor allem die Kosten sowie die Höhe und Zusammensetzung des Vermögens.

GWB-Kennzahlenmodell

Das Kennzahlenmodell des Geschäftswertbeitrags (GWB) war Bestandteil der Wertsteigerungsinitiative (WIN) der Siemens AG. WIN, das in die top+-Unternehmensprogramme eingebettet wurde, ist ein unternehmensspezifisches Konzept im Rahmen des Shareholder Value Managements.

Ziel ist die konsequente Ausrichtung unternehmerischer Entscheidungen auf den Geschäftswert (Eigentümerwert) eines Unternehmens. Dieser errechnet sich aus der Differenz des aktuellen Marktwerts und dem gebundenen Vermögen. Die jährliche Veränderung des GWB drückt den vom Unternehmen geschaffenen Wert aus.

Der GWB ist am Unternehmenswert und damit an den Interessen der Anteilseigner ausgerichtet. Die Orientierung am langfristigen finanziellen Ziel des GWB verhindert eine kurzfristige Rentabilitätsmaximierung.

An der Spitze des Kennzahlenmodells steht der GWB, der definiert wird als die Differenz von Geschäftsergebnis nach Steuern und den Kapitalkosten für das Geschäftsvermögen.

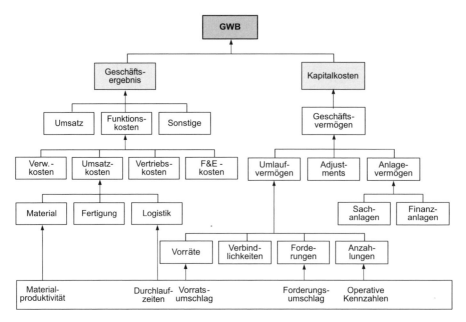

Bild 3.25 Geschäftswertbeitrag-Kennzahlenmodell

Die Kennzahlenpyramide ähnelt dem DuPont-Kennzahlenmodell. Hinter dem GWB stehen nicht ausschließlich finanzielle, sondern auch nichtfinanzielle Kenngrößen (Bild 3.25); er repräsentiert das Ergebnis nach Abzug von Steuern und Kapitalkosten.

Return-on-Quality-Kennzahlenmodell

Der von Kamiske entwickelte Ansatz des *Return on Quality (RoQ)* zieht insbesondere die Maßnahmen in Betracht, die in einem an TQM-Grundsätzen orientierten Unternehmen durchgeführt werden. Das Modell basiert auf der Ermittlung des Total Cost of Quality.

Im Rahmen des RoQ-Kennzahlenmodells (Bilder 3.26 und 3.27) wird der Gewinn eines Unternehmens als Funktion abgebildet.

Dieses Kennzahlenmodell verdeutlicht, wie die Rentabilität des Unternehmens mit einem umfassenden Paket von „Qualitätsmaßnahmen" verbessert werden kann. Die TQM-Maßnahmen sollen dabei einerseits den Wert der Unternehmensleistung für den Kunden erhöhen, andererseits die Kosten für die Leistungsarten Nutz-, Stütz-, Blind- und Fehlleistungen verringern.

Als Werterhöhung für den Kunden wird die Erfüllung der Produktwünsche einschließlich positiver Überraschungen gesehen, aber auch die zwischenmenschlichen Beziehungen innerhalb der Serviceleistung spielen eine große Rolle, ohne dass dabei die Preisrelation zum Wettbewerb aus dem Auge verloren wird. Zur Produkt- und Leistungsgestaltung entsprechend der Kundenwünsche können Qualitätstechniken wie beispielsweise ein QFD (Quality Function Deployment) eingesetzt werden.

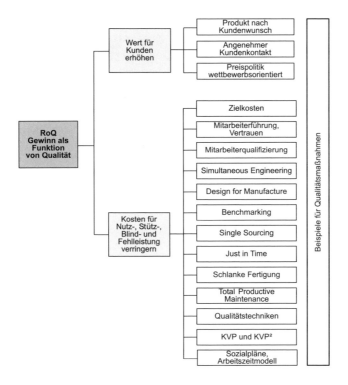

Bild 3.26
Return-on-Quality-
Kennzahlenmodell

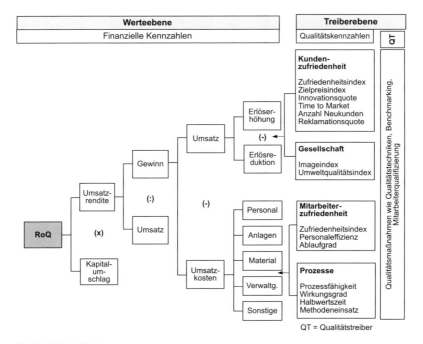

Bild 3.27 RoQ-Baum

Die Maßnahmen zur Kostenreduzierung orientieren sich streng am Wertschöpfungsprozess und werden mit dem Instrument des „Target Costing" gesteuert. Sie setzen in den früheren Phasen ein, beispielsweise mit dem „Design for Manufacture". Kontinuierliche Verbesserungsprozesse im gesamten Unternehmen dienen der ständigen Reduzierung der Herstellkosten. Betont wird dabei, dass deutliche Rentabilitätsverbesserungen nur durch eine sinnvolle Kombination der Einzelmaßnahmen erzielt werden.

Der Ansatz des RoQ empfiehlt Qualitätsmaßnahmen zur gezielten Beeinflussung von Preis und Herstellkosten.

Die aufgezeigten Qualitätsmaßnahmen zielen nicht nur auf Erlösverbesserung und Kostensenkungen, sondern insbesondere auf eine Verbesserung der „Qualitätskompetenz" des Unternehmens. Sie werden als *Qualitätstreiber* bezeichnet.

Gegenüberstellung der Kennzahlensysteme

Tabelle 3.8 bietet eine Gegenüberstellung sowie einen Vergleich der dargestellten Kennzahlensysteme hinsichtlich ihrer Eignung zur Anwendung im Rahmen des TQM.

Tabelle 3.8 Eignungsprofil für TQM

	DuPont	Geschäfts-wertbeitrag	Return on Quality	Balanced Scorecard
Orientierung am Zielsystem	T	T	V	V
Einfacher Aufbau	V	V	V	T
Verständlichkeit	V	V	V	V
Genauigkeit	V	V	T	T
Anpassungsfähigkeit	N	T	V	V
Benchmarkingfähigkeit	V	T	T	N
Mehrdimensionalität	N	T	V	V
Kundenorientierung	N	N	V	V
Mitarbeiterorientierung	N	N	V	V
Umfeldorientierung	N	T	T	V
Prozessorientierung	N	N	V	V
Allgemeiner und individueller Kennzahlenteil	N	T	N	T
Wirtschaftlichkeit	V	T	T	T

Legende: V = Voll erfüllt ,   T = Teilweise erfüllt ,   N = Nicht erfüllt

3.7 Balanced Scorecard

3.7.1 Die Funktion der Balanced Scorecard

Der Ursprung der Balanced Scorecard liegt in dem von Kaplan und Norton beschriebenen Bewertungs- und Managementsystem. Sie soll Managern als umfassendes Werkzeug zur Beurteilung der Unternehmensentwicklung dienen.

Die Balanced Scorecard wurde 1990 im Auftrag der Unternehmensberatung KPMG durch das Norton Institute als „Measuring Performance in the Organisation of the Future" (Messung der Leistungsfähigkeit der Organisation in der Zukunft) konzipiert und hat sich im Laufe der Zeit weiterentwickelt. Es wurden Bewertungssysteme verschiedener Unternehmen und verschiedener Branchen untersucht und daraus ein einheitliches Bewertungsschema entwickelt. Balanced (ausgewogen) heißt dabei, dass nicht nur die Finanzen fokussiert werden, sondern auch andere Perspektiven, die wesentlich zum Geschäftserfolg beitragen. Daraus entstanden die vier bekannten Perspektiven der Balanced Scorecard:

- Finanzen
- Kunden und Markt
- Interne Prozesse
- Lernen und Entwicklung.

> Ein wesentlicher Erfolgsfaktor der Balanced Scorecard ist, dass sie ein Werkzeug mit Zukunftsbezug ist. Mit ihr wird im ganzen Unternehmen ein Kommunikations- und Steuerungsinstrument verankert, das eine permanente Überprüfung der Ziele in allen Bereichen des Unternehmens erlaubt. Gleichzeitig ist sie ein *Werkzeug* zur Operationalisierung und zum Controlling der strategischen Ziele eines Unternehmens.

Als ein modernes Führungs- und Controllinginstrument misst und steuert die Balanced Scorecard über *finanzielle* und *nicht-finanzielle Leistungsindikatoren* die Ausrichtung der Unternehmung auf strategische Ziele. Sie operationalisiert die strategischen Ziele (Bild 3.28) eines Unternehmens und leistet somit einen Beitrag, um Unternehmensstrategien in konkrete und definierbare Ziele und Messkriterien zu übertragen. Im rechten Block dieses Bildes werden die Werkzeuge für das Controlling angeführt. Das in diesem Buch dargelegte Modell ist ein Bindeglied zwischen operativem und strategischem Controlling.

Um aus der Vielzahl von Messkriterien, die in einem Unternehmen erfasst werden, jene herauszusuchen, die essenzielle Informationen zur Erfüllung der strategischen Ziele bzw. der Strategie eines Unternehmens liefern, ist es notwendig, den Zusammenhang und die gegenseitige Beeinflussung der Messkriterien untereinander zu kennen.

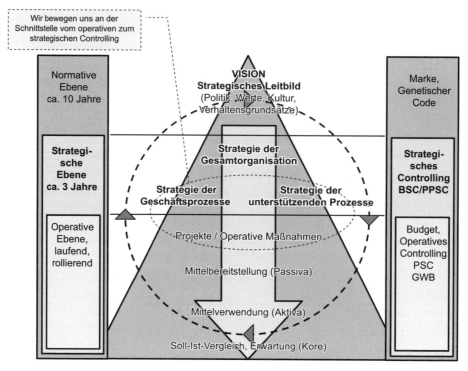

Bild 3.28 Strategieoperationalisierung und „Controlling-Hierarchien"

3.7.2 Die vier Perspektiven der Balanced Scorecard

Finanzperspektive

Die klassischen Finanzkennzahlen geben einen Überblick über die wirtschaftlichen Konsequenzen vergangener Aktionen an. Sie zeigen an, ob die Unternehmensstrategie sowie ihre Umsetzung und Durchführung eine Ergebnisverbesserung bewirken. Diese Kennzahlen sind immer mit Rentabilität verbunden. Dies wird z.B. durch den Periodengewinn, die Kapitalrendite, oder immer öfter in der Steigerung des Unternehmenswertes ausgedrückt. Auch Umsatzwachstum und Cash-Flow zählen dazu.

Kundenperspektive

Das Management identifiziert die Kunden- und Marktsegmente, in denen das Unternehmen mit anderen im Wettbewerb liegt. Auch Kennzahlen zur Leistung der Geschäftseinheit in diesen Marktsegmenten befinden sich in dieser Perspektive. Außerdem werden auch einige allgemeine, segmentübergreifende Kennzahlen für den Erfolg einer umgesetzten Strategie in der Balanced Scorecard abgebildet.

Die Messgrößen sind z.B. Kundenzufriedenheit, Kundentreue, Kundenneuakquisition, Kundenrentabilität sowie Gewinn- und Marktanteile in den Zielsegmenten. Auch spezifische Kennzahlen für Wertvorgaben, welche das Unternehmen in diesen Marktsegmenten erreichen will, sind empfehlenswert. Die Kundenperspektive unterstützt das Management einer Geschäftseinheit dabei, die kunden- und marktspezifische und zu Gewinn führende Strategie zu formulieren.

Interne Perspektive bzw. Prozessperspektive

Intern geht es darum, jene Prozesse zu identifizieren, in denen die Organisation ihre Verbesserungsschwerpunkte setzen muss. Diese Prozesse befähigen das Unternehmen dazu,

- die Wertvorgaben zu liefern, die vom Kunden der Zielmarktsegmente gewünscht werden und daher zur Kundentreue beitragen, sowie
- die Erwartungen der Anteilseigner in Bezug auf hervorragende finanzielle Gewinne zu befriedigen.

Diese Kennzahlen konzentrieren sich auf diejenigen internen Prozesse, welche den größten Einfluss auf die Kundenzufriedenheit und die Unternehmenszielerreichung haben.

Ein weiterer interner Ansatz ist es, Innovationsprozesse in die Prozessperspektive zu integrieren. Der Innovationsprozess als langfristiger Aspekt der Wertschöpfung ist für viele Unternehmen für zukünftige finanzielle Leistungen wirkungsvoller als der kurzfristige Handlungszyklus. Für sie kann es wirkungsvoller sein, die begrenzten Ressourcen für einen mehrjährigen Innovationsprozess (z.B. neue Dienstleistungen, neue Produktentwicklung) einzusetzen, als Ergänzung zu Bestrebungen, die existierenden Aktivitäten laufend effizienter zu gestalten.

Potenzialperspektive (Lern- und Entwicklungsperspektive)

Die Kunden- und die interne Prozessperspektive identifizieren die gegenwärtigen und zukünftigen kritischen Erfolgsfaktoren. Die Potenzialperspektive hingegen identifiziert jene Infrastruktur, welche eine Organisation schaffen muss, um langfristig Wachstum und Verbesserung zu sichern. Schließlich ist es unwahrscheinlich, dass Organisationen mit heutigen Technologien und Potenzialen langfristige Ziele in Bezug auf Kunden und interne Prozesse erreichen können. Intensiver globaler Wettbewerb verlangt, dass Organisationen ihre Potenziale kontinuierlich ausbauen, um für Kunden und Anteileigner wertschöpfend arbeiten zu können.

Die lernende und wachsende Organisation hat drei Ursprünge: Menschen, Systeme und Prozesse. Um die bestehenden Lücken zwischen finanzwirtschaftlichen, internen und Kundenzielen schließen zu können, müssen die Lücken zwischen Menschen, Systemen und Prozessen geschlossen werden. Daher wird die Organisation in Weiterbildung, Informationstechnologien und Personalentwicklung investieren müssen. Diese Ziele werden in dieser Perspektive formuliert.

Informationssysteme, wie beispielsweise das Customer-Relationship-Management-Informationssystem, können daran gemessen werden, ob sie kritische Informationen über kritische Kunden und interne Prozesse zeitgleich an alle Mitarbeiter weitergeben können.

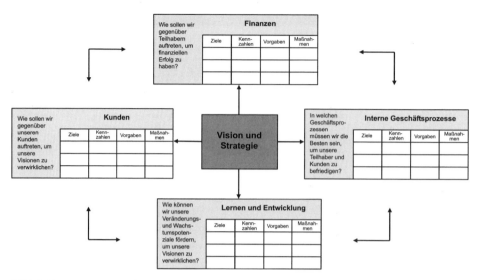

Bild 3.29 Die vier Perspektiven der Balanced Scorecard

Um Innovationen zu realisieren, muss die Nutzung von Wissenskompetenzen der Mitarbeiter in den einzelnen Bereichen erhöht werden. Die Strategie muss zunächst daraufhin überprüft werden, ob die vorhandenen Kompetenzen und das bestehende Wissen für das Erreichen der Ziele überhaupt ausreichen. Dadurch kommen der Qualifikation und Innovationskraft eine entscheidende Rolle für den Erfolg des Unternehmens zu.

Bild 3.29 zeigt das Zusammenwirken der vier Perspektiven der Balanced Scorecard.

3.7.3 Die Grundsätze der Balanced Scorecard

Das Konzept der Balanced Scorecard bietet eine Methode bzw. eine Vorgehensweise zur Entwicklung eines Kennzahlenmodells für unterschiedliche Unternehmensebenen. Die Balanced Scorecard ordnet die strategischen Ziele den vier Perspektiven zu und verbindet diese mit Maßnahmen zu ihrer Umsetzung. Sie zeigt jedoch nicht, welche konkreten Maßnahmen oder Aktivitäten durchzuführen sind, um über alle Perspektiven und Kennzahlen ein hervorragendes Ergebnis zu erzielen.

Aus der praktischen Anwendung der Balanced Scorecard gelangten Kaplan/Norton zu der Erkenntnis, dass die Messung viel stärkere Auswirkungen besitzt als das alleinige Berichten über die Vergangenheit. Denn Messen besitzt eine starke Zukunftsorientierung und verdeutlicht der Organisation worauf es ankommt. Um diesen Effekt optimal nutzen zu können, muss der Messvorgang im Managementsystem eingebettet sein.

Ein Managementsystem begleitet und unterstützt den Änderungsprozess, der durch die Fokussierung auf die Strategie und Ausrichtung der grundlegenden Geschäftsprozesse in einem Unternehmen eingeleitet wird. Die nachfolgenden fünf Grundsätze unterstützen eine erfolgreiche Umsetzung der Balanced Scorecard:

Grundsatz 1: Operationalisierung der Strategie

Die verständliche Beschreibung der Strategie für alle Mitarbeiter ist von großer Bedeutung und stellt viele Unternehmen vor große Probleme. Als Unterstützung für die Operationalisierung der Strategie dient eine „Strategy Map", die als Rahmengerüst für die Strategiebeschreibung und -implementierung dient.

Die Strategy Map ist ein logisch strukturiertes, umfassendes Konzept für die Strategiebeschreibung. Sie liefert das Fundament für die Balanced Scorecard. Indem sie Ursachen und Wirkung verknüpft, zeigt sie, wie immaterielles Vermögen in materielle Erfolge transformiert wird.

Durch das Messen auch nicht finanzieller Größen in der Balanced Scorecard werden Wert schaffende Prozesse aus dem Bereich immaterielles Vermögen dargestellt und zeigen den Zusammenhang mit materiellen Erfolgen auf.

Grundsatz 2: Ausrichtung der Organisation an der Strategie

Um die gewünschten Synergien aus unternehmensübergreifenden Zielen auch in den einzelnen Organisationseinheiten generieren zu können, sind die individuellen Strategien der verschiedenen Unternehmensbereiche in das strategische Gesamtkonzept zu integrieren. Strategiefokussierte Unternehmen ersetzen formale Berichtsstrukturen durch strategisch wichtige Themen und Prioritäten. Geschäftseinheiten und Serviceeinheiten werden durch gemeinsame Ziele und Themen mit der Strategie verbunden. Eine Neugestaltung der Strukturen ist dafür nicht notwendig. Um den Erfolg sicherzustellen ist lediglich eine Abstimmung der Strategie mit allen Organisationseinheiten Voraussetzung.

Grundsatz 3: Strategie als „Everyone's Everyday Job"

Alle Mitarbeiter müssen die Implementierung und Umsetzung der Strategie unterstützen. Um dies zu ermöglichen ist es notwendig, nicht mit Top-down-Vorgaben zu arbeiten, sondern durch Top-down-Kommunikation den Erfolg sicherzustellen. Das heißt die Strategie auf alle Mitarbeiter anzuwenden. Das kann zur Folge haben, dass sogar persönliche Scorecards eingesetzt werden können (vgl. Ulfers).

Das Verständnis eines Mitarbeiters für seine Ziele und seinen Beitrag zum Unternehmenserfolg und seine Einbindung in die Weiterentwicklung der Geschäftsprozesse stellt einen zusätzlichen Motivationsfaktor für den Mitarbeiter dar und kann ein Garant für zukünftige Erfolge des Unternehmens sein.

Grundsatz 4: Strategie als kontinuierlicher Erfolg

Um die Strategie managen zu können ist es erforderlich, einen Prozess für die Unterstützung einzusetzen. Dieser Prozess, auch als „Double-Loop"-Prozess bezeichnet, verbindet operatives (Budget) und strategisches Management. Dies geschieht in drei Schritten. Erstens wird die Strategie mit dem Budgetierungsprozess verknüpft. Zweitens ist es notwendig ein „Management-Strategie-Meeting" einzuführen, welches sich ausschließlich den Strategiefragen widmet. Zweck dieses Meetings ist es, Informationssysteme zu entwickeln und ein offenes Berichtswesen aufzubauen. Drittens ist ein Prozess zum Erlernen und zur Anpassung der Strategie aufzubauen. Ziel des vierten Grundsatzes ist, die Korrelation zwischen den einzelnen Messkriterien zu überprüfen, auf Veränderungen zu reagieren und strategische Chancen und Möglichkeiten zu suchen und zu nützen.

Grundsatz 5: Mobilisierung des Wandels durch die Führung

Die erfolgreiche Einführung einer Balanced Scorecard beginnt mit der Erkenntnis, dass es sich nicht um ein Leistungswerkzeug handelt, sondern um ein Projekt des Wandels. Wichtigste Voraussetzung dafür ist die aktive Mitwirkung des Führungsteams. Dessen Aufgabe ist es, die Veränderungsaktivitäten zu fokussieren und den dadurch eingeleiteten Prozess energetisch zu steuern.

Um Veränderungen erfolgreich durchführen zu können, sollten diese durch drei Führungsaktivitäten eingeleitet werden, Beginnend mit der

- Vermittlung eines Dringlichkeitsgefühles über die
- Schaffung einer Führungskoalition bis hin zur
- Entwicklung einer Vision und einer Strategie.

3.7.4 Verschiedene Scorecards im Überblick

Abgrenzung

Ausgehend von der Balanced Scorecard lassen sich eine ganze Reihe verschiedener Scorecards defonieren. In einem *projektorientierten Unternehmen* können zur Steuerung und zum Controlling verschiedene Scorecards mit unterschiedlichen Zielsetzungen eingesetzt werden. Die am häufigsten eingesetzten Scorecards sind:

- Balanced Scorecard
- Projektportfolio-Scorecard
- Programm-Scorecard
- Projekt-Scorecard
- Investitions-Scorecard

Tabelle 3.9 bietet eine Gegenüberstellung der Zielstellungen und Nutzenaspekte verschiedener Scorecards.

Tabelle 3.9 Vergleich verschiedener Scorecards

Scorecard	Nutzen	Zielsetzung
Balanced Scorecard	Durch die Betrachtung und Messung der Zielerreichung der einzelnen Perspektiven können Abweichungen von den Vorgabeparametern festgestellt werden und Steuerungsmaßnahmen durch Festlegung von neuen Messgrößen eingeleitet werden.	Die Balanced Scorecard ist ein strategisches Steuerungs- und Controllinginstrument mit den vier Perspektiven: – Finanzen – Kunden – Interne Prozesse – Lernen/Entwicklung

Tabelle 3.9 (Forts.) Vergleich verschiedener Scorecards

Scorecard	Nutzen	Zielsetzung
Projektportfolio-Scorecard	Durch die Betrachtung und Messung der Zielerreichung der einzelnen Projektportfolio-Perspektiven können Abweichungen von den Vorgabeparametern festgestellt werden und Steuerungsmaßnahmen durch Festlegung von neuen Messgrößen eingeleitet werden.	Die Projektportfolio-Scorecard ist ein strategisches Steuerungs- und Controllinginstrument für POU auf Basis der Balanced Scorecard mit den Perspektiven: – Finanzen – Kunden – Gesellschaft – Interne Geschäftsprozesse – Partnerschaften/interne Ressourcen – Lernen/Entwicklung
Programm-Scorecard	Durch die Betrachtung und Messung der Zielerreichung der einzelnen Programm-Perspektiven können Abweichungen von den Vorgabeparametern festgestellt werden und Steuerungsmaßnahmen durch Festlegung von neuen Messgrößen eingeleitet werden.	Die Programm-Scorecard dient der Visualisierung des Programmstatus (Programmfortschrittsbericht) mit den Kriterien: – Programmziele/Kontext – Programmleistungen – Kosten – Termine – Programmorganisation – Interne Programmumwelten – Externe Programmumwelten
Projekt-Scorecard	Durch die Betrachtung und Messung der Zielerreichung der einzelnen Projekt-Perspektiven können Abweichungen von den Vorgabeparametern festgestellt werden und Steuerungsmaßnahmen durch Festlegung von neuen Messgrößen eingeleitet werden.	Die Projekt-Scorecard dient der Visualisierung des Projektstatus (Projektfortschrittsbericht) mit den Kriterien: – Projektziele/Kontext – Projektleistungen – Kosten/Termine – Projektorganisation – Interne Projektumwelten – Externe Projektumwelten
Investment-Scorecard	Durch die Betrachtung und Messung der Zielerreichung der einzelnen Investitions-Perspektiven können Abweichungen von den Vorgabeparametern festgestellt werden und Steuerungsmaßnahmen durch Festlegung von neuen Messgrößen eingeleitet werden.	Die Investitions-Scorecard dient der Visualisierung der Investitionsstrategie. Kriterien: – Beziehungen zwischen bestehenden und neuen Projekten – Auswahl Projektauftraggeber – Beauftragung Projektteam – Auswahl Partner und Subcontractors

3.7.5 Nutzen von Scorecards

Für die Betrachtungsobjekte im *projektorientierten Unternehmen* lassen sich folgende Zielsetzungen für Scorecards zusammenfassen:

- Die Strategien des Unternehmens sollen durch Verknüpfung mit den Perspektiven der Scorecards unterstützt werden.
- Verbesserung des Projektcontrollings. Die Scorecard kann zur Durchführung von „Health Checks" während der Projektlaufzeit eingesetzt werden.
- Nachhaltiges Lernen durch laufendes Feedback.

- Unterstützung des Projektportfolio-Managementprozesses.
- Weiterentwicklung des Projektcontrolling-Prozesses durch Integration verschiedener PM-Tools.
- Erkennen von Diskontinuitäten und Schwachstellen im Projektportfolio bzw. im Einzelprojekt.
- Förderung und Verbesserung der Kommunikation durch Visualisierung.
- Verwendung von Scorecards als Grundlage für Projektaudits.
- Erkennen und Nutzen von Wechselwirkungen zwischen den Perspektiven und den Indikatoren der Scorecard.

3.7.6 Kaskadierte Scorecards

Zur Bewertung der Ergebnisse in den verschiedenen Ebenen eines Unternehmens können Scorecards z.B. von den Konzern- über die Bereichs-Scorecards bis zu projektbezogenen Projekt-Scorecards teilweise parallel bzw. kaskadenförmig (Bild 3.30) eingesetzt werden. Die Zielvorgaben („was" ist zu erreichen) für die einzelnen Scorecards werden einerseits von der höherwertigen Scorecard „Top-down" abgeleitet und können andererseits durch bereichsspezifische Vorgaben ergänzt werden. Die Messergebnisse („wie" wurden die Zielvorgaben erreicht) können nach der Bewertung „Bottom-up" zurückgespielt werden.

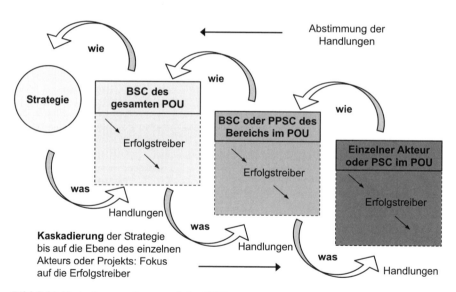

Bild 3.30 Kaskaden von Scorecards im POU

3.8 Projektportfolio-Scorecard

3.8.1 Ziele der Projektportfolio-Scorecard

Ein wesentliches Hilfsmittel projektorientierter Unternehmen für die Steuerung und Optimierung des Projektportfolios sowie der Gesamtorganisation ist die *Projektportfolio-Scorecard*. Als Erweiterung zur Balanced Scorecard soll damit durch die Einbindung verschiedener PM-Tools (Projektfortschrittsberichte und Kundenfragebögen, usw.) der Projektcontrollingprozess weiterentwickelt werden und durch die Visualisierung der Ergebnisse und ihrer Wechselwirkungen die Kommunikation gefördert werden.

Ziele und Zweck der Projektportfolio-Scorecard sind:

- Projekte sollen einen Wertzuwachs für das Unternehmen liefern.
- Projekte sollen an die Unternehmensstrategie gebunden werden.
- Projekte sollen innerhalb des Projektportfolios priorisiert werden.
- Sie soll sicherstellen, dass Messkriterien die Kernkompetenz und die Prozesse des Unternehmens unterstützen.
- Sie soll der Etablierung effizienter und effektiver Messkriterien dienen, mit denen der Leistungsprozess selbst und auch die Ursache für die erbrachten Leistungen und Ergebnisse bewertet werden.
- Sie soll die Etablierung aussagekräftiger Messkriterien unterstützen, die Informationen bezüglich der Projekte in ihrem Lebenszyklus geben.
- Sie soll die Abstimmung der Messkriterien mit den Projektvorgaben ermöglichen.
- Sie soll ein strategisches Feedback durch Lessons Learned und Best Practice ermöglichen.

Bild 3.31 zeigt die Struktur der von *Roland Gareis Consulting (RGC)* entwickelten Projektportfolio-Scorecard. Eine wesentliche Aufgabe der *Projektportfolio-Scorecard* ist es, die strategischen Ziele des Unternehmens auf das Projekt umzulegen.

Dabei muss folgendes beachtet werden:

- Die *Projektportfolio-Scorecard* sollte maximal 30 Messkriterien umfassen. Diese sollen sich auf vergangene Projekte abstützen, einen klaren Bezug zur Unternehmensstrategie haben, evtl. von einer übergeordneten Scorecard des Unternehmens abgeleitet sein und auf die Verbesserung der Projektprozesse ausgerichtet sein.
- Die gewählten Messkriterien müssen der Projektportfolio-Struktur und den involvierten Projektarten angepasst sein. Durch ihre Auswahl muss sichergestellt sein, dass Management und Mitarbeiter zur ständigen Verbesserung angehalten werden.

Zusätzlich soll durch die Einbindung verschiedener PM-Tools (Projektfortschrittsberichte, Kundenfragebögen) der Projektcontrollingprozess weiterentwickelt werden und durch die Visualisierung der Ergebnisse und ihrer Wechselwirkungen die Kommunikation gefördert werden.

1. Projektportfolio-Struktur	
Anzahl der Projekte nach Kategorien	
PP-Budget	
PP-Ressourcen	
PP-Risiko	

4. Investitionsstrategien	
Innovationsstrategien	
Finanzielle Strategien	
Kundenbeziehungsstrategien	
Prozessstrategien	

2. Resultate von Projekten/Progr.	
Fortschritt	
Termine	
Ressourcen	
Kosten	
Ergebnisse	

5. Umwelten von Projekten/Progr.	
Beziehungen zu Kunden	
Beziehungen zu Partnern	
Beziehungen zu Behörden	
Beziehungen zu Lieferanten	

3. Projektportfolio-Organisation	
Multi-Rollen-Einsatz	
Anwendung PM	
PM-Beratung/Auditing	
PM-Personalentwicklung	

Legende:	
sehr verbesserungswürdig	rot
verbesserungswürdig	orange
durchschnittlich	gelb
gut	grün
sehr gut	d.grün

Bild 3.31 RGC-Projektportfolio-Scorecard

> Die *Projektportfolio-Scorecard* berichtet unter anderem über den Zielerreichungsgrad zur Umsetzung der Unternehmensstrategie, über die Struktur des Projektportfolios und über den Projektportfolio-Status allgemein. Die Visualisierung des Projektportfolio-Reports trägt dazu bei, dass ihre Akzeptanz als Kommunikationsinstrument bei Management und Top-Management erhöht wird.

Die Bilder 3.32 und 3.33 bieten einen Überblick über die Aussagekraft eines Projektportfolios. Die Größe der Blasen dokumentiert die Projektkosten, die Länge der Ellipsen die Projektdauer.

3.8.2 Verbindung zwischen strategischen Zielen und operativem Geschäft

Neben der Entwicklung der Erfolgsschlüsselfaktoren und der Messgrößen ist eine weitere Herausforderung einer *Projektportfolio-Scorecard* die Verknüpfung der strategischen Ziele mit dem operativen Geschäft.

Bild 3.34 veranschaulicht die Übertragung der strategischen Ziele mit Hilfe der einzelnen Perspektiven der *Projektportfolio-Scorecard* auf das operative Geschäft. Natürlich ist diese Verknüpfung keine Einbahnstrasse, sondern es muss ein Regelkreis entstehen, in dem die Ergebnisse wieder zurückgespielt werden und über ein Stellglied (Prozessteam) mit dem Vorgabewert verglichen werden.

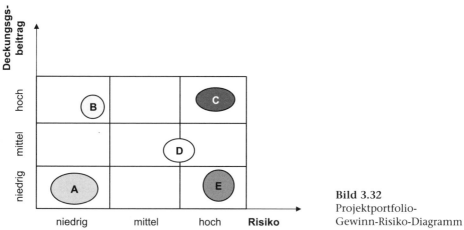

Bild 3.32
Projektportfolio-
Gewinn-Risiko-Diagramm

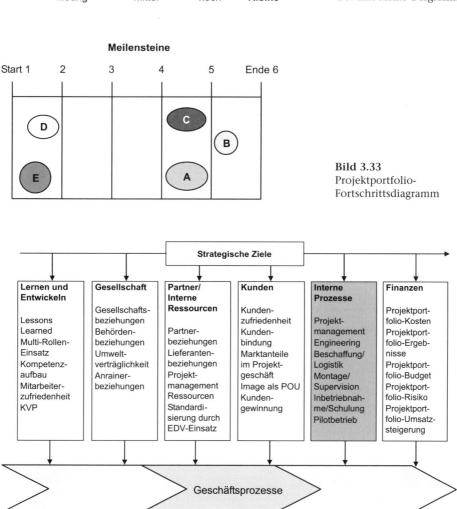

Bild 3.33
Projektportfolio-
Fortschrittsdiagramm

Bild 3.34 Verknüpfung strategischer Ziele mit operativem Geschäft

145

4 Entwicklung des PPSC-Modells

Bei der Entwicklung der *Projektportfolio-Scorecard* sind die unterschiedlichen Ansätze und Zielsetzungen unterschiedlicher Steuerungsinstrumente in projektorientierten Unternehmen aufeinander abzustimmen und in einem integrierten Managementsystem zusammenzufassen. Mit diesem Managementsystem wird dann das projektorientierte Unternehmen „controlled" und „gesteuert".

Um mit komplexen Systemen wie der Entwicklung der PPSC umgehen zu können, wird eine systemische Vorgehensweise angewendet, d.h. das Denken in Kreisprozessen und Wechselbeziehungen, bei dem der Beobachter außerhalb des Systems steht (Bild 4.1).

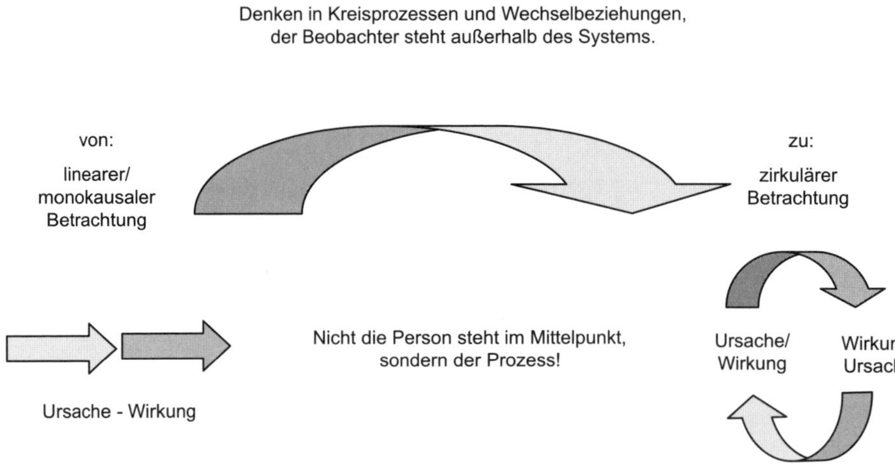

Denken in Kreisprozessen und Wechselbeziehungen,
der Beobachter steht außerhalb des Systems.

von:

linearer/
monokausaler
Betrachtung

zu:

zirkulärer
Betrachtung

Nicht die Person steht im Mittelpunkt,
sondern der Prozess!

Ursache/
Wirkung

Wirkung/
Ursache

Ursache - Wirkung

Bild 4.1 Systemisches Denken, systemische Vorgehensweise

Systemvergleich zwischen BSC, PPSC, PP und EFQM

In Tabelle 4.1 werden die Werkzeuge BSC, RGC PPSC, PP und das *EFQM-Modell* verglichen. Diese Werkzeuge bilden die Grundlage für die Entwicklung der JP-PPSC (JP steht für Jankulik/Piff).

Tabelle 4.1 Systemvergleichstabelle

Kriterium	BSC	RGC PPSC	PP	EFQM
System	Werkzeug	Werkzeug	Werkzeug	Modell
Aufgabenstellung	Strategische Ziele auf allen (hierarchischen) Ebenen des Unternehmens umsetzen	Wertsteigerung durch Synergien aus der Menge an Projekten	Gestaltung von Schnittstellen, Vergabe von Prioritäten, Koordination von Vorhaben, Gesamtoptimierung	Rahmenmodell zur Darstellung der Reife einer Organisation in Bezug auf Excellence
Zielableitung aus	Unternehmensstrategie	Unternehmensstrategie	PPSC	Benchmarking und Festlegung durch Führung
Controllinghierarchie	Strategische Ebene	Strategische Ebene	Operative Ebene (rollierend)	Strategische Ebene
Betrachtungsobjekte	Unternehmen	Projektportfolio des Unternehmens	Projektportfolio des Unternehmens	Unternehmen + Lieferanten bzw. Partner + Gesellschaft
Betrachtungszyklus	Quartalsweise	Halbjährlich	Monatlich	Jährlich
Verantwortlich für die Bewertung	Strategie-Führungsteam	Projektportfolio-Group, Management	Projektportfolio-Group	Externe Assessoren oder Self-Assessment
Datenquellen	Ergebnisse aus allen Informationsquellen	Ergebnisse aus dem Projektportfolio und ERP	Ergebnisse aus den Einzelprojekten und ERP	Ergebnisse aus der EFQM-Bewertung

4.1 Ziele und Nutzen der Projektportfolio-Scorecard

> Prozessorientierte Leistungsindikatoren dienen dazu, die in den Prozessen erzielten Ergebnisse richtig zu interpretieren und das Aufzeigen von Wechselwirkungen zu ermöglichen. Ein wichtiger Aspekt bei der Bewertung der Ergebnisse kommt der Fragestellung zu, wem die erzielten Ergebnisse dienen und wie die Bewertung aus der Sicht der Prozesskunden ausfällt. In diesem Buch bewerten die *Projektmanager* die *internen Prozesse der Projektabwicklung.*

Diese Betrachtungsperspektive auf die Prozesse ermöglicht es, die Zielsetzungen der Auftragsabwicklungsprozesse an der strategischen Projektorientierung des Unternehmens auszurichten. Die Zusammenführung der Erkenntnisse der Bewertungen aus Prozess- und Projektsicht nach Abschluss der Befragungen und der Prozessauswertungen dient dazu, die Prozesse für den Gesamtunternehmenserfolg zu optimieren. Ein dafür notwendiger Schritt ist es, die einzelnen, oftmals widersprüchlichen Bewertungsergebnisse in einem Workshop zueinander zu gewichten, z.B. mit Hilfe der Einflussmatrix, um dadurch eine Gesamtbewertung der Prozesse zu erreichen. Diese Vorgangsweise wird im Folgenden beschrieben.

Durch die Betrachtung der Ergebnisse und Bewertung der internen Prozesse aus Sicht des *Projektmanagements* wird eine wesentlich stärkere Fokussierung auf die Projektarbeit erreicht.

Viele Unternehmen haben neben dem DuPont-Schema oder dem Geschäftswertbeitragsmodell (z.B. Siemens) als strategisches Steuerungsinstrument auch die Balanced Scorecard eingeführt. Um die Steuerungsmechanismen der *Projektportfolio-Scorecard* dieser Systematik anzupassen, wurde das RGC-Modell in die Perspektiven der Balanced-Scorecard-Systematik transformiert.

Daraus kann abgeleitet werden, dass die Informationen aus der *Projektportfolio-Scorecard* nicht nur für die strategische Projektportfolio-Steuerung herangezogen werden können, sondern auch einen Einfluss auf die Bewertung und Steuerung der Gesamtorganisation haben.

Exkurs:

Die mit dem Begriff „Papiercomputer" bezeichnete Einflussmatrix (Tabelle 4.2) hat eine lange Geschichte. 1970 als Arbeitshilfe und Ideenprüfstand zum vernetzten Denken innerhalb eines Pro-Umwelt-Ideenwettbewerbs der Zeitschrift „Bild der Wissenschaft" zum Thema Verkehr von *Frederic Vester* entwickelt, wurde diese Matrix erstmals in dem Buch „Unsere Städte sollen leben" veröffentlicht. Mit der Studie „Ballungsgebiete in der Krise" (1976) wurde sie als Baustein „Einflussmatrix" in das Verfahren zur Systemerfassung eingeführt und schließlich zu einem wesentlichen Arbeitsschritt des Sensitivitätsmodells weiterentwickelt. Der Papiercomputer wird inzwischen von vielen als eigenständiger Weg des vernetzten Denkens angewendet, beispielsweise in Universitätsseminaren und in Planungsabteilungen etlicher Unternehmen.

Tabelle 4.2 Einflussmatrix (Ausschnitt)

Wirkung von	Wirkung auf	1	2	3	4	5
1	Wiederbeauftragungsrate an Subunternehmer	x	1	3	0	0
2	Supportfunktionen der Lieferanten	2	x	1	2	2
3	Keine Teillieferung auf die Baustelle	2	3	x	3	3
4	Geringer Montageaufwand	2	0	0	x	0
5	Geringer Aufwand für Bestellabwicklung	3	0	1	0	x

Legende: 0 ... keine, 1 ... geringe, 2 ... mittelmäßige, 3 ... starke Wirkung

Prozessmesskriterien

Prozessmesskriterien beschreiben im weiteren Sinn die Anforderungen an die einzelnen Prozesse, mit der Zielsetzung, diese zu steuern und zu bewerten. Eine Unterscheidungsmöglichkeit zur Festlegung der Messkriterien ergibt sich aus dem Standpunkt des Beobachters. Man kann einen Prozess von außen betrachten oder seine inneren Charakteristiken untersuchen.

Im ersten Fall spricht man von extrinsischen, im zweiten Fall von intrinsischen Messkriterien. Klassische Vertreter intrinsischer Prozessmesskriterien sind die Anzahl der Durchläufe, die Menge erzeugter Produkte oder Durchlaufzeiten. Auf diese „klassischen" Messkriterien wird hier nicht näher eingegangen, sondern der Fokus wird auf die extrinsischen Messkriterien (Outputbetrachtung des Prozesses = Produkt) aus der Sicht des *Projektmanagements* (Außensicht) gelegt. Messkriterien sind dann z.B. der Koordinationsaufwand für Bestellabwicklung oder der Schulungsaufwand für Montagepersonal. Grundsätzlich ist zu Messkriteriensystemen eine differenzierte Betrachtung notwendig, deshalb sollen hier einige kritische Bemerkungen zu Messkriterien gemacht werden:

- Es besteht die Gefahr, dass die ökonomisch relevante Realität „verengt" und „komprimiert" wird.
- Die Ausrichtung an nur einem Spitzenmesskriterium kann zu Fehlinterpretationen führen.
- Es besteht das Problem der fehlenden Standardisierung und damit der Manipulation (Auslegungsspielraum des Assessors).
- Es besteht die Gefahr der Verwendung überholter Messergebnisse (zum Beispiel bei zu großer Zeitdifferenz zwischen Erhebung, Auswertung und Anwendung).
- Eine Datensammlung ist in der Regel über mehrere Jahre notwendig, damit sich gesicherte Zeitvergleiche und Trendanalysen durchführen lassen.
- Branchendurchschnitte sind als Vergleichswert nicht immer zielführend und können zu falschen Strategien führen. Ein ambitionierteres Ziel ist, „Best of Class" zu erreichen.
- Langfristige Erfolgspotenziale werden oft zugunsten kurzfristiger Gewinne vernachlässigt.
- Es muss Messkriterien für Plausibilitätsprüfungen geben, mittels denen eine externe Kontrolle möglich ist.

4.2 Das Projektportfolio als eine Datenquelle der Projektportfolio-Scorecard

4.2.1 Projektportfolio-Einteilung

Im Gegensatz zu Projekten und Programmen ist ein Projektportfolio keine eigenständige Organisation, sondern eine Zusammenfassung dieser temporären Organisationen. Mit der Genehmigung eines Projekts wird es in das Projektportfolio aufgenommen, mit seiner offiziellen Beendigung scheidet es wieder aus.

Die Verwendung des Begriffs „Portfolio" weist darauf hin, dass die Projekte eines Unternehmens wie Geschäftsbereiche oder Produkte zu bewerten sind. Es dürfen nur Projekte genehmigt werden, die den strategischen Unternehmenszielen dienen. Die Gestaltung des Projektportfolios (Projektportfolio-Management) ist Aufgabe der Unternehmensführung bzw. kann an die *Projektportfolio-Group* delegiert werden.

Projektportfolio-Management hat folgende Aufgaben:
- Bewertung von Projektanträgen nach Chancen, Risiken und strategischer Bedeutung für das Unternehmen
- Analyse von Abhängigkeiten zwischen geplanten und laufenden Projekten
- Priorisierung von Projektanträgen auf Basis dieser Bewertungen und Analysen
- Genehmigung bzw. Ablehnung von Projektanträgen
- Überwachung der wichtigsten laufenden Projekte
- Koordination zwischen den laufenden Projekten hinsichtlich Ressourcen, Synergien und Konflikten
- Laufende Überprüfung des Projektportfolios hinsichtlich seiner Ausrichtung auf das Unternehmensziel mit der *Projektportfolio-Scorecard*
- Abschließende Bewertung von beendeten Projekten
- Sicherung der Erfahrungswerte aus laufenden und abgeschlossenen Projekten
- Definition von Vorgaben für neue Projekte
- Initiierung neuer Projekte.

Das Management des Projektportfolios wird in vollständig projektorientierten Unternehmen zum Portfolio-Management des Unternehmens.

4.2.2 Projektarten im POU

Die *Clusterung* von Kundenprojekten eines *projektorientierten Unternehmens* kann in verschiedenen Betrachtungsperspektiven erfolgen:
- *Standortspezifisch*
  Projekte werden in Länder/Regionen und/oder Standorte unterteilt.
- *Technologiespezifisch*
  Projekte werden aufgrund ihrer technologischen Ausprägung geclustert, wie z.B. IT-, Gebäudetechnik-, Energietechnik-, Serviceprojekte (Geschäftsprozesse).
- *Risikospezifisch*
  Projekte werden aufgrund ihrer Risikobetrachtung unterteilt, z.B. nach:
  - *Regie*
    Abrechnung des Auftrages erfolgt nach fix vereinbarten Stundensätzen entsprechend den erbrachten Leistungsstunden. Das Risiko dieser Projekttyps ist als gering einzustufen.

Tabelle 4.3 Projektportfolio-Kriterien

Nr.	Kriterien	Punkte	0	1	2	3
1	Vertragssituation		x	Subunter-nehmer	Konsortial-Partner	General-Unternehmer
2	Strategische Bedeutung für das POU		keine	niedrig	mittel	hoch
3	Risiko		gering	mittel (Regieauftrag)	hoch (Aufmass)	sehr hoch (Pauschal)
4	Bereichsübergreifende Zusammenarbeit		x	keine	teilweise	überwiegend
5	Inhaltliche Komplexität		gering	mittel	hoch	sehr hoch
6	Personenanzahl		< 2	2 – 5	5 – 10	> 10
7	Projektkosten in T €		< 20	20 – 100	100 – 750	> 750
8	Projektdauer in Monaten		x	< 6	6 – 18	> 18

– *Aufmaß*

Abrechnung des Auftrages erfolgt nach fix vereinbarten Preisen eines Leistungsver-zeichnisses nach tatsächlich erbrachten Leistungseinheiten. Das Risiko dieses Pro-jekttyps ist als mittelhoch einzustufen.

– *Pauschale*

Abrechnung des Auftrages erfolgt nach einem vereinbarten Pauschalpreis für die gesamte Anlage. Das Risiko dieses Projekttyps ist als hoch einzustufen.

• *ABC-Analyse der Projekte*

In diesem Modell werden acht differenzierte Kriterien mit einem Punktesystem bewertet. Als Ergebnis werden die Projekte anhand der erreichten Punktezahl in A-, B- und C-Projekte oder als D = Linienauftrag eingestuft (Tabelle 4.3).

Punktebewertung:

Die maximale Punkteanzahl beträgt $3 \times 8 = 24$ Punkte.

• Typ-A-Projekte: 19 bis 24 Punkte = Großprojekt (Projekthandbuch)
• Typ-B-Projekte: 14 bis 19 Punkte = Projekt (reduziertes Projekthandbuch)
• Typ-C-Projekte: 8 bis 14 Punkte = Kleinprojekt (Projektbegleitblatt)
• Typ-D-Projekte: < 8 Punkte = Linienaufträge (Dafür sind keine spezifischen Werkzeuge des *Projektmanagements* verpflich-tend anzuwenden. Stattdessen wird auf die stan-dardisierten Auftragsbearbeitungs-, Bestell- und Abrechnungsfunktionen des POU zurückgegrif-fen.)

Diese Methode wird allerdings nur zur Grobbewertung herangezogen, da die Punktebe-wertung nicht immer eine wirklich relevante Aussage ergibt. Eine endgültige Entscheidung über die Projektkategorie wird durch das *Projektmanagement-Büro* oder mit dem Projektauftraggeber getroffen.

Projektportfolio-Datenbank

Im *projektorientierten Unternehmen* werden entsprechend den Zuständigkeiten wie z.B. Finanzen, Vertrieb, PM oder HR eine Vielzahl an Daten produziert und verwaltet. Diese sind teilweise für die Projektportfolio-Group und für die Steuerung des Projektportfolios nicht notwendig, da sie die Strategien des *projektorientierten Unternehmens* nicht direkt unterstützen, auch wenn sie teilweise für andere Zwecke von wesentlicher Bedeutung sein können. Daher werden die Kennzahlen im *projektorientierten Unternehmen* auf die für die Projektportfolio-Steuerung notwendigen maximal 30 Kennzahlen reduziert und in einer Projektportfolio-Datenbank abgebildet.

Für das eine *projektorientierte Unternehmen* kann so zum Beispiel der Projektfinanzierungsgrad ein wichtiger Bestandteil des Erfolgs sein und deshalb in der Projektportfolio-Datenbank enthalten sein, in einem anderem *projektorientierten Unternehmen* kann diese Kennzahl eine untergeordnete Rolle spielen und ist daher nicht Bestandteil der Projektportfolio-Datenbank.

> Die Daten für die Projektportfolio-Datenbank werden für alle Projekt-Teams (Marketing-, Angebots-, Auftragsabwicklungs- und Service-Teams) als „verbindlich zu liefern" definiert, damit sie für entsprechende Auswertungen und nachfolgende Entscheidungen herangezogen werden können.

Tabelle 4.4 gibt eine Übersicht über die definierten Datenfelder für die Projektportfolio-Datenbank nach RGC Projekt- und Programmmanagement, welche um vier Spalten – Details/Bedeutung, Feld, Eingabe und Verantwortlicher – ergänzt wurde. Diese Ergänzung wurde als Hilfestellung für den Aufbau einer Projektportfolio-Datenbank vorgenommen.

Tabelle 4.4 Datenfelder des Projektportfolios

Projektportfolio-Datenbank					
Nr.	Text	Details/Bedeutung	Feld	Eingabe	Verantwortl.
1	Projektcode	SAP-Nummer	N	SAP	P
2	Projektname	Mit Kunden abgestimmte durchgängige Projektbezeichnung	T	SAP	P
3	Programm	Zugehörigkeit zu einem Programm mit mehreren Projekten	T	ME	P
4	Projekt-Starttermin	Beauftragung vom Projektauftraggeber	N	SAP	P
5	Projekt-Abschlusstermin	Abnahme durch den Projektauftraggeber	N	SAP	P

Tabelle 4.4 (Forts.) Datenfelder des Projektportfolios

Projektportfolio-Datenbank					
Nr.	Text	Details/Bedeutung	Feld	Ein-gabe	Verant-wortl.
6	Projektdauer	In Monaten	N	ME	P
7	Kapitalwert	Erwirtschafteter Kapitalwert	N	SAP	C
8	Umsatz	Umsatz bei Kundenprojekten	N	SAP	C
9	Interne Kosten	Kosten interner Ressourcen (insbesondere Personal)	N	ME	C
10	Externe Kosten	Kosten externer Ressourcen (Personal, Material, ...)	N	ME	C
11	Gesamtkosten	Summe	N	SAP	C
12	Projektstatus	Status (geplant, in Durchführung, abge-brochen, abgeschlossen, unterbrochen)	T	ME	P
13	Projektfortschritt in %	Durch Earned-Value-Analyse evaluiert	N	ME	P
14	Projektzustandsampel	hellgrün, grün, gelb, orange, rot	T	ME	P
15	Risiko	Sehr riskant, riskant, durchschnittlich, nicht riskant, sicher	T	ME	P
16	Priorität	Priorität (niedrig – hoch) im Vergleich zu anderen Projekten	T	ME	P
17	Projektart: Inhalt	Marketing-, Angebots-, Auftragsabwick-lungs- oder Serviceprojekt	T	ME	P
18	Projektart: Investi-tionsphase	Konzeption-, Planungs- oder Realisierungs-projekt	T	ME	P
19	Projektauftraggeber	Name des internen Projektauftraggebers	T	ME	P
20	Projektbeirat	Namen der Personen des übergeordneten Projektgremiums	T	ME	P
21	Projektmanager	Name(n)	T	SAP	P
22	Projektmitarbeiter	Namen	T	ME	P
23	Projektteammitglieder	Namen	T	ME	P
24	Kooperationspartner	Person oder Organisation, mit der im Pro-jekt kooperiert wird, z.B. gemeinsame Pro-duktentwicklung	T	ME	P
25	Kunde/externer Auftraggeber	Wer das Projekt bezahlt	T	SAP	P
26	Lieferanten	Echte Sublieferanten in Form von Kompo-nenten, Systemen, Installationen.	T	ME	P

Legende: T = Text, N = Numerisch, ME = Manuelle Dateneingabe P = Projektmanager
SAP = Daten werden aus dem ERP-System übernommen C = Commercial Manager

Zusätzliche Hilfsmittel zum Projektportfolio-Management sind folgende standardisierte Dokumente, Formulare und Methoden wie nachstehend gelistet:

- der Investitionsantrag
- der Projektantrag
- die Projektabgrenzung und die Kontextbeschreibung
- die Business-Case-Analyse
- der Projekt-/Programmauftrag
- der Projektfortschrittbericht
- die Projektportfolio-Berichte
- die Projektportfolio-Datenbank
- der Investitionsevaluierungsbericht
- Strukturierung der Informationen für das Projektportfolio.

4.3 Konzeption der Projektportfolio-Scorecard

4.3.1 Entwurf der Projektportfolio-Scorecard

Im Bild 4.2 werden die zwei Projektphasen der Entwicklung der *Projektportfolio-Scorecard* dargestellt und erläutert. Die für die PPSC benötigten Indikatoren und Messkriterien wurden mit Hilfe von qualitativen Interviews entwickelt und können sich in einzelnen Organisationen und Bereichen unterscheiden.

Bei der Konzeption einer *Projektportfolio-Scorecard* sind einmalige Entscheidungen über

- die Projektportfolio-Strategie,
- die Perspektiven des Modells (in Anlehnung an die Balanced-Scorecard-Methode),
- die Messkriterien,
- den Auswertealgorithmus (u.a. die Gewichtung der Kriterien) und
- die Visualisierung.

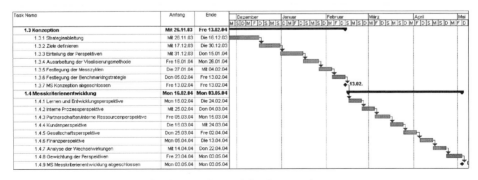

Bild 4.2 Entwicklungsplan für die Projektportfolio-Scorecrad

zu treffen. Zu Beginn wird ein Leergerüst einer *Projektportfolio-Scorecard* erstellt, welches bei den entsprechenden Workshops mit den Führungskräften mit Indikatoren und Messkriterien befüllt wird. Das Festlegen der Rahmenbedingungen für eine *Projektportfolio-Scorecard* sollte nach Möglichkeit durch das gesamte Management erfolgen, damit eine möglichst hohe Akzeptanz der späteren Auswertungen erreicht wird.

Bei der regulären Anwendung der *Projektportfolio-Scorecard* werden sämtliche Perspektiven bewertet. In diesem Buch wird jedoch ausschließlich die interne Prozessperspektive der Projektabwicklung (also die jeweiligen Projektphasen) betrachtet. Die Daten für die anderen Perspektiven der *Projektportfolio-Scorecard* werden in der Regel aus bestehenden Unternehmensdatenbanken generiert und übernommen.

Das in diesem Buch ausgearbeitete Modell bezieht sich auf die bisher schwer zu erhebenden Daten bzw. überhaupt nicht vorhandenen Prozessmessergebnisse des Geschäftsprozesses „Projektabwicklung" und fördert dadurch die Projektorientierung der Organisation. Als Datenbasis dafür werden die Ergebnisse der qualitativen Interviews und der Befragungen von Projektmanagern (mittels Fragebogen), herangezogen, welche in halbjährlichen Zyklen durchgeführt werden können.

4.3.2 Die Wechselwirkungen der Projektportfolio-Scorecard-Perspektiven

Die traditionellen Indikatoren bewerten die strategische Zielerreichung nur schwach, da sie überwiegend finanzorientiert sind und dadurch nur eine Vergangenheitsbetrachtung möglich war. Trends waren fast nicht oder zu spät identifizierbar. Erst durch die Betrachtung der Kunden- und Gesellschaftsperspektive wird es möglich, Entwicklungen rechtzeitig zu erkennen und geeignete Maßnahmen einzuleiten (Tabelle 4.5).

Finanzen sind klassische Spätwarnindikatoren. Erst durch die Integration der Kunden- und Gesellschaftsbetrachtung, so genannte Frühwarnindikatoren, wird eine zukunftsbezogene Steuerung des *projektorientierten Unternehmens* möglich. Die internen Prozesse sowie Partner/interne Ressourcen sind ein Maß für Leistungsfähigkeit des *projektorientierten Unternehmens* und werden demnach als Leistungsindikatoren bezeichnet. Lernen, Entwicklung und Mitarbeiter stellen das Innovationspotenzial des *projektorientierten Unternehmens* dar und sind somit Treiberindikatoren.

Bei der Erstellung der PPSC werden für die jeweiligen Perspektiven die Ziele und dazugehörigen Messkriterien definiert. Die kausale *Wirkungskette* beginnt bei der Lern- und Ent-

Tabelle 4.5 Zuordnung der Indikatoren zu den Perspektiven

Perspektiven	Indikatorentyp
Finanzen	Spätwarnindikator
Kunden + Gesellschaft	Frühwarnindikatoren
Interne Prozesse + Partner/interne Ressourcen	Leistungsindikatoren
Lernen und Entwicklung	Treiberindikatoren

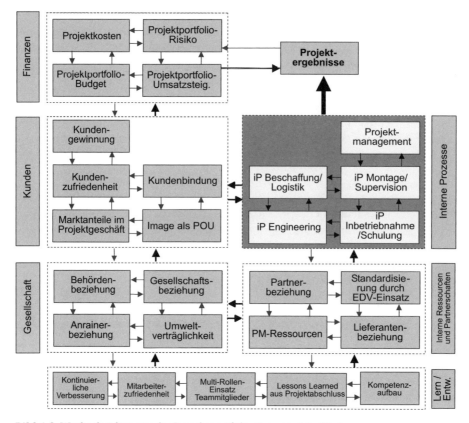

Bild 4.3 Wechselwirkungen der Projektportfolio-Scorecard-Indikatoren

wicklungsperspektive und setzt sich über die interne Prozessperspektive, die Ressourcen-perspektive (Innenbetrachtung), die Kunden- und Gesellschaftsperspektive (Außenbe-trachtung) fort bis zur Finanzperspektive (Bild 4.3).

Bei der Lern- und Entwicklungsperspektive geht es insbesondere um die Qualifikation der Mitarbeiter, die durch Innovationen Wettbewerbsvorteile erringen und dadurch zusätzliche Werte schaffen können.

Die Interpretation der Ergebnisse in der *Projektportfolio-Scorecard* und die Ausbalancie-rung der einzelnen Perspektiven ist ein wesentlicher Aspekt dieser Konzeption. Die Verbindungen der einzelnen Perspektiven mit Ursachen-Wirkungs-Ketten und unterschiedlichen Zeitfaktoren im Sinne vernetzten Denkens bildet die Voraussetzung dafür, dass die Realisierung der einzelnen Ziele nicht zum Nachteil anderer wichtiger Ziele (Projekt-versus Prozessziele) erfolgt.

Die hier angeführten Indikatoren und Messkriterien wurden mit Hilfe von qualitativen Interviews entwickelt und können von Unternehmen zu Unternehmen verschieden sein.

4.3.3 Lernen und Entwicklung

Um Innovationen zu realisieren, muss die Nutzung des Wissens der Mitarbeiter in den einzelnen Bereichen erhöht werden. Die Strategie muss zunächst daraufhin überprüft werden, ob die vorhandenen Kompetenzen und das bestehende Wissen für die Erreichung der Ziele ausreichend ist. Dadurch wird der Qualifikation und Innovationskraft der Mitarbeiter auch strategisch eine entscheidende Rolle für den Erfolg des Unternehmens zugeordnet.

Tabelle 4.6 zeigt die Quellen und Verantwortlichkeiten dieser „Treiberindikatoren" für die *Projektportfolio-Scorecard*.

Tabelle 4.6 Messkriterien der Perspektive Lernen und Entwicklung

Perspektive Lernen und Entwicklung			
Indikatoren	*Messkriterien*	*Datenquelle*	*Verantwortlich*
Lessons Learned aus Projektabschluss	Anzahl umgesetzter Verbesserungsmaßnahmen	Abschlussberichte	PM-Büro
Multi-Rollen-Einsatz der Teammitglieder	Anzahl der Rollen pro Mitarbeiter	Projektpersonalplanung	PM-Büro
Kompetenzaufbau	Ausbildungsstatus/ Anforderungsprofil	Personaldatei	Human Resources
Mitarbeiterzufriedenheit	Befragung	Auswertung Mitarbeiterbefragung	Human Resources
Kontinuierliche Verbesserung	Einsparungen	Verbesserungsprotokolle	QM-Büro

4.3.4 Interne Prozesse

Im vorliegenden Modell werden die (Leistungs-)Indikatoren und Messkriterien für die interne Perspektive aus der Sicht der Projektmanager entwickelt und konkrete Messungen durchgeführt.

Traditionelle Kennzahlen für interne Prozesse wie z.B. Durchlaufzeiten werden hier nicht näher betrachtet. Anstatt dessen wurden die emotionalen Faktoren (Soft Facts) durch die von den Autoren entwickelte Befragungsmethode in Hard Facts umgewandelt und dadurch messbar und vergleichbar gemacht.

Damit bei den Befragungen die notwendige Objektivität erreicht wird, sollten mindestens acht Personen oder mehr an den Befragungen teilnehmen. Aussagen von Einzelpersonen, auch wenn es sich um Experten handelt, ergeben ein extrem subjektives Bild und können möglicherweise das Ergebnis negativ beeinflussen.

Nachfolgend werden zwei Varianten dargestellt. Variante 1 (Tabelle 4.7) subsumiert alle inhaltlichen Prozesse zu einem Indikator. Diese Variante repräsentiert im Wesentlichen das RGC-PPSC-Modell. (Anmerkung: SAP steht hier und im Folgenden auch stellvertretend für ähnliche Programme).

Variante 2 betrachtet jeden Prozess als eigenen Indikator. Der Vorteil dieser Variante ist, dass bei ihr Ergebnisse der Prozessmessungen stärkere Auswirkungen auf die gesamte *Projektportfolio-Scorecard* haben und auf einen Blick alle Prozesse der Projektabwicklung sichtbar gemacht werden können (Tabelle 4.8).

Aufgrund der genannten Vorteile wird im Weiteren der Schwerpunkt der Betrachtung auf Variante 2 liegen.

Tabelle 4.7 Messkriterien der Perspektive interner, projektbezogener Prozesse (Variante 1)

Perspektive interner, projektbezogener Prozesse (Variante 1)			
Indikatoren	*Messkriterien*	*Datenquelle*	*Verantwortlich*
Projektqualität	Anzahl Gewährleistungsfälle	SAP	Controlling
Projektmanagement	Auditingergebnisse, Maturity-Modell	Auditberichte	PM-Büro
Anwendung von PM-Verfahren	Auditingergebnisse, EDV-Tool Nutzungsgrad	Auditberichte/EDV-Auswertung	PM-Büro
Projekte pro Cluster	Anzahl der Projekte/Cluster	Projektportfolio	PM-Büro
Inhaltliche Prozesse (z.B. Engineering, Beschaffung/Logistik)	Befragung	Fragebogen	PM-Büro

Tabelle 4.8 Interne Prozessperspektive der Projektabwicklung (Variante 2)

Perspektive interne Prozesse (Variante 2)			
Indikatoren	*Messkriterien*	*Datenquelle*	*Verantwortlich*
Projektmanagement	Befragung	Fragebogen	PM-Büro
Engineering	Befragung	Fragebogen	PM-Büro
Beschaffung/Logistik	Befragung	Fragebogen	PM-Büro
Montage/Supervision	Befragung	Fragebogen	PM-Büro
Inbetriebnahme/Schulung	Befragung	Fragebogen	PM-Büro
Pilotbetrieb	Befragung	Fragebogen	PM-Büro

4.3.5 Partnerschaften/interne Ressourcen

Die Leistungsindikatoren der Perspektive Partnerschaften/interne Ressourcen (Tabelle 4.9) sollen aufzeigen, wie das *projektorientierte Unternehmen* mit den Partnern und Ressourcen umgeht.

Tabelle 4.9 Messkriterien der Perspektive Partnerschaften/interne Ressourcen

Perspektive Partnerschaften/interne Ressourcen			
Indikatoren	*Messkriterien*	*Datenquelle*	*Verantwortlich*
Partnerbeziehungen	Wertsteigerung durch Partnerschaften	Fragebogen (int. Befragung der PM)	PM-Büro
Lieferantenbeziehungen	Bestellvolumen über Rahmenverträge	Lieferantendatei	Projektbeschaffung
Projektmanagement-Ressourcen	Auslastungsgrad	Personalabrechnungs-programm	Human Resources
Standardisierung durch EDV-Einsatz	Nutzungsgrad EDV-Tools	EDV-Statistik	EDV-Support Gruppe

Dazu sind die folgenden Fragen zu beantworten:

- Wie nehmen die Partner das *projektorientierte Unternehmen* wahr?
- Welchen Beitrag leisten die Partner zur Wertsteigerung des *projektorientierten Unternehmens*?
- Wie sorgfältig wird mit internen Ressourcen umgegangen?

Die Fragen zeigen die wichtigen Aspekte für das *projektorientierte Unternehmen* im Umgang mit den Partnern und internen Ressourcen. Mit den nachfolgenden Indikatoren wird eine quantitative Beurteilung dieses Verhaltens ermöglicht.

4.3.6 Kunden

Die kundenorientierten Frühwarnindikatoren (Tabelle 4.10) nehmen an Bedeutung zu. In vielen Unternehmen wird das Qualitätsbewusstsein bereits erfolgreich mit den Kundenanforderungen verknüpft.

Tabelle 4.10 Messkriterien der Perspektive Kunden

Perspektive Kunden			
Indikatoren	*Messkriterien*	*Datenquelle*	*Verantwortlich*
Kundenzufriedenheit	Kundenbefragung	Auswertung Kunden-befragung	Marketing
Kundenbindung	Wiederbeauftragungs-rate	CRM	Prozess-Owner

Tabelle 4.10 (Forts.) Messkriterien der Perspektive Kunden

Perspektive Kunden			
Indikatoren	*Messkriterien*	*Datenquelle*	*Verantwortlich*
Marktanteile im Projektgeschäft	Umsatz/Branchen-umsatz	Marktanalyse	Marketing
Image als POU	Kundenbefragung	Auswertung Kunden-befragung	Marketing
Kundengewinnung	Anzahl Neukunden	CRM	Vertrieb

4.3.7 Gesellschaft

Bei den Frühwarnindikatoren der Gesellschaftsperspektive (Tabelle 4.11) geht es im Wesentlichen darum, wie die Gesellschaft (damit sind die Menschen im Allgemeinen gemeint) das Handeln des *projektorientierten Unternehmens* in seiner Außenwirkung empfindet.

Tabelle 4.11 Messkriterien der Perspektive Gesellschaft

Perspektive Gesellschaft			
Indikatoren	*Messkriterien*	*Datenquelle*	*Verantwortlich*
Gesellschaftsbeziehung	Akzeptanz der Gesell-schaft	Meinungsumfragen	Public Relations
Behördenbeziehung	Dauer der Bewilligungs-verfahren	Bewilligungsverfahren	Projektmanagement
Umweltverträglichkeit	Anhängige Umwelt-verfahren	Gerichtsverfahren-Datenbank	Legal Support
Anrainerbeziehung	Anzahl der Beschwerden	Beschwerderate	Customer Service

4.3.8 Finanzen

Die finanzorientierten Indikatoren (Tabelle 4.12) sind im Wesentlichen aus der Kostenrechnung übernommen. Sie sind „harte Indikatoren" und bewerten die Vergangenheit des *projektorientierten Unternehmens*. Diese Indikatoren sind nicht besonders geeignet, um in die Zukunft zu planen, sie dienen dem Soll-Ist-Vergleich des *projektorientierten Unternehmens*. Sie werden daher auch als „Spätwarnindikatoren" bezeichnet.

4.4 Das Modell der JP-PPSC mit sechs Perspektiven

Die im vorangegangenen Kapitel beschriebenen Indikatoren und zugehörigen Messkriterien sind Bestandteile der JP-PPSC mit ihren sechs Perspektiven (Bild 4.4).

Tabelle 4.12 Messkriterien der Perspektive Finanzen

Perspektive Finanzen			
Indikatoren	*Messkriterien*	*Datenquelle*	*Verantwortlich*
Projektportfolio-Kosten	Summe aller Projekt-kosten	SAP	Controlling
Projektportfolio-Ergebnisse	Deckungsbeitrag	SAP	Controlling
Projektportfolio-Budget	Geplantes Budget/ tatsächliches Budget	SAP	PM-Büro
Projektportfolio-Risiko	Risiko/Umsatz	SAP	Controlling
Projektportfolio-Umsatzsteigerung	Netto-Umsatz	SAP	Controlling

Bild 4.4 Betrachtungsobjekte der JP-PPSC

In einer übergeordneten Konzern-Balanced-Scorecard könnten diese Ergebnisse wieder konzentriert und in der üblichen Form der vier Balanced-Scorecard-Perspektiven (Finanzen, Kunden, interne Prozesse, Lernen/Entwicklung) dargestellt werden.

Transformationsmodell von der RGC- zur JP-PPSC

In Tabelle 4.13 ist die Verknüpfung des ursprünglichen Ansatzes der RGC-PPSC für die Projektportfolio-Steuerung mit den Ansätzen der Balanced Scorecard für die Unternehmenssteuerung dargestellt. Daraus entstand die JP-PPSC mit den sechs Perspektiven. Die verschiedenen Graustufen und Nummern dienen dazu, die Vergleichbarkeit der beiden Scorecards zu vereinfachen. Die Anmerkungen in der rechten Spalte geben Informatio-

Tabelle 4.13 Transformationsmodell von der RGC-PPSC zur JP-PPSC

RGC-PPSC			JP-PPSC			Anmerkungen	
						RGC	**JP**
PP Struktur	1	Anzahl der Projekte nach Kategorien	Finanzperspektive	16	PP Kosten		
PP Struktur	2	PP Budget	Finanzperspektive	17	PP Ergebnisse	5	Aufteilung in 23 u. 24
PP Struktur	3	PP Ressourcen	Finanzperspektive	2	PP Budget	10	Aufteilung in 31, 36, 37 u. 38
PP Struktur	4	PP Risiko	Finanzperspektive	4	PP Risiko	11	in 31 enthalten
Umwelten von Projekten/Programmen	5	Beziehungen zu Kunden	Kundenperspektive	22	PP Umsatzsteigerung	12	Entspricht 39
Umwelten von Projekten/Programmen	6	Beziehungen zu Partnern	Kundenperspektive	23	Kundenzufriedenheit	13 u. 14	Nicht explizit dargestellt, da diese PPSC als strategisches Instrument eingesetzt wird
Umwelten von Projekten/Programmen	7	Beziehungen zu Behörden	Kundenperspektive	24	Kundenbindung		
Umwelten von Projekten/Programmen	8	Beziehungen zu Lieferanten	Kundenperspektive	25	Marktanteile im Projektgeschäft		
PP-Organisation	9	Multi-Rollen-Einsatz	Kundenperspektive	26	Image als POU	18	In der Lernen/Entwicklungs-Perspektive umgesetzt
PP-Organisation	10	Anwendung PM	Kundenperspektive	27	Kundengewinnung		
PP-Organisation	11	PM Beratung/Auditing	Gesellschaftsperspektive	28	Gesellschaftsbeziehungen	19	In der Finanz-Perspektive umgesetzt
PP-Organisation	12	PM Personalentwicklung	Gesellschaftsperspektive	7	Behördenbeziehungen	20	In der Kunden-Perspektive umgesetzt
Resultate von Projekten/Programmen	13	Fortschritt	Gesellschaftsperspektive	29	Umweltverträglichkeit	21	In der Internen Prozess-Perspektive umgesetzt
Resultate von Projekten/Programmen	14	Termine	Gesellschaftsperspektive	30	Anrainerbeziehungen		22, 25, 26, 27, 28, 29, 30, 32, 33, 34, 35, 36, 40 und 41 sind in diesem Buch gegenüber der RGC-PPSC neu definiert
Resultate von Projekten/Programmen	15	Ressourcen	Interne Prozessperspektive	31	Projektmanagement		
Resultate von Projekten/Programmen	16	Kosten	Interne Prozessperspektive	32	Engineering		
Resultate von Projekten/Programmen	17	Ergebnisse	Interne Prozessperspektive	33	Beschaffung/Logistik		
Investitionsstrategien	18	Innovationsstrategien	Interne Prozessperspektive	34	Montage/Supervision		
Investitionsstrategien	19	Finanzielle Strategien	Interne Prozessperspektive	35	Inbetriebnahme/Schulung		
Investitionsstrategien	20	Kundenbeziehungsstrategien	Interne Prozessperspektive	36	Pilotbetrieb		
Investitionsstrategien	21	Prozessstrategien	Part./int. Ressource	6	Partnerbeziehungen		
			Part./int. Ressource	8	Lieferantenbeziehungen		
			Part./int. Ressource	15	PM Ressourcen		
			Lernen/Entwicklungsperspektive	37	Standardisierung durch EDV Einsatz		
			Lernen/Entwicklungsperspektive	38	Lessons Learned aus Projektabschluss		
			Lernen/Entwicklungsperspektive	9	Multi-Rollen-Einsatz Teammitglieder		
			Lernen/Entwicklungsperspektive	39	Kompetenzaufbau		
			Lernen/Entwicklungsperspektive	40	Mitarbeiterzufriedenheit		
			Lernen/Entwicklungsperspektive	41	Kontinuierliche Verbesserung		

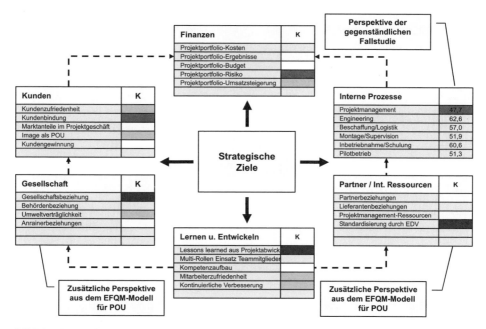

Bild 4.5 Die sechs Perspektiven der JP-PPSC

nen darüber, wie einzelne Indikatoren des einen Modells jeweils im anderen Modell abgebildet werden. Durch die Erweiterung um die zwei zusätzlichen Perspektiven Partner/interne Ressourcen und Gesellschaft werden insbesondere für das Anlagen- und Systemgeschäft bedeutsame Kriterien mitbetrachtet.

Als Ergebnis dieses Transformationsprozesses entsteht analog zur Balanced-Scorecard-Systematik die JP-PPSC mit sechs Perspektiven (Bild 4.5), von denen die zwei neuen Perspektiven Gesellschaft und Partner/interne Ressourcen aus dem *EFQM-Modell* resultieren. In der rechten Spalte der Perspektiven stellen die „Ampelfarben" – hier in Graustufen abgebildet – und die Kennzahlen (K) den Zustand der einzelnen Indikatoren dar. Die Farben werden als Hilfsmittel für die Visualisierung und zur verbesserten Kommunikation mit den Stakeholdern eingesetzt.

4.5 Bewertung der internen Prozesse aus Sicht des Projektmanagements

Die im Folgenden dargestellte Fallstudie wurde in Anlagen- und Systembauunternehmen durchgeführt und beschreibt die Prozessmessung für den Geschäftsprozess der Projektabwicklung.

Die in diesem Buch entwickelte Methode kann jedoch auch für beliebige andere Prozesse eingesetzt werden. Die Grundlage der Methode beruht darauf, Prozesse aus

Sicht der Prozesskunden (z.B. hier die Projektmanager) mittels Befragungstechnik zu messen und zu bewerten. Durch die Interviews und durch die Befragungen können Soft Facts beliebiger Prozesse in Hard Facts umgewandelt werden.

Im vorgestellten Beispiel wird die Bewertung der internen Prozesse unter dem Fokus der Projektorientierung durchgeführt. Die nachfolgenden Interviews und Befragungen beschreiben ausschließlich die empirische Untersuchung dieses Teilbereichs; es wird also die interne Prozessperspektive der *Projektportfolio-Scorecard* betrachtet.

4.5.1 Anforderungen evaluieren durch qualitative Interviews

Beim qualitativen Interview als mündlicher und persönlicher Form der Befragung geht es um eine unverzerrte, nicht prädeterminierte und möglichst vollständige Sammlung von Informationen zu dem interessierenden Untersuchungsgegenstand.

Im Folgenden werden die Kernfragen der qualitativen Interviews zur Beurteilung der Prozesse der Projektabwicklung aus Sicht des *Projektmanagements* beschrieben.

Ein wesentlicher Bestandteil der Interviews ist dabei die von den Autoren festgelegte Einteilung der Anforderung/Messkriterien in die drei Kriterien des magischen Dreiecks Qualität, Termine und Kosten. Dadurch können gezielte Verbesserungsmaßnahmen aus den Befragungsergebnissen abgeleitet werden.

Die Kernfragen sind:

- Welche Anforderungen haben Sie an die internen Prozesse (z.B. bei Engineeringprozessen die Verständlichkeit von Montageplänen)?
- Welche Messkriterien (z.B. bei Engineeringprozessen die Einarbeitszeit des Montagepersonals) würden diese Anforderungen am besten bewerten können?
- Wie beurteilen Sie die Gewichtung (G) der Prozesse zueinander?
- Wie beurteilen Sie die Gewichtung (G) der Kriterien Qualität, Termine und Kosten innerhalb des Prozesses?

Aus dem durch die qualitativen Interviews entstandenen Datenpool wurden für die Praxisbeispiele nach

- Aussagekraft in Bezug auf die Bewertung der Prozesse,
- Verständlichkeit und
- Datenverfügbarkeit

entsprechende Messkriterien ausgewählt.

4.5.2 Auswertung der Interviews

Die Gewichtung (G) der Prozesse wurde entsprechend Tabelle 4.14 durchgeführt.

Die Befragung zeigte im zeitlichen Kontext zu den Projektphasen auf, dass der *Projektmanagementprozess* zu Projektbeginn als äußerst wichtig empfunden wird. Der Einfluss der

Tabelle 4.14 Gewichtung der internen Prozesse

Prozesse	Gewichtung (G)
Projektmanagement	30
Engineering	25
Beschaffung/Logistik	15
Montage/Supervision	15
Ibn/Schulung	10
Pilotbetrieb	5

Tabelle 4.15 Gewichtung der Kriterien QTK

Kriterium	Gewichtung in %
Qualität	30
Termine	30
Kosten	40

folgenden inhaltlichen Prozesse der Projektabwicklung auf den Projektgesamterfolg wird als immer geringer werdend eingestuft.

Die Gewichtung (G) der Kriterien innerhalb der Prozesse wurde von den Projektmanagern/Projektcontrollern wie in Tabelle 4.15 dargestellt bewertet. Die Kosten wurden als kritischer Erfolgsfaktor eingestuft und daher höher gewichtet.

Die Gewichtung der Prozesse (1), die Kriterien (2), die Anforderungen vom *Projektmanagement* (3) und die Messkriterien (4) wurden nach Auswertung der Interviewprotokolle zusammengefasst und in die Ergebnisliste (Tabelle 4.16) übertragen:

Tabelle 4.16 Ergebnisse der qualitativen Interviews

Ergebnisliste für qualitative PM-Interviews			
1. Prozess	2. Kriterium	3. Anforderungen vom PM	4. Messkriterien
Projektmanagement G 30%	Qualität G 30%	• Projektvereinbarungen • Kommunikation • Kontinuierliche Verbesserungen	• Projektauftrag • Projekthandbuch • Projektreviews • Statusbewertung
	Termine G 30%	• Claim Management • Controlling-Workshops	• Fortschrittsberichte • Dokumentation über Controlling-Workshops
	Kosten G 40%	• Soll-Ist-Vergleiche • Risikomanagement	• Risikobewertung • Statusberichte

Tabelle 4.16 (Forts.) Ergebnisse der qualitativen Interviews

Ergebnisliste für qualitative PM-Interviews			
1. Prozess	*2. Kriterium*	*3. Anforderungen vom PM*	*4. Messkriterien*
Engineering G 25%	Qualität G 30%	• Verständlichkeit von Montageplänen • Richtigkeit • Flexibilität bei Änderungen	• Anzahl Planrevisionen • Anzahl Plankorrekturen (Versionsvergleich) • Einarbeitungszeit der Montage • Anzahl der Montagenachfragen • Unterstützung für Montage
	Termine G 30%	• Rasche Plannachführung • Rasche Bearbeitung von Nachfragen	• Bearbeitungszeit bei Änderungen • Reaktionszeit bei Nachfragen
	Kosten G 40%	• Zusatzaufwand für Montage • Zusätzliche Ausarbeitungen für Montage notwendig	• Anzahl Nachfragen • Kosten für zusätzliche Montageanweisungen • Kosten für Baustellen-Führungspersonal • Koordinationsaufwand der Projektleitung
Beschaffung/Logistik G 15%	Qualität G 30%	• Reibungslose Zusammenarbeit • Kenntnisse der Abläufe	• Wiederbeauftragungsrate • Montage- und Einbauvorschriften • Qualifiziertes Personal
	Termine G 30%	• Just-in-Time-Lieferungen • Teillieferungen • Nachbestellungen	• Anzahl Teillieferungen • Lieferzeit bei Nachbestellungen • Anzahl verspäteter Lieferungen
	Kosten G 40%	• Einschulungszeit • Montageaufwand	• Anzahl Produktwechsel • Schulungsaufwand bei neuen Produkten • Montagezeit/kürzestmögliche Montagezeit
Montage/Supervision G 15%	Qualität G 30%	• Dokumentation • Zwischenberichte • Zusammenarbeit • Qualifikation der MA	• Aufwand Bearbeitung Dokumentation • Interner Koordinationsaufwand • Berichtswesen
	Termine G 30%	• Berichte • Information über Abweichungen • Fertigstellung	• Rechtzeitige Information • Aufwand für Urgenzen (Termineinhaltung) • Fortschritt
	Kosten G 40%	• Überwachungsaufwand • Einweisungsaufwand • Koordinationsaufwand	• Kosten Supervisoren • Schulungsaufwand • Kosten für Arbeitsunterlagen • Anzahl Koordinationssitzungen

Tabelle 4.16 (Forts.) Ergebnisse der qualitativen Interviews

Ergebnisliste für qualitative PM-Interviews			
1. Prozess	*2. Kriterium*	*3. Anforderungen vom PM*	*4. Messkriterien*
Ibn/Einschulung G 10%	Qualität G 30%	• Unterlagen für spätere Arbeiten • Koordination mit Kunden • Qualifikation des Bedienungs- personals	• Einarbeitungszeit in Dokumen- tation • Kundenzufriedenheit • Anzahl Kundennachfragen • Nachschulungsaufwand des Bedienungspersonals
	Termine G 30%	• Flexibilität bei Änderungen	• Reaktionszeit bei Änderungen
	Kosten G 40%	• Zusatzaufwand Projektleitung • Nacharbeit • Nachbearbeitung Kundenrekla- mationen	• Anzahl Koordinationsmeetings • Nacharbeitskosten • Anzahl Kundenreklamationen
Pilotbetrieb G 5%	Qualität G 30%	• Kundenzufriedenheit	• Kundenbefragung • Anzahl Störfälle • Anzahl Mängelrügen
	Termine G 30%	• Vorzeitige Fertigstellung	• Pönalen
	Kosten G 40%	• Mehraufwand • Nachbearbeitung • Kundennachfragen	• Personalkosten • Anzahl Kundenreklamationen

4.5.3 Entwicklung des Fragebogens für die PM-Befragung

Die Formulierung und die Ausarbeitung des für die Beurteilung der internen Prozesse notwendigen Fragebogens (Tabelle 4.17 zeigt einen Auszug) wurden im Anschluss an die Auswertung der Interviews durchgeführt. Es waren folgende Aufgaben abzuarbeiten:

- Fragen entwickeln und formulieren.
- Diese Fragen den Kriterien Qualität, Termine, Kosten zuordnen.
- Bewertungsskala der Messkriterien mit ++ + 0 – –– erstellen.

Mindestrücklaufquote (Anzahl der ausgesendeten Fragebögen und Mindestanzahl der zurückerhaltenen Fragebögen) festlegen.

Tabelle 4.17 Auszug aus dem Fragenkatalog

1	Projektmanagement im POU	K	––	–	0	+	++	Ps
1.1	Werden dem Projektmanager bei der Projektbe-auftragung die erforderlichen Entscheidungsbe-fugnisse übertragen?	Q						
1.2	Wird im Zuge einer Projektbeauftragung ein for-maler Projektauftrag erteilt?	Q						

Tabelle 4.17 (Forts.) Auszug aus dem Fragenkatalog

1	Projektmanagement im POU	K	--	-	0	+	++	Ps
1.3	Wird ein Projektstart-Workshop mit Projektauf-traggeber und Projektteam durchgeführt?	Q						
1.4	Wird als Ergebnis des Projektstart-Workshops ein Projekthandbuch erstellt und dieses formal vom Projektauftraggeber unterschrieben?	Q						
1.5	Wird ein regelmäßiger Projektcontrolling-Prozess mit Ergebnisdokumentation und Fortschrittsbe-richt erstellt?	Q						
1.6	Wird am Projektende ein Projektabschluss-Work-shop durchgeführt und werden Erfahrungen (Les-sons Learned) aus dem Projekt dokumentiert und anderen Projektbeteiligten zugänglich gemacht?	Q						
	Summe							
1.7	Stehen dem Projektmanager die Personalressour-cen während der gesamten Projektdurchfüh-rungsphase zur Verfügung?	T						
1.8	Wird im Projektmanagementprozess kontinuier-lich auf Qualitätsmerkmale geachtet (z.B. indem Review Meetings stattfinden)?	T						
1.9	Wird die Projektkoordination durch permanente Kommunikation (Meetings, Einzelgespräche, E-Mail) der Projektteammitglieder gefördert?	T						
	Summe							
1.10	Wird im Projektcontrolling-Prozess Risikomanage-ment durchgeführt und dokumentiert?	K						
1.11	Wird im Projektcontrolling-Prozess Claim Manage-ment (Veränderungen) gefördert und dokumen-tiert?	K						
	Summe							

2	Engineering aus der Sicht des PM	K	--	-	0	+	++	Ps
2.1	Sind die technischen Pläne und Dokumentationen verständlich ausgeführt (Merkmal z.B. kurze Ein-schulungszeit für Montagepersonal)?	Q						
2.2	Sind die technischen Pläne und Dokumentationen ohne Korrekturen für die Ausführung verwend-bar?	Q						
2.3	Gibt es ausreichendes technisches Know-how im Projektierungspool, um die Projektmanager fach-lich zu unterstützen?	Q						
2.4	Werden die Pläne und Dokumentationen so erstellt, dass wenig Nachfragen notwendig sind?	Q						

Tabelle 4.17 (Forts.) Auszug aus dem Fragenkatalog

2	Engineering aus der Sicht des PM	K	– –	–	0	+	++	Ps
2.5	Entsprechen die fertig gestellten Anlagen und Systeme ohne oftmalige Planänderungen den technischen Kundenspezifikationen?	Q						
2.6	Werden in der Projektplanung Design Review Meetings vorgesehen und durchgeführt (z.B. nach Meilensteinen)?	Q						
	Summe							
2.7	Werden die Pläne so erstellt, dass nachträgliche Kundenwünsche bzw. notwendige Änderungen einfach und rasch umgesetzt werden können?	T						
2.8	Werden Planänderungsanträge vom zuständigen Projektierungspool termingerecht durchgeführt?	T						
	Summe							
2.9	Werden bei der Projektierung wirtschaftliche Aspekte der Montageausführung auf der Baustelle ausreichend berücksichtigt?	K						
2.10	Werden Anforderungen für spätere Abnahmeprüfungen (z.B. TÜV) in der Projektierung berücksichtigt?	K						
	Summe							

Legende:
K Kriterium = **K**osten, **T**ermine, **Q**ualität
Ps Prüfsumme (Stimmen die abgegebenen Nennungen mit der Anzahl der Fragebögen überein?)

Bewertung:
– – sehr niedrig, sehr wenig, sehr selten, sehr verbesserungswürdig
– niedrig, wenig, selten, verbesserungswürdig
0 durchschnittlich
+ hoch, viel, oft, gut
++ sehr hoch, sehr viel, sehr oft, sehr gut

4.5.4 Durchführung der Befragung

Um bei den Projektmanagern die Akzeptanz für die Befragung zu erhöhen, ist entsprechendes Projektmarketing mit Unterstützung des Managements erforderlich. Im Rahmen des beschriebenen Beispiels wurden folgende Projektmarketingaktivitäten durchgeführt:

- Die Projektmanager erhielten einen „Management Letter" mit dem Hinweis, dass sie nun die Chance haben, evtl. bestehende Probleme in ihren Projekten aus Ihrer Sicht aufzuzeigen und einer Verbesserung für alle Beteiligten zuzuführen.
- Im QM-Intranet wurde einer eigene „Homepage" mit Projektbeschreibung und den Zielsetzungen eingerichtet.
- Die Autoren besuchten die jeweiligen Fallstudienunternehmen und -unternehmensbereiche, um die betroffenen Projektmanager zu informieren.

- Die Auswertungen für das jeweilige Fallstudienunternehmen wurden jeweils auf der QM-Homepage im Intranet zur Verfügung gestellt.

Die Fragebögen wurden per E-Mail an die Projektmanager der Fallstudienunternehmen verschickt. Der Zeitraum für den Rücklauf der Fragebögen wurde mit zwei Wochen festgelegt. Die notwendige Rücklaufquote wurde mit 30% angenommen.

4.5.5 Methodik der Ergebnisauswertung

Ausarbeitung eines Kriteriums Qualität, Termine oder Kosten

In diesem Abschnitt wird die Vorgangsweise für die Ausarbeitung für ein Kriterium von Qualität, Termine, Kosten für die evaluierten Beispiele beschrieben. Diese Vorgangsweise ist für alle Kriterien zu wiederholen. Ausgangsbasis sind die Ergebnisse aus den Interviews entsprechend Tabelle 4.17.

Vorgehensschritte (Tabelle 4.18):

- In Schritt 1 werden die angekreuzten Ergebnisse zu einer Spaltensumme zusammengezählt.
- In Schritt 2 wird die Summe der einzelnen Spaltensummen ermittelt. Sie ergibt die Anzahl der Nennungen (hier = 4).
- In Schritt 3 werden die Prüfsummen „Ps" mit der Zeile „Summe der Nennungen" und mit der Anzahl der zurückgeschickten Fragebögen verglichen (Prüfschritt).

Tabelle 4.18 Auswertung Fragebogen

Bewertung		--	-	0	+	++	Ps
1	Frage		x				
2	Frage			x			
3	Frage			x			
4	Frage				Schritt 1		Schritt 2+3
Summe der Nennungen		0	1	2	1	0	4

Tabelle 4.19 Faktoren für Bewertung

Bewertung	--	-	0	+	++	Ps
Faktor für Bewertung = Erfüllungsgrad des iP in %	0	20	50	80	100	

- In Schritt 4 (Tabelle 4.20) wird die Anzahl der Nennungen je Spalte mit dem zugehörigen Faktor aus Tabelle 4.19 multipliziert.
- In Schritt 5 werden die Ergebnisse addiert (= 200).

Tabelle 4.20 Ergebnistabelle für ein Kriterium (Qualität, Termine oder Kosten)

Faktor x Summe der Nennungen	0	20	100	80	0	200

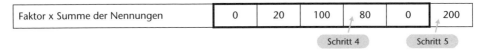

Schritt 4 Schritt 5

- In Schritt 6 wird das Gesamtergebnis der Berechnung (200 aus Schritt 5) durch die Summe der Nennungen (4 aus Schritt 4) dividiert. Dieses Ergebnis ist der Erfüllungsgrad des einzelnen Kriteriums (Qualität, Termine oder Kosten) eines Prozesses in % (in diesem Beispiel 50%).

Die Gewichtung der Ergebnisse wird nun beispielhaft für den inhaltlichen Prozess Beschaffung/Logistik durchgeführt (Tabelle 4.21):

- In Schritt 7 wird das Ergebnis aus Schritt 6 in der Spalte „Ergebnisse" für das entsprechende Kriterium (Qualität, Termine oder Kosten) eingetragen.
- In Schritt 8 werden die Ergebnisse (Qualität, Termine, Kosten) mit der Gewichtung (G) 2 multipliziert.
- In Schritt 9 wird das Produkt in der Spalte „Gewichtetes Ergebnis (GE)" dargestellt.
- In Schritt 10 wird in der Zelle Status die Summe dieser GE gebildet. Diese ist nun das Einzelergebnis des *inhaltlichen Prozesses*.

Tabelle 4.21 Bewertungstabelle inhaltlicher Prozess Beschaffung/Logistik

Bewertung inhaltlicher Prozess				
Inhaltlicher Prozess	Kriterium		Ergebnisse	Gew. Ergebnis
Beschaffung/Logistik		G 2	Schritt 7+8	Schritt 9
	Qualität	30	Ergebnis Q x 0,3	GE 1
	Termine	30	Ergebnis T x 0,3	GE 2
	Kosten	40	Ergebnis K x 0,4	GE 3 / Schritt 10
	Summe	100		Status (iP)

- In Schritt 11 werden die Ergebnisse der einzelnen Stati der Prozesse (z.B. Beschaffung/Logistik) mit der entsprechenden Gewichtung (G) 1 multipliziert (Tabelle 4.22). Resultat ist das Gesamtergebnis für die „Interne Prozessperspektive" der *Projektportfolio-Scorecard*.
- In Schritt 12 wird dieses Produkt in die entsprechende Zelle der *Projektportfolio-Scorecard* eingetragen.
- In Schritt 13 wird die Summe der Einzelergebnisse ermittelt. Sie repräsentiert das kumulierte Gesamtergebnis des Erfüllungsgrads für die Perspektive „interne Prozesse" in Prozent.

  Dieses Ergebnis wird als Basis für die Farbcodeermittlung und als Übertrag in die *Projektportfolio-Scorecard*-Perspektive verwendet.

Tabelle 4.22 Interne Prozessperspektive

Gesamtbewertung – Interne Prozessperspektive		
Prozess	G 1	Ergebnis für die PPSC
Projektmanagement	30	
Engineering	25	Schritt 11 · Schritt 12
Beschaffung/Logistik	15	Status B x 0,15
Montage/Supervision	15	
Ibn/Einschulung	10	
Pilotbetrieb	5	Schritt 13
Summe:		

Darstellung der Farbcodierung und Ergebnisse

Zur Visualisierung der *Projektportfolio-Scorecard-Prozessstati* wird die 5-teilige Ampelfarbskala verwendet (Tabelle 4.23).

Tabelle 4.23 Ampelfarbskala zur Visualisierung

Status	Zustand	Regel
Dunkelgrün	++	Der Prozess ist mit dunkelgrün zu bewerten, wenn das Ergebnis > 65% ist.
Hellgrün	+	Der Prozess ist mit hellgrün zu bewerten, wenn das Ergebnis zwischen 65 und 50% liegt.
Gelb	0	Der Prozess ist mit gelb zu bewerten, wenn das Ergebnis zwischen 50 und 40% liegt.
Orange	–	Der Prozess ist mit orange zu bewerten, wenn das Ergebnis zwischen 40 und 30% liegt.
Rot	– –	Der Prozess ist mit rot zu bewerten, wenn das Ergebnis < 30% ist.

Die Bewertung wurde durch praktische Anwendung iterativ erarbeitet und die Grenzwerte sind für die Fallstudienunternehmen geeignet. Diese können bzw. sollen sogar für andere Unternehmen individuell angepasst werden. Der absolute Messwert der Prozessmessung ist nicht vorrangig von Bedeutung, sondern seine Entwicklung über mehrere Jahre.

Regelkarten mit Eingriffsgrenzen und Grenzwerten

Eine Regelkarte bildet zeitlich geordnete Daten ab. Auf ihr sind statistisch ermittelte Regelgrenzen eingezeichnet.

Auch im hier beschriebenen PPSC-Modell werden Regelkarten verwendet. Sie sind aus folgenden Gründen zur Darstellung der Prozessdaten geeignet:

- Statistische Regelgrenzen definieren das Prozesspotenzial bzw. die Prozessfähigkeit.
- Statistische Regelgrenzen sind eine weitere Möglichkeit, zufällige und systematische Abweichungen voneinander zu unterscheiden. Punkte außerhalb der statistischen Grenzen lassen auf systematische Ursachen schließen.
- Regelkarten können für fast alle Datentypen verwendet werden, die über einen bestimmten Zeitraum erhoben werden.
- Regelkarten begründen eine gemeinsame Sprache für die Diskussion der Prozessleistung.

Wann werden Regelkarten eingesetzt?

- Wenn die Prozessleistung über eine bestimmte Zeitspanne überwacht werden soll.
- Wenn durch Änderungen bzw. Optimierung des Prozesses der Fortschritt gemessen werden soll.
- Wenn Abweichungen gezielt ermittelt bzw. überwacht werden, die über einen bestimmten Zeitraum in einem Prozess auftreten.

Was sind Regelgrenzen?

- Eingriffsgrenzen definieren die zulässige Bandbreite zufälliger Abweichungen in einem Prozess.
- Eingriffsgrenzen sind ein Werkzeug, mit dessen Hilfe sich je nach Art der Streuung von Daten definieren lässt, ob und welche Art von Maßnahmen zu treffen ist.
  - Wenn alle Punkte innerhalb der Grenzen liegen, kann man davon ausgehen, dass die vorliegenden Abweichungen ausschließlich durch zufällige Ursachen bedingt sind.
  - Punkte, die außerhalb der Eingriffsgrenzen liegen, sind als Anzeichen systematischer Abweichung zu behandeln.
  - Ansonsten werden nicht einzelne Datenpunkte, sondern die zufälligen Abweichungen in allen Datenpunkten untersucht.
- Außerdem können noch verschiedene Arten von Grenzwerten und damit verbundenen Eingriffsgrenzen definiert werden.

Definition der Regelgrenzen

In diesem Modell wurden die Grenzwerte (GW) und Eingriffsgrenzen (EG) folgendermaßen festgelegt:

- OGW (Oberer Grenzwert): Keine Festlegung, da streben nach Excellence durch kontinuierliche Verbesserung.
- OEG (Obere Eingriffsgrenze): keine Festlegung, da streben nach Excellence durch kontinuierliche Verbesserung.
- UEG (Untere Eingriffsgrenze): 50%. Bei einem niedrigeren Wert sind Maßnahmen festzulegen.

- UGW (Unterer Grenzwert): 40%. Bei einem niedrigeren Wert sind Sofortmaßnahmen erforderlich.

Die Festlegung dieser Werte gilt nicht dauerhaft. Sobald sich das *projektorientierte Unternehmen* so weiterentwickelt hat, dass die Gesamtperformance der Prozesse 65% überschreitet und somit im dunkelgrünen Bereich liegt, werden alle Grenzwerte nach oben geschoben. Im Sinne von KVP werden selbstverständlich alle Prozesse kontinuierlich weiterentwickelt, wobei jedoch die Priorität auf den kritischen Ergebnissen liegt, die die untere Eingriffsgrenze bzw. den unteren Grenzwert überschreiten.

Statistische Auswertung der Befragung

Nun werden die Methoden und Werkzeuge für die Auswertung und Darstellung vorgestellt.

Natürlich lässt sich die Auswertung einer solchen Befragung mit beliebigen Werkzeugen ausführen. Wir haben die Fragebögen sowie alle grafischen Auswertungen mit Microsoft-Excel erstellt. Alle Diagramme wurden mit der Fragentabelle verknüpft, sodass diese für weitere Befragungen ohne Zusatzaufwand übernommen werden kann.

Tabelle 4.24 zeigt noch einmal die ersten beiden Fragen und deren Anzahl der Nennungen mit der Bewertung ++ + 0 − −−.

Tabelle 4.24 Fragebogen mit Bewertungsskala, Nennungen und Prüfsumme

1	Projektmanagement im POU	K	−−	−	0	+	++	Ps
1.1	Werden dem Projektmanager die erforderlichen Entscheidungsbefugnisse bei der Projektbeauftragung übertragen?	Q		2	2	6	1	11
1.2	Wird im Zuge einer Projektbeauftragung ein formaler Projektauftrag erteilt?	Q	1		4	3	3	11

Prozessergebnisse

Für die Darstellung der Prozessergebnisse wurde ein Balkendiagramm (Bild 4.6) verwendet. Mit ihm lässt sich bei der Unterscheidung in die Kriterien Qualität, Termine und Kosten sowie Gesamtstatus leicht eine Aussage treffen, in welchem Einzelkriterium Probleme zu erkennen sind. Für die Visualisierung der Balken wurden die Ampelfarben verwendet.

Status der Bewertung der Einzelfragen

Das Blasendiagramm (Bild 4.7) zeigt den Status für jede einzelne Frage im Quadranten. Die Positionen der einzelnen Blasen stellen gleichzeitig die inhaltlichen Ergebnisse der Fragen in Prozent dar. Dadurch können die Verbesserungspotenziale konkret abgeleitet und entsprechende Maßnahmen zur Erhöhung der Prozessqualität rasch getroffen werden.

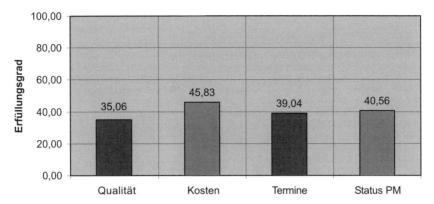

Bild 4.6
Balkendiagramm mit den Kriterien Qualität, Kosten, Termine und dem Gesamtstatus

Jede Frage wird als separate Blase (die Nummern in den Blasen entsprechen den Nummern der Fragen im Fragebogen) entsprechend ihrer Bewertung in den Quadranten angezeigt. Die Größe der Blasen wurde willkürlich gewählt und beinhaltet keine Aussage über die Bewertung der Ergebnisse.

Das Portfolio bildet die Ergebnisse der positiven und negativen Nennungen ab. Die Berechnung erfolgt durch Addition der Zahl der ++- und +-Ergebnisse sowie durch Addition der –- und –––-Ergebnisse. Dabei wurden die ++- und die –––-Ergebnisse durch Multiplikation mit 2 doppelt gewichtet. Durchschnittliche Ergebnisse, d.h. Nennungen mit 0, wurden zu je 50% auf + und – aufgeteilt.

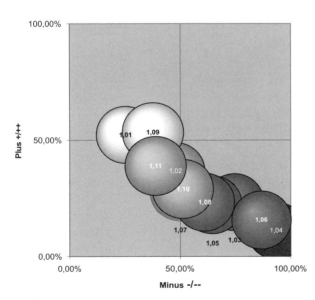

Bild 4.7
Blasendiagramm mit den inhaltlichen Ergebnissen der Fragen

Tabelle 4.25 Prioritäten im Quadranten

++	++/--
Gute bis sehr gute Performance. Sehr positive Beeinflussung der Projekt- ergebnisse.	Kritisch. Kann bei einzelnen Projekten zu starken Schwan- kungen führen. Maßnahmen erforderlich.
Priorität 4	**Priorität 2**
+/-	--
Unkritisch. Durchschnittliche Ergebnisse, daher geringe Beeinflussung der Projekt- ergebnisse zu erwarten.	Sehr kritisch. Negative Beeinflussung des Gesamt- ergebnisses. Sofortmaß- nahmen notwendig.
Priorität 3	**Priorität 1**

Von einer Aufteilung der neutralen Nennungen im Verhältnis von + und – wurde abgesehen, da man das Ergebnis in bestimmten Fällen enorm verfälschen würde. Zum Beispiel würden dann im Fall, dass es keine --oder ---Nennungen, aber sehr viele neutrale und wenige +- oder ++-Nennungen gibt, die Neutralen komplett zum +-Bereich dazuaddiert werden. Dies würde ein vollkommen falsches Bild ergeben und es könnte durchaus sein, dass im nächsten Jahr die neutralen Nennungen zu – oder – – abrutschen könnten und man aber die Gefahr nicht wahrgenommen hätte, da auf Grund der Aufteilung nach Verhältnis die Blase deutlich falsch platziert wäre.

Durch die Lage der Blasen kann die Priorisierung von Verbesserungspotenzialen abgeleitet werden (Tabelle 4.25).

- *Priorität 1*
  Blasen, die in diesem Quadranten liegen, deuten auf eine überwiegend negative Beurteilung des mit der Frage verbundenen Sachinhaltes hin. Daraus resultiert eine negative Beeinflussung des Prozessablaufs. Aus diesem Grund sind nach entsprechenden Analysen Sofortmaßnahmen notwendig.

- *Priorität 2*
  Blasen, die in diesem Quadranten liegen, weisen auf die Notwendigkeit einer sehr differenzierten Beurteilung hin. Damit Blasen überhaupt in diesem Quadranten liegen, müssten etwa die Hälfte der Befragten eine sehr positive und die andere Hälfte eine sehr negative Beurteilung abgeben. Dies könnte auf eine Missinterpretation der Fragestellung hindeuten oder aber darauf, dass die Prozessabläufe völlig verschieden gelebt oder verstanden werden. In beiden Fällen ist vor dem Einleiten von Verbesserungsmaßnahmen eine Tiefenanalyse notwendig.

- *Priorität 3*
  Blasen, die in diesem Quadranten liegen, sind typische Beispiele für durchschnittliche Ergebnisse mit relativ geringem Risiko, die grundsätzlich durch kontinuierliche Verbesserungsmaßnahmen weiterentwickelt werden können.

- *Priorität 4*

  Blasen, die in diesem Quadranten liegen, zeigen eine sehr gute Performance auf und sind typische Beispiele von *Project Excellence*.

Erfüllungsgrad des Projektabwicklungs-Prozesses

Eine Möglichkeit zur Darstellung des Projektabwicklungs-Prozesses ist das Spinnendiagramm (Bild 4.8) mit dem Erfüllungsgrad aller internen Prozesse. Das dunkle Feld stellt den Erfüllungsgrad am Anteil der Gesamtfläche dar. Die hellen Flächen entsprechen den möglichen Verbesserungspotenzialen.

Eine weitere Möglichkeit der Darstellung ist das Balkendiagramm (Bild 4.9) mit Ampelfarben und Prozesswerten der internen Prozessperspektive zum direkten Übertrag in die *Projektportfolio-Scorecard.*

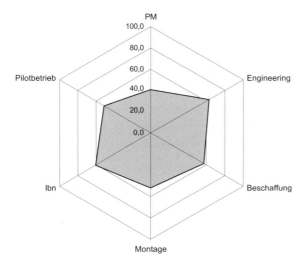

Bild 4.8
Spinnendiagramm mit dem Erfüllungsgrad der Projektabwicklungs-Prozesse

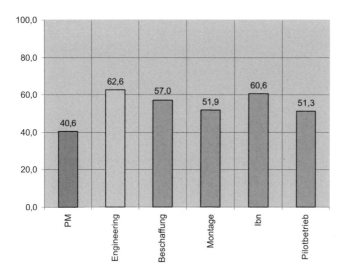

Bild 4.9
Balkendiagramm mit Status der Projektabwicklungs-Prozesse

Tabelle 4.26 Regelkarte mit unterer Eingriffsgrenze und unterem Grenzwert

Projektabwicklungs-Prozess	Qualität	Kosten	Termine	Gesamt	UEG	UGW
Projektmanagement	45	63	63	57	50	40
Engineering	67	83	74	75	50	40
Beschaffung/Logistik	72	56	53	60	50	40
Montage/Supervision	63	56	71	63	50	40
Ibn/Schulung	62	66	71	66	50	40
Pilotbetrieb	68	70	64	67	50	40

Als Basis für die grafische Auswertung dient eine Tabelle entsprechend Tabelle 4.26.

Regelkartendarstellung

Bild 4.10 zeigt die Regelkartendarstellung. Sie enthält für alle Prozesse die Ergebnisse unterteilt nach Qualität, Termine, Kosten und Gesamtstatus. Die strichlierte schwarze Linie stellt die untere Eingriffsgrenze (UEG) und die durchgehende schwarze Linie den unteren Grenzwert (UGW) dar.

Die vier Prozesskennlinien in der Regelkarte stellen auch gleichzeitig die Ergebnisse der Fallstudie dar. Diese Ergebnisse werden vom Prozessmanager mit den Zielwerten verglichen und entsprechende Maßnahmen abgeleitet.

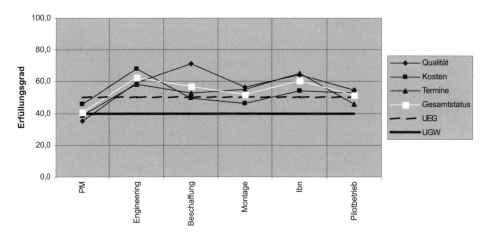

Bild 4.10 Regelkartendarstellung der Einzelkriterien des Projektabwicklungs-Prozesses

4.6 Exkurs: Erstellen von Blasendiagrammen in Excel

Da das Blasendiagramm mit seinen vier Quadranten eine hervorragende Möglichkeit bietet, Mängel im Prozess aufzuspüren, soll nun beschrieben werden, wie sich Blasendiagramme einfach anlegen lassen.

Vorbereitung der Daten

Microsoft-Excel benötigt vier Informationen, um ein sinnvolles Blasendiagram erstellen zu können. Den jeweiligen Zeilennamen, den Wert der X-Achse, den Wert der Y-Achse und einen Wert für die Größe der Blasen, wobei letzterer nicht unbedingt notwendig ist.

In der Tabelle 4.27 steht in der ersten Spalte der jeweilige „Zeilenname", die zweite stellt die Werte auf der X-Achse, die Dritte die Werte auf der Y-Achse dar und die vierte Spalte enthält den Wert, der die Größe der Blase bestimmt. Er wird hier als Status bezeichnet, weil er den Istzustand des Prozesses beschreibt. Wie später gezeigt wird, ist es nicht notwendig, die Spalten in dieser Reihenfolge am Tabellenblatt anzulegen.

Erstellen des Diagramms

Im ersten Schritt markiert man die betreffenden Spalten. Danach wird der Diagrammassistent gestartet. Wenn das Fenster des Diagrammassistenten geöffnet ist, wählt man die Darstellungsform *Blase* und – wenn man möchte – den Untertyp *Blase mit 3D-Effekt* aus und klickt dann auf die Schaltfläche *Weiter*.

Einstellen der Diagrammquelldaten

Im zweiten Schritt des Assistenten sieht man in der Vorschau zwar schon ein Blasendiagramm, leider ähnelt das Diagramm im Moment noch nicht einer Vier-Felder-Matrix. Es sind noch einige Einstellungsarbeiten notwendig, bis das gewünschte Ergebnis sichtbar wird.

Als erstes wird auf der Registerkarte *Datenbereich* in der Zeile *Reihe in* die Option *Zeilen* aktiviert, da die Daten einer Blase sonst nicht untereinander, sondern nebeneinander in einer Zeile angeordnet sind.

Tabelle 4.27 Datenbasis für Blasendiagramm

Projektabwicklungs-Prozesse	Minus	Plus	Status
Projektmanagement	57%	30%	41
Engineering	26%	51%	63
Beschaffung/Logistik	28%	52%	57
Montage/Supervision	34%	40%	52
Ibn/Schulung	24%	53%	61
Probebetrieb	36%	39%	51

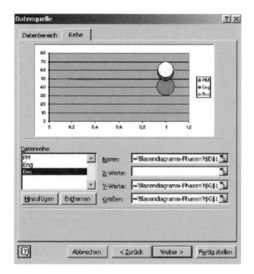

Bild 4.11
Diagrammvorschau mit noch
falschen Zellbezügen

Nun wechselt man zur Registerkarte *Reihe* und erkennt sofort, dass Excel mehrere Daten-
reihen ausgelassen hat und dass den Datenreihen, die Excel erkannt hat, die falschen
Zellbezüge zugeordnet sind (Bild 4.11). Hier ist es nun anders als bei vielen anderen
Diagrammtypen erforderlich, manuell die richtigen Datenfelder zu bestimmen.

Um Verwirrungen zu vermeiden, kann man alle Datenreihen außer „Projektmanagement" entfernen. Damit kann man sich voll auf die erste Datenreihe konzentrieren.
Rechts daneben steht im Feld *Name* die richtige Zelladresse, aus der sich Excel die
Namen für die Datenreihen holt. Die anderen Zellenbezüge stimmen nicht und müssen
korrigiert werden.

Als erstes markiert man den Eintrag im Feld *X-Wert* und klickt danach auf die Zelle, in
der sich der Wert der X-Achse der Datenreihe „Projektmanagement" befindet. Die gleichen Schritte führt man dann im Feld *Y-Wert* und *Größen* durch.

Die nächste Datenreihe erstellt man durch Klicken auf *Hinzufügen* und indem man die
oben beschriebenen Schritte wiederholt.

Nachdem man alle Datenreihen hinzugefügt und angepasst hat, gelangt man durch Klicken auf die Schaltfläche *Weiter* zum nächsten Konfigurationspunkt.

Einstellen der Diagrammoptionen

In der Registerkarte *Titel* besteht die Möglichkeit, die Achsen- und Diagrammbeschrif-
tung zu erstellen.

Im dargestellten Fall haben wir im Feld *Rubrikenachse (X)* die Bezeichnung –/–– und im
Feld *Rubrikenachse (Y)* die Bezeichnung +/++ eingegeben.

Nach dem Wechsel zur Registerkarte *Gitternetzlinien* haben wir das Kontrollkästchen
Hauptgitternetzlinien mit einem Häkchen aktiviert.

In der Registerkarte *Legende* wählten wir die Option *Oben* aus.

180

Als letztes haben wir in der Registerkarte *Datenbeschriftung* die Blasengröße *nicht anzeigen* ausgewählt.

Nachbereitung des Diagramms

Um eine aussagekräftige Vier-Felder-Matrix zu erhalten, müssen noch einige Feineinstellungen vorgenommen werden.

Als erstes müssen die Achsen neu skaliert werden. Durch Doppelklick auf eine der Achsen öffnet sich das Dialogfeld *Achse formatieren*. Nach dem Wechsel zur Registerkarte *Skalierung* besteht die Möglichkeit, Minimum- und Maximumwerte festzulegen. Außerdem kann man auch Haupt- und Hilfsintervalle festlegen. In unserem Fall haben wir ein Minimum bei 0 und ein Maximum bei 1 (100%). Das Hauptintervall haben wir mit 0,5 festgelegt, da wir nur eine Unterteilung pro Achse benötigen, um eine Vier-Felder-Matrix zu erhalten. Es wäre natürlich auch möglich, die Werte automatisch bestimmen zu lassen. Die Erfahrung zeigt aber, dass dies nur selten zum gewünschten Diagramm führt (warum auch immer).

Als nächstes wechseln wir zur Registerkarte *Zahlen* und stellen diese so ein, dass es sich um Prozentzahlen handelt.

Nach erfolgreicher Veränderung der einen Achse wiederholten wir die Schritte für die zweite Achse. Nach Beendigung der Formatierung der Achsen ist das Diagramm grundsätzlich fertig.

Durch Doppelklick auf die Blasen oder die Datenbeschriftungen erhalten wir nun die Möglichkeit, die Farben und Konturen zu verändern.

Sofern alle Schritte richtig durchgeführt wurden, entsteht nun das Diagramm wie in Bild 4.12 dargestellt. Um die Überlagerung der Statuswerte durch andere Blasen zu vermeiden, werden diese manuell nachbearbeitet und entsprechend platziert.

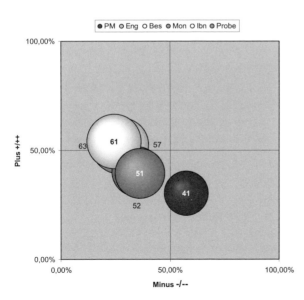

Bild 4.12
Formatiertes
Blasendiagramm

5 Fallstudie

5.1 Ausgangssituation

Die Fallstudien wurden in zwei vergleichbaren *projektorientierten Unternehmen* durchgeführt. Zielsetzung dabei war es, die Geschäftsprozesse durch eine Messmethode zur Bewertung emotionaler Faktoren vergleichbar zu machen. Durch das in diesem Buch entwickelte Modell, welches diese Faktoren, die sich als Soft Facts kategorisieren lassen, in konkrete Messergebnisse umwandelt, können einerseits die Prozesse nach den Kriterien Qualität, Kosten und Termine analysiert und andererseits die Ergebnisse der inhaltlichen Fragen durch die Darstellung der Blasen in den Quadranten einer genauen Betrachtung unterzogen werden. Daraus abgeleitet können konkrete Verbesserungsmaßnahmen initiiert werden.

Die Funktionstüchtigkeit des Modells wurde durch den Einsatz in den zwei Fallstudienunternehmen und deren Geschäftsbereichen eindeutig bestätigt.

Um eine konkrete Aussage über die Prozessqualität der Projektabwicklung machen zu können, müssen die Projekte zuerst in einem Projektportfolio geclustert werden. Würde die Befragung über ein gesamtes *projektorientiertes Unternehmen* ohne diese Einteilung durchgeführt werden, bestünde die Gefahr, dass die Messergebnisse durch die indifferenzierte Prozessbetrachtung zu Fehlinterpretationen führen. Ein Geschäftsbereich schneidet vielleicht bei der Befragung exzellent ab, wogegen ein anderer große Verbesserungspotenziale aufweisen könnte.

> Durch eine Gesamtbetrachtung ohne Projektportfolio-Einteilung würden möglicherweise die Verbesserungspotenziale in den Prozessen unentdeckt bleiben.

Im vorliegenden Fall wurden die Projekte zuerst in Industrietechnik, Gebäudetechnik und Systembau unterteilt. Innerhalb dieses Clusters wurden die Projekte mit den in Tabelle 4.3 dargestellten Projektportfoliokriterien in A/B/C-Projekte sowie D-Linienaufträge eingeteilt. Die D-Linienaufträge wurden aus der weiteren Betrachtung herausgenommen.

Um den Lesern einen detaillierten Einblick in die Fallstudienunternehmen zu ermöglichen, beginnen wir die Fallstudie mit den auf die Abwicklung von Projekten ausgerichteten Präsentationen der beiden Unternehmen. Dies erleichtert die Herstellung der Korrelation zu den eigenen Unternehmens- bzw. Geschäftsfällen.

> **Aus Datenschutz- und Wettbewerbsgründen wurden alle in den Fallstudien abgebildeten Ergebnisse so abgewandelt, dass keinerlei Schlüsse auf die reale Pro-**

zessqualität der beiden Fallstudienunternehmen gezogen werden können. Die dargestellten Ergebnisse sind aber trotzdem als typisch für projektorientierte Unternehmen anzusehen.

5.2 Das Systembauunternehmen SBT

5.2.1 Siemens-Leitsätze

Siemens Building Technologies ist ein Bereich der Siemens AG mit vier Geschäftsgebieten. Diese schaffen mit überlegenem Anwendungswissen, unterstützt durch Spitzentechnologie, für Ihre Kunden Mehrwert und erstklassigen Nutzen. Höhere Produktivität in Gebäuden durch Komfort, Sicherheit, Ökoeffizienz und Nutzung nach Plan sind das Resultat.

Everything is possible – it's up to you!

Wir haben uns für die Zukunft viel vorgenommen. Entscheidend für unseren Erfolg sind das Wissen, das Können und die Begeisterungsfähigkeit der Menschen in unserem Unternehmen. Das Leitbild, das wir uns gegeben haben, prägt unser Denken und Handeln. Es ist für uns alle verbindlich. Wir richten unsere Organisation und alle Systeme – insbesondere das Führungssystem – daran aus. Durch unmittelbare Rückkoppelung bei positiven und negativen Verhalten sorgen wir für die Umsetzung in der Praxis. Unser Leitbild entfesselt die Kraft, die wir brauchen, um zu gewinnen. Wir leben es täglich vor.

Partnership creates success – Der Kunde bestimmt unser Handeln

Herausragender Kundennutzen ist das oberste Ziel. Unser Erfolg hängt von der Zufriedenheit der Kunden ab. Mit unseren Lösungen erreichen sie ihre Ziele schneller, besser und einfacher.

High tech at its best – Unsere Innovationen gestalten die Zukunft

Mit neuen Ideen schaffen wir für unsere Kunden neue Produkte, neue Dienstleistungen, mehr Nutzen. Wir sind experimentierfreudig und ermutigen phantasievolles Denken. Mit Kreativität und Risikofreude sorgen wir für ein Umfeld, in dem gute Ideen schnell umgesetzt werden können. Dabei fördern wir auch die Ideen anderer.

Committed to success – Erfolgreich wirtschaften heißt: Wir gewinnen durch Gewinn

Unser Maßstab ist der internationale Wettbewerb. Wir arbeiten ergebnisorientiert und streben nach herausragenden Erfolg und dauerhafter Wertsteigerung. Das sichert uns die nötige Handlungsfreiheit und schafft Vertrauen. Wir ergreifen die Maßnahmen, die für den wirtschaftlichen Erfolg notwendig sind und optimieren sie nach Zeit, Qualität und Kosten.

Leadership now – Spitzenleistungen erreichen wir durch exzellente Führung

Unsere Führungskräfte setzen klare, ehrgeizige und begeisternde Ziele. Wir wollen uns immer wieder selbst übertreffen, sonst tun es die anderen. Wir führen durch Vertrauen und geben Mitarbeiterinnen und Mitarbeitern einen möglichst großen Entscheidungsspielraum. Wir treiben notwendige Veränderungen mutig und entschlossen voran. Bei allem, was unsere Führungskräfte tun, handeln sie als Vorbild.

Team works – Unsere Zusammenarbeit kennt keine Grenzen

Wir sind ein globales Unternehmen und nutzen unsere weltweiten Fähigkeiten. Damit werden wir das beste Team im Wettbewerb. Unser Denken und Handeln ist von Verantwortung für das gemeinsame Ziel geprägt. Unsere Zusammenarbeit zeichnet sich aus durch Vertrauen, persönliche Integrität, gegenseitigen Respekt und offene Kommunikation.

Creating tomorrow's world – Wir tragen gesellschaftliche Verantwortung

Mit unserem Wissen und unseren Lösungen leisten wir einen Beitrag für eine bessere Welt. Wir bekennen uns zum Umweltschutz. Wir sind ein anerkanntes Mitglied der Gesellschaft in allen Ländern, in denen wir uns unternehmerisch betätigen. Qualifizierung durch Wissen sichert uns die Zukunft unserer Mitarbeiter. Integrität prägt den Umgang mit unseren Geschäftspartnern, Mitarbeitern, Aktionären und der Öffentlichkeit. Kulturelle Unterschiede bereichern unser Unternehmen.

5.2.2 Das SBT-Firmenprofil

Die Kernkompetenz von Siemens Building Technologies liegt in der Kombination von Marktführern auf dem Gebiet der Gebäudeautomation und der Gebäudesicherheit. Das Unternehmen ist sowohl als Systembauer für Gesamtlösungen bis hin zu schlüsselfertigen Anlagen tätig, wie auch als Hersteller von Produkten für den Vertrieb.

Marktleistungen

Building Automation

Systeme und Dienstleistungen für Gebäude- und Energiemanagement, inklusive integrierte Lösungen.

HVAC-Products

Fertigung und Distribution von Produkten zur Steuerung und dem Betrieb von Heizungs-, Lüftungs- und Klimaanlagen.

Fire Safety

Systeme und Dienstleistungen für Brandmeldetechnik, Brandlöschung, Gaswarntechnik und Gebäude-Evakuation. Entwicklung, Fertigung und Distribution von Produkten für

Sicherheitssysteme und Brandmeldetechnik für das eigene Unternehmen, für OEM-Kunden und unter der Marke Alarmcom für ausgewählte Vertriebspartner.

Security Systems

Systeme und Dienstleistungen für Zutrittskontrolle, Überwachungssysteme und Intrusionsschutz.

Generisches Prozessmodell der Siemens AG

Analog dem generischen Prozessmodell der Siemens AG (Bild 5.1) werden die Geschäftsprozesse für die Geschäftsbereiche abgeleitet und in einer Prozesslandkarte dargestellt.

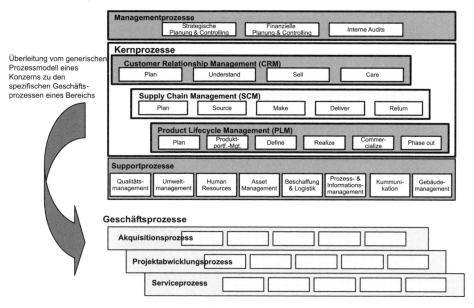

Bild 5.1 Generisches Prozessmodell mit Überleitung zu den Geschäftsprozessen im POU

Prozessmodell PM@SBT

Aus der übergeordneten generischen Prozesslandkarte des Konzerns werden für die einzelnen Bereiche Geschäftsprozesse abgeleitet (Bild 5.1). Die Geschäftsprozesse werden jeweils für die drei Teilprozesse Akquisition, Projektabwicklung und Service eingeteilt.

> Als Projektphasen wurden Akquisitionsphase, Angebotsphase (Vorprojektphase), Planungs- und Realisierungsphase (Projektabwicklungsphase) und Nachprojektphase definiert.

Bild 5.2 zeigt den Zusammenhang zwischen Projektmanagementprozessen, Projektprozessschritten (Geschäftsprozesse), Projektphasen und Supportprozessen. Jeder Projekt-

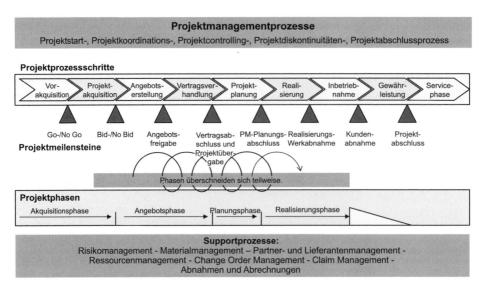

Bild 5.2 Geschäftsprozesse im POU

prozess besteht aus Teilprozessen, Hauptaktivitäten und Aktivitäten mit klar definierten Tätigkeiten, Meilensteinen und Meilensteinergebnissen. Quality Gates ergänzen die Tätigkeiten und unterstützen die Integration des Qualitätsmanagements in die Prozesse.

Projektmanagement bei SBT

Projektmanagement (Bild 5.3) als überlagernder Prozess wird bei SBT allgemein untergliedert in den Projektstartprozess, Projektkoordinationsprozess, Projektcontrollingprozess, das Management von Projektdiskontinuitäten (Krisen- und Chancenmanagement) und den Projektabschlussprozess. Der Kunde steht in der Darstellung sowohl am Beginn als auch am Ende, da er das Projekt beauftragt und die Leistungen des Projekts empfängt. Mit dieser Vorgehensweise wird die Abgrenzung zwischen der *Projektmanagement-* und der *inhaltlichen Arbeit (Prozesse)* vollzogen.

Aufbau und Ablage der Projektdokumentation

Die Projektdokumentation bei SBT ist entsprechend der Darstellung im Bild 5.4 aufgebaut und beinhaltet für A-Projekte beispielsweise:

- Kundenvertrag
- Interner Projektauftrag
- Projektzieleplan
- Beschreibung Vor- und Nachprojektphase
- Betrachtungsobjekte (=Angebot/Auftrag)
- Projektstrukturplan
- Projektbalkenplan (Projektterminplan)
- Projektmeilensteinplan

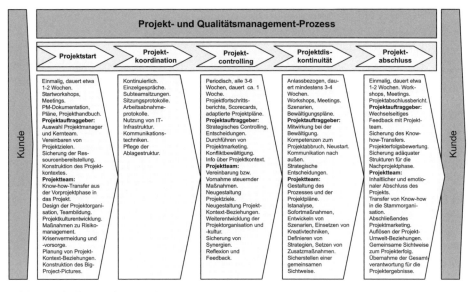

Bild 5.3 Gliederung des Projektmanagementprozesses

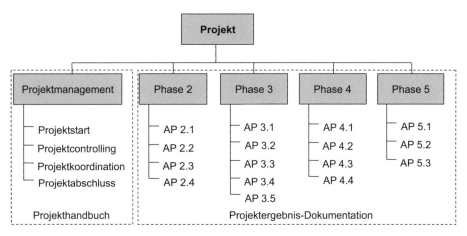

Bild 5.4 Struktur der Projektdokumentation im POU

- Projektrisikoanalyse
- Projektkostenplan
- Projektpersonaleinsatzplan (Ressourcenplan)
- Projektumweltengrafik
- Analyse Projekt-Umwelt-Beziehungen
- Beziehungen zu anderen Projekten
- Projektorganisation
- Projektteammitglieder

- Projektfunktionentabelle
- Projektkommunikationsstrukturen
- Claim Management
- Arbeitspaketspezifikationen
- To-Do-Liste

Die Dokumente werden im Projektstartworkshop erstellt und dann im Projektcontrolling bzw. der Projektkoordination laufend adaptiert und abgelegt. Im Projektabschlussworkshop werden die endgültigen Projektpläne diskutiert und dann abgelegt. Die Projektdokumentation wird in der Software „Livelink" von Open Text lebenszyklusorientiert abgelegt. Livelink ist das führende ECM-Produkt (Enterprise Content Management) für global agierende Unternehmen. Die Livelink-Kernfunktionalitäten stellen eine Kombination aus Collaboration Management und Knowledge Management dar und enthalten im Standard virtuelle Teamarbeit, Prozessautomatisierung, Ressourcen- und Agendaplanung sowie Information Retrieval, die alle in einer leicht anpassbaren sowie erweiterbaren Gesamtlösung integriert sind.

Projektorientierung

Die SBT entstand aus einer Verschmelzung der projektorientierten Siemens-Bereiche Gebäudetechnik, Teilen des Anlagenbaus (ATD) und der Systembaubereiche Sicherheitsmeldetechnik (SMT), der Siemens Gebäudemanagement GmbH sowie 1998 mit der Akquisition der Elektrowatt AG in der Schweiz, deren Töchter Landis & Staefa und Cerberus.

Das vormals sehr stark auf „harte Faktoren" ausgerichtete, methodenorientierte *Projektmanagement* wurde durch den Verkauf bzw. die Ausgliederung des Bereiches „Projektgeschäft – Generalunternehmer – Projects Division" und die folgende Divisionalisierung der Systembaubereiche weicher gestaltet. Dies war die Chance, den moderneren, systemischen Ansatz des *Projektmanagements* in allen SBT-Divisionen umzusetzen. Tabelle 5.1 gibt einen beispielhaften Überblick über Kundenprojekte und -aufträge eines einzelnen Geschäftsgebietes ohne Ersatzteile-, Wartungs- und Servicegeschäft.

Tabelle 5.1 Anzahl der Projekte pro Projektkategorie

Anzahl Aufträge	Ø in EUR	Projekt Kategorie	Ø Auftr. pro PM	PM-Qualifikation	Ø Dauer in Monaten
2477	5.500	D	10-12	Abwicklung/Innendienst	< 2
112	75.000	C	5-7	Junior-Projektmanager	< 6
28	550.000	B	3-4	Projektmanager	< 12
14	1.200.000	A	1	Senior-Projektmanager	< 18

Beobachtungen zur Projektmanagementkultur

Die *Projektmanagement-Kultur* ist bei der SBT hervorragend ausgeprägt, da die Durchführung von Projekten seit jeher zum Kerngeschäft gehört. Das Bilden von temporären Organisationen, das Delegieren der Verantwortung in die Projekte (Empowerment) und die Berücksichtigung des Kontextes werden durch die Projektstart-Workshops unterstützt und gefördert. Interne Projektauftraggeber sind ebenfalls eine selbstverständliche Begrifflichkeit wie ein Siemens-konzernweites *Projektmanagement*-Ausbildungsprogramm mit entsprechendem Karrierepfad vom JPM bis zum SPM (PM@Academy/PROMOTE). PMA- und PMI-Zertifizierungen als Ausbildungsabschluss sind ebenso eingeführt. Das Erstellen von Projekthandbüchern im Projektstart-Workshop, die Projektkoordination, Projektcontrolling, das Management von Projektdiskontinuitäten und der Projektabschluss-Workshop sind ebenfalls standardisiert. Best-Practice(Erfolgsmethoden)-Handbücher und Lessons Learned aus den Projekten sind nun entwickelt. 2001 wurde das *SBT-Projektmanagement-Büro* mit dem Ziel etabliert, die *Projektmanagement-Entwicklung* zu unterstützen. Es existiert ein in einer *Projektmanagement-Offensive (zwei Jahre)* gemeinsam entwickelter *Projektmanagement-Leitfaden*, es gibt standardisierte Projekthandbuch-Templates und eine Collaboration Software (Open Text – Livelink) zur optimierten Zusammenarbeit von virtuellen Projektteams. Das Anwenden von PM-Softwaretools wie MS-Project, WBS Chart pro, Graneda Dynamics, Mindmapping usw. gehört zum Ausbildungsstandard. Eine Kooperation mit *Projektmanagement-Prozessberatungsfirmen* ist obligatorisch.

Projektportfolio-Prozess

Da es sich im Systembaugeschäft um überwiegend repetitive und ähnliche Projekte handelt, wurden diese schon in der Vergangenheit immer optimal gestartet und geplant. Musterprojekthandbücher und ein einheitlicher Projektstrukturplan (PSP) haben diese Standardisierung unterstützt. Im Projektcontrollingprozess wurde der Projektkontext noch nicht ausreichend beachtet und nur auf die Projektkosten aus dem ERP-System fokussiert. Dies führte früher zu unzureichenden und missverständlichen Einzelbewertungen der Projekte respektive zu Projektdiskontinuitäten.

Die Aggregation der Daten einerseits und der Erkenntnisse aus den Einzelprojekten andererseits zu einem Projektportfolio wurden nicht ausreichend unterstützt. Dies wurde mit der dezentralen Unternehmensführung (jede der sieben Niederlassungen in den österreichischen Bundesländern wird relativ autonom von einem Regionalleiter geführt und das Ergebnis wird auch dort verantwortet) und zusätzlich mit der Kostenstellenstruktur auf Produktbasis im ERP-System begründet. Beide Faktoren sind für ein optimales Projektportfolio-Management kontraproduktiv. Erst durch die Einführung der Collaboration Software hat sich die Situation verbessert. Seit diesem Zeitpunkt sind alle Projekte der SBT in ganz Österreich auf einem Datenserver im Siemens-Rechenzentrum gesichert verfügbar und können auch für entsprechende Auswertungen genutzt werden. An einem Lösungsansatz für die Datenaufbereitung und -auswertung wird derzeit in einem parallel geführten Projekt gearbeitet. Diese Lösung kann u.a. auch eine Datenbasis für die *Projektportfolio-Scorecard* bilden.

189

Tabelle 5.2 Gesamtheit der befragten Projektmanager

NL-Büro (Bundesland)	Projektmanager
Wien, Niederösterreich, Burgenland	12
Oberösterreich	10
Salzburg	10
Steiermark	6
Kärnten	4
Tirol	3
Vorarlberg	3
Summe	48

Controlling der Projektstrategien mit der Projektportfolio-Scorecard

Um für das Management und das *Projektmanagement-Büro* die Strategieumsetzung steuern, controllen und visualisieren zu können, wurde die JP-PPSC entwickelt. Da die Balanced Scorecard heute Stand des strategischen Controllings ist, wurden diese und die RGC PPSC als Basis für die JP-PPSC-Systematik herangezogen.

Die in diesem Buch fokussierten internen Prozesse der Projektabwicklung können damit erstmals auch in einem relativ unkomplizierten Prozess erarbeitet werden und durch die Kennzahlen können Vergleiche innerhalb als auch außerhalb des Unternehmensbereichs durchgeführt werden. Damit wird z.B. auch Benchmarking für System- und Anlagenbauunternehmen ermöglicht; Verbesserungspotenziale können aufgezeigt werden.

Durchführung der Befragung

Die Informationsgrundlage für die nachfolgenden Ausarbeitungen waren die Befragungen (Tabelle 5.2) mit dem im Modell (siehe Tabelle 4.17) vorgestellten Fragebogen.

5.3 Das Anlagenbauunternehmen MCE Anlagenbau Austria

5.3.1 Firmenprofil der MCE Anlagenbau Austria

MCE Anlagenbau Austria ist ein Unternehmen der MCE AG mit Firmensitz in Wien und weiteren Standorten in Salzburg, in der Steiermark und im Burgenland. MCE Anlagenbau Austria plant, liefert und errichtet Rohrleitungssysteme und Anlagen für ein breites Spektrum technischer Anwendungen. Das Leistungsangebot des Unternehmens umfasst die Bereiche

- Energietechnik
- Gebäudetechnik

- Industrietechnik
- Facility Management.

Vision

Die MCE Anlagenbau Austria ist ein herstellerunabhängiger Dienstleistungskonzern für den gesamten Lebenszyklus von Gebäuden und Industrieanlagen in Zentraleuropa.

Organisation und Marktleistungen

Energietechnik

Die Energietechnik plant und erreichtet Rohrleitungssysteme, Kraftwerkssysteme und Gesamtanlagen zur Wandlung von Primärenergie in Strom und/oder Wärme.

Gebäudetechnik

In der Gebäudetechnik werden alle Aktivitäten zusammengefasst, die mit Planung und Errichtung von Gebäuden, ihrer technischen Ausstattung und deren Instandhaltung zusammenhängen:

- General Contracting, Elektrotechnik, Technische Gebäudeausstattung und Facility Management

Industrietechnik

Innerhalb des Geschäftsbereiches Industrietechnik werden Planung und Errichtung von Anlagen und Rohrleitungssysteme für unterschiedliche Bereiche durchgeführt:

- Pharmaindustrie, Feinchemie und Allgemeine Industrietechnik: Planung, Errichtung und insbesondere Montagearbeiten von Systemen und Rohrleitungen wie für Holz- und Papierindustrie, Maschinen- und Fahrzeugtechnik sowie Problemlösungen in der Umwelttechnik

Facility Management

Angeboten werden hier jene Tätigkeiten, die in der Regel nicht zu den primären Geschäftsinteressen des Gebäudeeigentümers bzw. -nutzers zählen:

- Technik wie Unterstützung in der Planung, Instandhaltung, Betriebsführung, Fernüberwachung, Energieoptimierung, Sanierung und Entsorgung
- Infrastruktur wie Reinigung, Verpflegung, Bewachung, Portierdienste, Postdienste, Kommunikation
- Kaufmännische Verwaltung wie Verrechnung, Vertragswesen, Beschaffung, Lagerwirtschaft, Planung und Management-Systeme

Projektorientierung

MCE AG wurde 1954 unter dem Namen Österreichische Rohrbau gegründet und später in Mannesmann Anlagenbau umbenannt. Das Unternehmen war bis 1999 im Besitz des

Mannesmann Konzerns, seitdem ist es Mitglied der MCE AG, vormals Andlinger Group Anlagenbau Holding AG.

Um die schon historisch große Bedeutung der Projektorientierung für die MCE Anlagenbau Austria noch weiter auszubauen, wurde 2000 ein Programm „PM-Professionalisierung" gestartet, mit dem Ziel der Steigerung der PM-Qualität und der Effizienzverbesserung bei der Durchführung und Abwicklung von Kundenauftragprojekten.

Im Projektzieleplan wurden folgende Themen vereinbart:

- Schaffung einer einheitlichen PM-Kultur und einheitlicher Begrifflichkeiten (für interne und externe Projekte)
- Weiterentwicklung individueller PM-Kompetenzen
- Einführung von Projekt-Coaching
- Optimierung und Ergänzung der PM-Richtlinien und Standards
- Einbeziehung aller Bereiche in das Programm
- Schaffung eines besseren PM-Verständnisses bei allen Mitarbeitern
- Einführung des Projektportfolio-Managements
- Einführung von EDV-Lösungen zur Unterstützung des PM-Prozesses.

5.3.2 Das Managementsystem der MCE Anlagenbau Austria

Im Managementsystem der MCE Anlagenbau Austria werden anhand einer Prozesslandkarte (Bild 5.5) die Hauptprozesse des Unternehmens dargestellt.

Die Prozesslandkarte der MCE Anlagenbau Austria ist mit hinterlegten Prozessbeschreibungen, Formularen, Checklisten, Verantwortlichkeiten usw. sowohl im Intranet als auch als CD-ROM-Version für alle Mitarbeiter verfügbar.

Vertrieb, Projektabwicklung und After Sales bilden die Geschäftsprozesse der MCE Anlagenbau Austria.

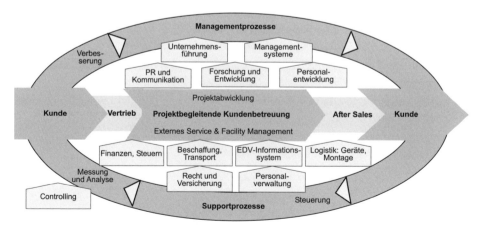

Bild 5.5 Prozesslandkarte der MCE Anlagenbau Austria

Der Prozess Projektabwicklung gliedert sich in die Teilprozesse:

- Projektmanagement
- Engineering
- Beschaffung
- Transport
- Montage
- Inbetriebsetzung.

Beschreibung des Projektmanagementprozesses

- *Ziel & Zweck*
  Ein *Projekt* ist eine temporäre Organisation zur Durchführung eines kurz- bis mittelfristigen Prozesses verschieden hoher Komplexität, der die Erstellung eines (im)-materiellen Objekts zum Ziel hat.

  Projektmanagement ist ein Geschäftsprozess des projektorientierten Unternehmens und beinhaltet den Projektstart, die laufende Projektkoordination, den Projektabschluss und das Projektcontrolling unter Berücksichtigung der Ziele, der Leistungen, der Ressourcen, der Kosten, der Termine sowie der Organisation, Kultur und des Umfeldes des Projektes.

- *Prozessverantwortung*
  Die Prozessverantwortung hat das Projektmanagement-Büro. Änderungen bzw. neue Dokumente sind vom Projektmanagement-Büro zu genehmigen.

- *Prozesskennzahlen*
  Der Prozess wird mittels Befragung der Projektmanagement-Beteiligten gemessen.

- *Geltungsbereich*
  Diese Prozessbeschreibung gilt für alle Unternehmensbereiche.

Das Unternehmen unterscheidet aufgrund unterschiedlicher inhaltlicher Zielsetzungen in Angebote und Aufträge. Sowohl Angebote als auch Aufträge können als Großprojekt oder Projekt organisiert werden. Auch interne Projekte werden mit *Projektmanagement-Methoden* bearbeitet.

Projektstart

- Know-how-Transfer aus der Vorprojektphase in das Projekt
- Vereinbarung von Projektzielen
- Erstellung der Projektqualitätsplanung in Form des Projekthandbuches
- Design einer entsprechenden Projektorganisation, Teambildung
- Projektkulturentwicklung, Etablierung des Projektes als soziales System
- Planung von Maßnahmen zum Risikomanagement, zur Krisenvermeidung und -vorsorge
- Planung der Gestaltung von Projekt-Umfeld-Beziehungen
- Konstruktion eines gemeinsamen „Big Project Pictures"
- Durchführung eines ersten Projektmarketings.

Projektkoordination

- Laufende Sicherung des Projektfortschrittes
- Laufende Sicherung der entsprechenden Informationen für Vertreter der Projektorganisation und Vertreter relevanter Projekt-Umwelten
- Laufende Kontrolle der Erfüllung von Arbeitspaketen
- Laufende Steuerung der inhaltlichen Zusammenhänge zwischen den Arbeitspaketen
- Effiziente Gestaltung der laufenden Projektkoordination.

Projektcontrolling

- Feststellung des Projektstatus, Neu-Konstruktion des „Big Project Pictures"
- Controlling von Projektzielen, -leistungen, -ressourcen, -kosten, -organisation, -kultur und -umfeld
- Monatliche Erstellung der laufenden Auftragsbewertung
- Vereinbarung steuernder Maßnahmen
- Weiterentwicklung der Projektkultur
- Adaptierung der PM-Dokumentation
- Eventuell Erstellung einer Claim-Dokumentation
- Quartalsweise Erstellung von Fortschrittsberichten und Adaptierung der Projekt-Risikoanalyse.

Projektabschluss

- Planung und Fertigstellung inhaltlicher Restarbeiten
- Abschluss durch Projektbeurteilung und Auflösung des Projektteams
- Erstellung der „As-is"-Dokumentation
- Vereinbarung für die Nachprojektphase (z.B. Gewährleistungen)
- Erstellung des Projektabschlussberichtes
- Transfer des gewonnenen Know-hows in die das Projekt durchführende Stammorganisationen und in andere Projekte
- Auflösung der Projekt-Umwelt-Beziehungen und abschließendes Projektmarketing.

PM-Formulare und Checklisten

Als Unterstützung für die Gestaltung der einzelnen Prozessschritte Projektstart, Projektkoordination, Projektcontrolling und Projektabschluss stehen den Projektmanagern der MCE Anlagenbau Austria in der Prozesslandkarte der MCE Anlagenbau Austria umfangreiche Hilfsmittel zur Verfügung.

PM-Dokumentation

Das zentrale PM-Planungs- und PM-Controllingtool ist das Projekthandbuch der MCE Anlagenbau Austria.

PM-Informations/-Berichtswesen

Alle Kundenprojekte sowie alle internen Projekte der MCE Anlagenbau Austria werden von internen Projektauftraggebern (Vorstand, Geschäftsführung bzw. Geschäftsbereichsleitern) an die Projektmanager der MCE Anlagenbau Austria beauftragt.

Diese Projektmanager berichten demnach direkt den internen Projektauftraggebern.

Wesentliche Projektberichte sind:

- Projektfortschrittsbericht
- Projektkostenplanung
- Projektrisikoanalyse.

Projektportfolio

Die Gliederung der einzelnen Projekte erfolgt analog der technologischen Differenzierung in den Geschäftsbereichen der Gesellschaft. Ein weiteres Unterscheidungsmerkmal für externe Kundenprojekte ist der Auftragswert in Euro. Die Risikobetrachtung und entsprechende Einteilung externer Projekte wird anhand der Beauftragungsmodalität vorgenommen. Durch die unterschiedliche Beauftragung in Pauschalauftrag, Aufmaßauftrag oder Regie ergibt sich eine Differenzierung des Projektrisikos. Die stichtagbezogene Betrachtung der Projektlandschaft der MCE Anlagenbau Austria zum Zeitraum der Befragung ergab ein Portfolio für die einzelnen Bereiche, wie es in Tabelle 5.3 und Bild 5.6 dargestellt wird.

Die Differenzierung innerhalb des Bereiches Gebäudetechnik in die einzelnen Standorte wurde nicht in die Befragung übernommen. Eine solche Portfolio-Unterteilung könnte in einer weiteren Prozessanalyse als Ansatzpunkt für Verbesserungen im Sinne von Lessons Learned zur Anwendung kommen.

Tabelle 5.3 Stichtagbezogenes Projektportfolio

Bereich	0,5 - 5 Mio Euro	> 5 Mio Euro	0,5 - 5 Mio Euro	> 5 Mio Euro	0,5- 5 Mio Euro	> 5 Mio Euro
	Aufmaß	Aufmaß	Pauschal	Pauschal	Regie	Regie
Gebäudetechnik Standort A	5	0	4	1	0	0
Gebäudetechnik Standort B	6	0	6	0	0	0
Gebäudetechnik Standort C	2	0	9	2	0	0
Energietechnik	0	0	3	4	1	0
Industrietechnik	4	1	2	1	0	1

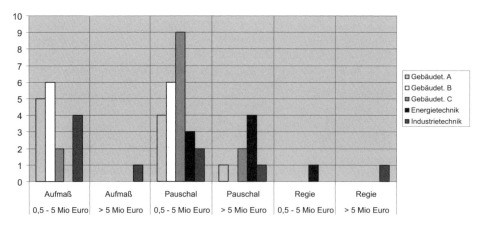

Bild 5.6 Grafische Darstellung des Projektportfolios im POU

5.3.3 Durchführung der Befragung

Die Informationsgrundlage für die nachfolgenden Ausarbeitungen waren die Befragungen (Tabelle 5.4) mit dem im Modell (siehe Tabelle 4.17) vorgestellten Fragebogen.

Tabelle 5.4 Verhältnis ausgesendete zu retournierte Fragebögen

Ausgesendete Fragebögen	Retournierte Fragebögen
47	25

5.4 Fallbeispiel

5.4.1 Ergebnisse und Auswertung der Befragung

Für die Darstellung der Auswertungsergebnisse der internen Prozesse der Projektabwicklung in den beiden Fallstudienunternehmen SBT und MCE wurden die Messungen auf der Grundlage von Befragungen durchgeführt und entsprechend der Vorgaben im Modell ausgewertet.

Die Geschäftsprozesse im gegenständlichen Anlagen- und Systembaugeschäft sind

- Akquisition,
- Projektabwicklung und
- Service.

Das Fallbeispiel ist folgendermaßen aufgebaut:

1. Für den Akquisitions- und Serviceprozess werden als Hilfestellung für weitere Befragungen und als Beispiel für die Anwendung der Fragetechnik die fertigen Fragen dargestellt.

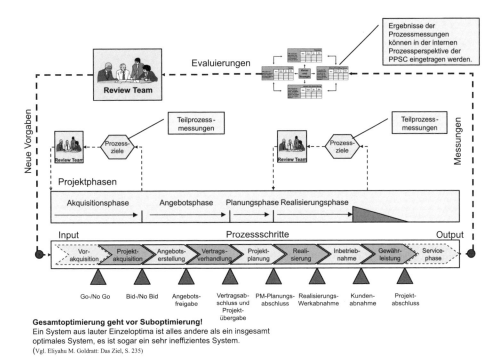

Evaluierungen

Review Team

Ergebnisse der Prozessmessungen können in der internen Prozessperspektive der PPSC eingetragen werden.

Neue Vorgaben

Messungen

Teilprozess-messungen

Prozess-ziele

Review Team

Teilprozess-messungen

Prozess-ziele

Review Team

Projektphasen

| Akquisitionsphase | Angebotsphase | Planungsphase | Realisierungsphase |

Input　　　　　　　Prozessschritte　　　　　　Output

Vor-akquisition · Projekt-akquisition · Angebots-erstellung · Vertrags-verhandlung · Projekt-planung · Reali-sierung · Inbetrieb-nahme · Gewähr-leistung · Service-phase

Go-/No Go　Bid-/No Bid　Angebots-freigabe　Vertragsab-schluss und Projekt-übergabe　PM-Planungs-abschluss　Realisierungs-Werkabnahme　Kunden-abnahme　Projekt-abschluss

Gesamtoptimierung geht vor Suboptimierung!
Ein System aus lauter Einzeloptima ist alles andere als ein insgesamt
optimales System, es ist sogar ein sehr ineffizientes System.
(Vgl. Eliyahu M. Goldratt: Das Ziel, S. 235)

Bild 5.7 Prinzip des projektphasenorientierten Messvorgangs

2. Für den Prozess Projektabwicklung werden beispielhaft die einzelnen Phasenergeb-nisse mit der Fragenbewertung gezeigt. Die Auswertung für den Akquisitions- und Serviceprozess wäre in gleicher Art und Weise durchzuführen, wurde jedoch aus Gründen des Wiederholeffektes und des fehlenden Nutzens für den Leser nicht mehr abgebildet.

3. In einem zusätzlichen Bewertungsschritt werden die Geschäftsprozesse Akquisition, Projektabwicklung und Service einem Benchmarking unterzogen.

4. Zum Abschluss wird die Gegenüberstellung der Gesamtbewertung von drei ausge-wählten Bereichen Gebäudetechnik, Industrietechnik und Systembau für die Pro-jektabwicklung dargestellt.

Bild 5.7 zeigt das Prinzip des projektphasenorientierten Messvorgangs durch Befragung der Projektmanager.

5.4.2 Fragestellungen für die Messung des Akquisitionsprozesses

Der Geschäftsprozess für die Akquisition setzt sich aus den im Bild 5.8 dargestellten Teil-prozessen zusammen.

Die in mehreren Workshops gemeinsam entwickelten Fragen zu allen zehn Phasen die-ses Prozesses wurden nach den Kriterien Qualität, Termin und Kosten geclustert und sind nachstehend aufgelistet.

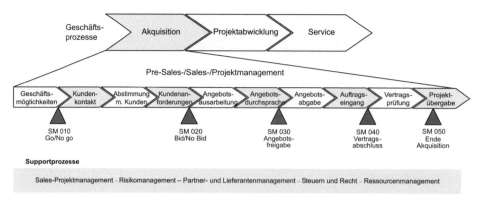

Bild 5.8 Akquisitions-Prozess im POU

Pre-Sales: Ausloten von Geschäftsmöglichkeiten und Vorselektion

Q Sind ausreichend Kenntnisse über die am Markt installierten Anlagen (auch Mitbewerb) verfügbar?

Q Werden Messen und Ausstellungen im Verkaufsgebiet selektiv (kostengünstig) genutzt?

Q Ist das interne Vetriebsnetzwerk (Key Accounter, Business Coach, ...) bekannt?

Q Sind notwendige Markt- und Mitbewerberdaten aufbereitet und rasch verfügbar?

T Sind eventuelle Probleme aus Vorprojekten bekannt und systematisch aufbereitet (z.B. Problemliste)?

T Werden die notwendigen Vertriebsinformationen rechtzeitig zur Verfügung gestellt?

K Wie hoch ist Anzahl der Projekte aus der Pre-Sales-Phase, die zu Aufträgen werden?

K Sind die Vertriebswerkzeuge (Vorlagen, Vorschriften, Richtlinien, IT-Werkzeuge, ...) vollständig bekannt und immer verfügbar?

Pre-Sales: Herstellen des optimalen Kundenkontakts

Q Werden terminisierte und regelmäßige Besuchspläne erstellt und auch eingehalten?

Q Werden Vertriebsberichte über Kundenkontakte erstellt und in einem System zugänglich dokumentiert (z.B. CRM-System, Projektbegleitblatt)?

Q Sind die Kundenansprechpartner auf allen Hierarchien bekannt und werden diese auch eingebunden (z.B. durch Key Accounter, ...)?

Q Wird regelmäßig eine Kundenzufriedenheitsanalyse durchgeführt und sind die Ergebnisse bekannt bzw. zugänglich?

T Werden Terminabstimmungen mit den Kundenansprechpartnern durch die Business Coaches rasch durchgeführt?

T Kommen die Kundenkontakte mit den Entscheidern rechtzeitig zustande?

T Kommen die Termine ohne oftmaliges Drängen zustande?

Pre-Sales: Abstimmung der Vorgangsweise mit dem Kunden

Q Wird der Mitbewerb in dieser Phase schon genau beobachtet (z.B. durch Nachfragen beim Kunden)?

Q Entstehen in dieser Zeit durch den Kontakt bereits detaillierte Kundenanforderungen (z.B. Spezifikation)?

Q Sind die Kundenentscheidungskriterien bekannt?

Q Ist eines der Ergebnisse des Kundenkontakts ein detaillierter Aktionsplan zur weiteren Vorgangsweise?

T Können die Kundenkontakte von uns termingerecht wahrgenommen werden?

T Steht die Dauer dieses Vorgangs in einem vernünftigen Verhältnis zu den Erfolgschancen (Auftragserhalt)?

K Ist zu diesem Zeitpunkt das Kundenbudget für die Geschäftsmöglichkeit bereits bekannt?

K Wird auf Alternativmöglichkeiten hingewiesen, die unserer Technologie besser entsprechen würden?

Pre-Sales: Abdecken der Kundenanforderungen

Q Wie oft können wir Kundenanforderungen vollständig erfüllen?

Q Ist für das Erfüllen der Kundenforderung das Produktportfolio überwiegend verantwortlich?

Q Ist für das Erfüllen der Kundenforderung die Lösungskompetenz (*Projektmanagement*, Anlagenkonzept, ...) vorhanden?

Q Wie oft kommt es vor, dass die Kundenanforderungen mit dem Produktexperten abgestimmt werden?

Q Verbergen sich in den Kundenanforderungen auch spezielle Anforderungen an das *Projektmanagement* (Ausbildung, Zertifizierung, Projekthandbuch, Projektpläne, ...) und an das QM (Zertifikate)?

Q Gibt es oftmals Kundenanforderungen für Exportprojekte?

T Wie oft können wir unsere kaufmännischen Standardbedingungen einsetzen?

T Wie oft wird eine Kundenspezifikation vor der Kundenausschreibung erstellt?

K Wird in dieser Phase eine Risikobewertung nach den gültigen Richtlinien durchgeführt und dokumentiert?

K Wie hoch ist in der Regel der Wertschöpfungsanteil (eigene Produkte, *Projektmanagement*, Montagemanagement, Ibn, ...)?

Sales: Angebotausarbeitung

Q Wird der Mitbewerb in dieser Phase schon genau beobachtet (z.B. durch Nachfragen beim Kunden)?

Q Werden in dieser Phase auch strategische Partner (ständige Subunternehmer, Produktlieferanten, ...) eingesetzt?

Q Werden Lösungen (z.B. Dienstleistungen) im Angebot sichtbar gemacht (z.B. durch eigene Positionen)?

Q Sind die Ergebnisse der vorangegangenen Teilprozesse dokumentiert auch im CRM-Tool vorhanden (z.B. Projektbegleitblatt im Collaboration Tool Livelink)?

Q Sind die Prozessbeschreibungen im QM-Handbuch bekannt und werden diese eingehalten?

T Sind alle Vertriebs-Hilfsmittel zur raschen Angebotserstellung verfügbar und funktionsfähig (z.B. IT-Tools, Richtlinien, Formulare ...)?

T Sind die Business Coaches zur Unterstützung bekannt und immer verfügbar?

K Wie oft werden Alternativangebote kalkuliert und erhöhen diese die Auftragschancen?

K Wie oft können Standardlösungen z.B. von anderen Projekten eingesetzt werden?

Sales: Angebotsdurchsprache (intern)

Q Werden „Business Cases" für Angebote mit negativen Vertriebsspannen (= Deckungsbeitrag 2) durchgerechnet und dokumentiert (z.B. Break-even-Kalkulation durch Hereinnahme eines sehr positiven Wartungsvertrages)?

Q Wird eine Risikobewertung gemeinsam mit dem Kaufmann durchgeführt und dokumentiert?

Q Wird die Korrelation der Geschäftsgebietsstrategien mit dem Angebot noch einmal überprüft?

Q Werden alle internen Vereinbarungen über Vertragserfüllung, Preise, Lieferzeiten, Technik, kommerzielle Bedingungen, Abweichungen im CRM-System dokumentiert?

T Ist die Dauer der Angebotsdurchsprache im Verhältnis zum Angebotswert akzeptabel?

T Wird der Abgabetermin zu dem mit dem Kunden vereinbarten Zeitpunkt eingehalten?

K Sind die Kosten der Durchsprachen in Personentagen im Verhältnis zum Angebotswert akzeptabel?

K Werden für die Angebotsdurchsprachen Standardpräsentationen (Powerpoint) verwendet?

Sales: Angebotsabgabe/Angebotsübergabe

Q Wird der Mitbewerb in dieser Phase genau beobachtet (z.B. durch Nachfragen beim Kunden)?

Q Wird auf die in das Angebot eingearbeiteten Zusatznutzen (Lösungskompetenz) hingewiesen?

Q Wird auf das spezielle Projektmanagement-Know-how hingewiesen?

Q Erhalten wir in dieser Phase vom Kunden ausreichendes Feedback (z.B. zur Optimierung unseres Angebots)?

T Erfolgt die Angebotsabgabe aus taktischer Sicht immer termingerecht?

T Ist die Dauer der Angebotsabgabe im Verhältnis zum Angebotswert akzeptabel?

K Wie hoch sind die Kosten der Angebotsabgabe in Personentagen im Verhältnis zum Angebotswert?

K Kommt es häufig vor, dass nach der Angebotsabgabe die Kunden ohne zusätzliches Nachfragen unser Angebot akzeptieren?

Sales: Vertragsverhandlung/Auftragseingang

Q Werden oftmals die eigenen kaufmännischen Bedingungen vom Kunden akzeptiert?

Q Wurden alle Kundenwünsche/Kundenbedürfnisse mit dem Angebot abgedeckt?

Q Sind für eine weitere Vorgangsweise die Meilensteine mit dem Kunden genau definiert?

Q Wird eine Win-Loss-Analyse durchgeführt und diese im CRM-System dokumentiert?

Q Gibt es spezielle Eskalationsszenarien, um gute Kundenbedingungen aufrechtzuerhalten?

Q Ist das Projektbegleitblatt bzw. das CRM-System zu diesem Zeitpunkt mit allen wesentlichen Projekt- und Kundendaten befüllt?

T Sofern der Auftrag weiter verhandelt werden muss, ist ein taktisch optimierter Verhandlungsplan verfügbar?

T Ist bei Auftragseingang zu diesem Zeitpunkt zumindest ein abgestimmter Ausführungsterminplan verfügbar?

T Ist die Dauer der Vertragsverhandlung im Verhältnis zum Angebotswert akzeptabel?

K Kommt es häufig zum Auftragseingang, ohne dass die Angebote nachgebessert werden müssen?

K Sind die Kosten (in Personentagen) von Vertragsverhandlungen/Auftragseingang im Verhältnis zum Angebotswert akzeptabel?

Sales: Vertragsprüfung (intern)

Q Wird die Vertragskurzfassung (Liste der wesentlichen Vertragspunkte) in schriftlicher Form ermittelt?

Q Wird ein Vergleich von Bestellung zu Angebot durchgeführt und eine Abweichungsliste erstellt?

Q Wird eine Auftragsbestätigung (ggf. mit Abweichungsliste) an den Kunden übermittelt?

Q Werden komplexe Verträge immer mit der Abteilung Steuern und Rechte abgestimmt?

Q Sind die internen Regelungen bekannt und werden diese eingehalten?

Q Wird nach Vertragsänderungen eine neuerliche, interne Vertragsfreigabe eingeholt?

Q Wird immer ein Gegenschlussbrief erstellt und dem Kunden übermittelt?

T Ist die Dauer der Vertragsprüfung insbesondere mit Steuern und Recht im Verhältnis zum Angebotswert akzeptabel?

T   Wurde der Zeitpunkt der Vertragsprüfung optimal gewählt?

K   Wie oft passiert es, dass durch die interne Vertragsprüfung keine Nachverhandlungen mit dem Kunden notwendig werden?

K   Sind die Kosten (in Personentagen) der Vertragsprüfung im Verhältnis zum Angebotswert akzeptabel?

Sales: Übergabe an Projektmanagement

Q   Wird zu diesem Zeitpunkt ein mit dem Kunden abgestimmtes, technisches Lastenheft (Spezifikation) dem Projektteam übergeben?

Q   Sind zu diesem Zeitpunkt bereits konzeptionelle Pläne für das Projektmanagement vorhanden (Projektzielplan, Balkenplan, Kostenplan, ...)

Q   Wird ein Projektauftrag für das Projektteam erstellt und unterschrieben?

Q   Wird ein Projekt-Startworkshop geplant?

T   Erfolgt dieser Teilprozess immer unmittelbar nach dem TP 10 Vertragsprüfung?

T   Ist die Dauer (in Personentagen) dieses Teilprozesses im Verhältnis zum Auftragswert akzeptabel?

K   Wird zu diesem Zeitpunkt immer eine Auftragskalkulation erstellt und diese als Messgröße für das Projektteam verwendet?

K   Kommt es häufig vor, dass Projektmanager diesen Teilprozess abarbeiten, ohne dass beim Akquisiteur nachgefragt werden muss?

5.4.3 Messergebnisse des Projektabwicklungs-Prozesses

Der Projektabwicklungs-Prozess setzt sich aus den im Bild 5.9 dargestellten Teilprozessen zusammen.

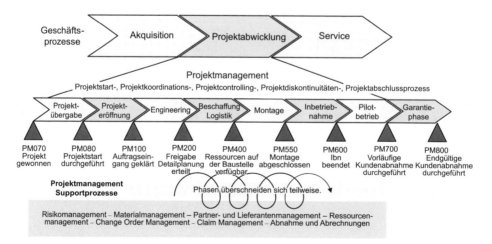

Bild 5.9 Projektabwicklungs-Prozess im POU

Die in mehreren Workshops gemeinsam entwickelten Fragen, nach den Kriterien Qualität, Termin und Kosten geclustert, werden nachstehend gelistet. Dieser Geschäftsprozess setzt sich aus den Teilprozessen

- Projektmanagement (als begleitender bzw. überlagerter Prozess zu den inhaltlichen Prozessen),
- Engineering,
- Beschaffung/Logistik,
- Montage/Supervision,
- Ibn/Schulung und
- Pilotbetrieb

zusammen.

Die detaillierte Darstellung der Fragen, deren Bewertungen und Darstellungen sind im Folgenden beispielhaft für alle anderen Geschäftsprozesse für den Geschäftsprozess *Projektabwicklung* abgebildet. Die in den nachfolgenden Diagrammen und beschreibenden Erläuterungen ausgewiesenen Nachkommastellen sind für die Interpretation der Ergebnisse nicht relevant.

Projektmanagement im POU

Tabelle 5.5 zeigt für das Projektmanagement im *projektorientierten Unternehmen* die Fragen und die Bewertungen für die drei Kriterien Qualität, Termine und Kosten.

Tabelle 5.5 Fragestellungen und Bewertungen für das Projektmanagement

1	Projektmanagement im POU	K	– –	–	0	+	++	Ps
1.1	Werden dem Projektmanager die erforderlichen Entscheidungsbefugnisse bei der Projektbeauftragung übertragen?	Q		9	5	11	5	30
1.2	Wird im Zuge einer Projektbeauftragung ein formaler Projektauftrag erteilt?	Q	6	5	9	8	2	30
1.3	Wird ein Projektstartworkshop mit dem Projektauftraggeber und Projektteam durchgeführt?	Q	12	8	3	5	2	30
1.4	Wird als Ergebnis des Projektstartworkshops ein Projekthandbuch erstellt und dieses formal vom Projektauftraggeber unterschrieben?	Q	16	8	4	1	1	30
1.5	Wird ein regelmäßiger Projektcontrollingprozess mit Ergebnisdokumentation und Fortschrittsbericht erstellt?	Q	8	9	8	4	1	30
1.6	Wird am Projektende ein Projektabschlussworkshop durchgeführt und werden Erfahrungen (Lessons Learned) aus dem Projekt dokumentiert und anderen Projektbeteiligten zugänglich gemacht?	Q	14	9	4	1	2	30
	Summe		56	48	33	30	13	
1.7	Stehen dem Projektmanager die Personalressourcen während der gesamten Projektdurchführungsphase zur Verfügung?	T	5	8	9	8		30
1.8	Wird im Projektmanagementprozess kontinuierlich auf Qualitätsmerkmale (z.B. Review Meetings) geachtet?	T	7	9	9	4	1	30
1.9	Wird die Projektkoordination durch permanente Kommunikation (Meetings, Einzelgespräche, E-Mail) der Projektteammitglieder gefördert?	T	4	5	8	6	7	30
	Summe		16	22	26	18	8	

Tabelle 5.5 (Forts.) Fragestellungen und Bewertungen für das Projektmanagement

1	Projektmanagement im POU	K	--	-	0	+	++	Ps
1.10	Wird im Projektcontrollingprozess Risikomanagement durchgeführt und dokumentiert?	K	5	9	8	7	1	30
1.11	Wird im Projektcontrollingprozess Claim Management (Veränderungen) gefördert und dokumentiert?	K	3	8	7	10	2	30
	Summe		8	17	15	17	3	
	Gesamtsumme		80	87	74	65	24	

Balkendiagramm

Das Kriterium Qualität zeigt deutlich negative Abweichungen zur Gesamtperformance. Das Gesamtergebnis liegt knapp über 40% und wird daher mit gelb eingestuft.

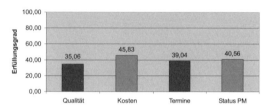

Blasendiagramm

Viele Fragen weisen kritische Ergebnisse auf. Es empfiehlt sich daher Verbesserungen im Rahmen des Projektmanagements zu etablieren; dazu gehört beispielsweise ein standardisierter Projektcontrolling-Prozess.

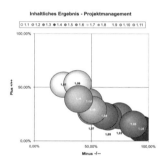

Engineering aus Sicht des Projektmanagers

Tabelle 5.6 zeigt für das Engineering die Fragen und die Bewertungen für die drei Kriterien Qualität, Termine und Kosten.

Tabelle 5.6 Fragestellungen und Bewertungen für das Engineering

2	Engineering aus der Sicht des PM	K	--	-	0	+	++	Ps
2.1	Sind die technischen Pläne und Dokumentationen verständlich ausgeführt (z.B. kurze Einschulungszeit für Montagepersonal)?	Q		3	6	18	3	30
2.2	Sind die technischen Pläne und Dokumentationen ohne Korrekturen für die Ausführung verwendbar (z.B. Aufwand)?	Q		8	9	12	1	30
2.3	Gibt es ausreichendes technisches Know-how im Projektierungspool, um die Projektmanager fachlich zu unterstützen?	Q	3	2	10	10	5	30
2.4	Werden die Pläne und Dokumentationen so erstellt, dass wenig Nachfragen notwendig sind?	Q	1	1	7	19	2	30
2.5	Entsprechen die fertiggestellten Anlagen und Systeme ohne oftmalige Planänderungen den technischen Kundenspezifikationen?	Q	1	2	9	13	5	30
2.6	Werden Design Review Meetings in der Projektplanung vorgesehen und durchgeführt (z.B. nach Meilensteinen)?	Q	8	10	7	4	1	30
	Summe		13	26	48	76	17	
2.7	Werden die Pläne so erstellt, dass nachträgliche Kundenwünsche bzw. notwendige Änderungen einfach und rasch umgesetzt werden können?	T	2	2	6	17	3	30
2.8	Werden Planänderungsanträge von den zuständigen Projektierungspool termingerecht durchgeführt?	T	4	7	6	12	1	30
	Summe		6	9	12	29	4	
2.9	Werden bei der Projektierung wirtschaftliche Aspekte der Montageausführung auf der Baustelle ausreichend berücksichtigt?	K	1	5	10	12	2	30
2.10	Werden Anforderungen für spätere Abnahmeprüfungen (z.B. TÜV) in der Projektierung berücksichtigt?	K		1	7	12	10	30
	Summe		1	6	17	24	12	
	Gesamtsumme		20	41	77	129	33	

Balkendiagramm

Das Kriterium Kosten zeigt eine äußerst positive Abweichung zur Gesamtperformance. Das Gesamtergebnis liegt bei 62,6% und wird daher mit hellgrün eingestuft.

Blasendiagramm

Die Frage 2.6 weist ein kritisches Einzelergebnis auf. Es empfiehlt sich daher, Design Reviews in die Projektplanung zu integrieren und ihre Durchführung zu überwachen.

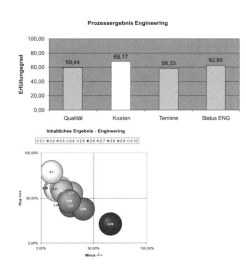

205

Beschaffung/Logistik aus Sicht des Projektmanagers

Tabelle 5.7 zeigt für die Beschaffung/Logistik die Fragen und die Bewertungen für die drei Kriterien Qualität, Termine und Kosten.

Tabelle 5.7 Fragestellungen und Bewertungen für Beschaffung/Logistik

3	Beschaffung/Logistik aus der Sicht des PM	K	– –	–	0	+	++	Ps
3.1	Wirkt sich die Wiederbeauftragung von Sublieferanten positiv auf die Projektqualität aus?	Q	1	1	6	14	8	30
3.2	Wirkt sich der Einsatz von standardisierten Produkten positiv auf die Projektqualität aus?	Q	1		3	10	16	30
3.3	Sind die Produktbeschreibungen und Einbauanleitungen von Zukaufteilen für die Monteure verständlich?	Q	1	1	11	15	2	30
3.4	Haben die Lieferanten entsprechende qualitative Supportfunktionen und sind diese auch ständig verfügbar?	Q	1	2	15	10	2	30
	Summe		4	4	35	49	28	
3.5	Werden die Produkte entsprechend der vorgegebenen Terminplanung pünktlich geliefert?	T	1	6	10	11	2	30
3.6	Werden die Bestellungen gemäß Vereinbarung vollständig angeliefert (oder kommt es zu vielen Teillieferungen)?	T	3	13	2	11	1	30
3.7	Werden Nachbestellungen bei den einzelnen Lieferanten termingerecht auf der Baustelle angeliefert?	T	1	3	15	10	1	30
	Summe		5	22	27	32	4	
3.8	Wird bei der Produktauswahl auf den Montageaufwand Rücksicht genommen?	K	2	2	11	11	4	30
3.9	Ist der administrative Koordinationsaufwand für die Abwicklung der Bestellungen (Terminverfolgung, Reklamationen, Nachbestellung, ...) angemessen? (z.B. bei hohem Aufwand = – – ... bei wenig Aufwand = ++)	K	7	10	6	5	2	30
	Summe		9	12	17	16	6	
	Gesamtsumme		18	38	79	97	38	

Balkendiagramm

Das Kriterium Qualität zeigt eine sehr positive Abweichung, wogegen das Kriterium Kosten eine negative Abweichung zur Gesamtperformance aufweist. Das Gesamtergebnis liegt bei 57% und wird daher mit hellgrün eingestuft.

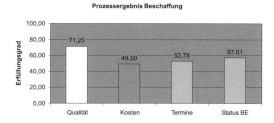

Blasendiagramm

Die Fragen 3.6 und 3.9 weisen kritische Ergebnisse auf. Es empfiehlt sich daher, die Anlieferung der Bestellungen zu überprüfen und den Aufwand der administrativen Bestellabwicklung zu reduzieren.

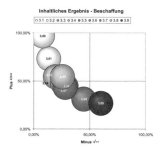

Montage/Supervision aus Sicht des Projektmanagers

Tabelle 5.8 zeigt für die Montage/Supervision die Fragen und die Bewertungen für die drei Kriterien Qualität, Termine und Kosten.

Tabelle 5.8 Fragestellungen und Bewertungen für Montage/Supervision

4	Montage/Supervision aus der Sicht des PM	K	−−	−	0	+	++	Ps
4.1	Entspricht die Baustellendokumentation (Bauberichte, Bautagebuch, Claims, Nachträge, Prüfprotokolle, ...) den vertraglichen Vereinbarungen?	Q	1	7	11	8	3	30
4.2	Gibt es einen Kommunikationsprozess zur Verbesserung der Montage von nachfolgenden Anlagenerrichtungen (Lessons Learned)?	Q	2	10	13	4	1	30
4.3	Sind die Mitarbeiter der Montage(-partner) ausreichend für ihre Aufgabe geschult?	Q	1	5	7	14	3	30
4.4	Entsprechen die Mitarbeiter der Montage(-partner) den Qualitätsanforderungen des Unternehmens (Auftreten, Kundenanforderungen, Sicherheit, ...)	Q		2	12	12	4	30
	Summe		4	24	43	38	11	
4.5	Werden Nachforderungen (Fremdclaims) unverzüglich an das PM gemeldet und dokumentiert (Fotos)?	T	4	7	10	8	1	30
4.6	Werden die in der Projektplanung ausgearbeiteten Termine durch die Montagemitarbeiter eingehalten?	T	1	3	8	17	1	30
	Summe		5	10	18	25	2	
4.7	Ist der interne Koordinationsaufwand des PM für die Montage (Nachfragen, Reklamationen, ...) dem Projektumfang angemessen?	K	1	9	9	10	1	30
4.8	Kommt es durch professionelles Baustellenmanagement der Montage zur Unterschreitung der kalkulierten Montagevorgabezeiten?	K	6	10	11	3		30
4.9	Werden Mehraufwendungen an den Kunden (Eigenclaims) dokumentiert und an diesen rechtzeitig weiterverrechnet?	K	2	6	9	12	1	30
	Summe		9	25	29	25	2	
	Gesamtsumme		18	59	90	88	15	

Balkendiagramm

Das Kriterium Kosten zeigt eine negative Abweichung zur Gesamtperformance. Das Gesamtergebnis liegt bei 51,9% und wird daher mit hellgrün eingestuft.

Blasendiagramm

Die Frage 4.8 weist ein kritisches Ergebnis auf. Die Vorgabezeiten sind dahingehend zu analysieren, ob sie sich bereits an den Leistungsgrenzen bewegen oder ob das Baustellenmanagement nicht in der Lage ist, weitere Verbesserungen zu erzielen.

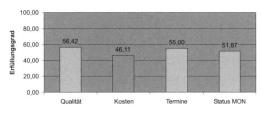

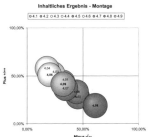

Ibn/Schulung aus Sicht des Projektmanagers

Tabelle 5.9 zeigt für die Inbetriebnahme und Schulung die Fragen und die Bewertungen für die drei Kriterien Qualität, Termine und Kosten.

Tabelle 5.9 Fragestellungen und Bewertungen für Inbetriebnahme/Schulung

5	Ibn/Schulung aus der Sicht des PM	K	--	-	0	+	++	Ps
5.1	Wie ist der Qualitätsstandard der von den Inbetriebnehmern erstellten Dokumentation (fehlerfrei, komplett, ...)?	Q		1	12	14	3	30
5.2	Wie ist die Kundenzufriedenheit mit dem Inbetriebnahmepersonal (Kundenreklamationen über Personal)?	Q			3	19	8	30
5.3	Sind die Kundenmitarbeiter mit der erfolgten Einschulung durch das Ibn-Personal zufrieden?	Q			6	15	9	30
5.4	Gibt es einen standardisierten kontinuierlichen Verbesserungsprozess für nachfolgende Anlagenerrichtungen (Lessons Learned aus der Ibn)?	Q		10	12	8		30
5.5	Wird vom Ibn-Personal ein Bautagebuch (mindestens auf Wochenbasis) geführt?	Q	6	7	7	9	1	30
	Summe		6	18	40	65	21	
5.6	Wie ist die Reaktionszeit des Ibn-Personals bei Störfällen?	T		3	8	11	8	30
5.7	Werden die in der Projektplanung ausgearbeiteten Termine tatsächlich eingehalten?	T	2	2	14	8	4	30
	Summe		2	5	22	19	12	
5.8	Ist der Koordinationsaufwand des Projektmanagements für die Ibn-Phase dem Projektumfang adäquat?	K	1	5	12	10	2	30
5.9	Sind die Ibn-Techniker mit den vertraglichen Grundlagen des Projekts vertraut (z.B. für Claim Management)?	K	1	9	9	9	2	30
	Summe		2	14	21	19	4	
	Gesamtsumme		10	37	83	103	37	

Balkendiagramm

Das Kriterium Termine zeigt positive Abweichung zur Gesamtperformance. Das Gesamtergebnis liegt bei 60,6% und wird mit hellgrün eingestuft.

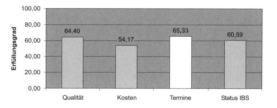

Blasendiagramm

Die Frage 5.5 weist ein kritisches Ergebnis auf. Die verpflichtende Anwendung eines Bautagebuches gemäß Arbeitsanweisung ist durchzusetzen. Stichprobenartige Kontrollen sind vom Projektmanager auf den Baustellen durchzuführen

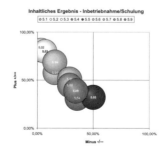

Pilotbetrieb aus Sicht des Projektmanagers

Tabelle 5.10 zeigt für den Pilotbetrieb die Fragen und die Bewertungen für die drei Kriterien Qualität, Termine und Kosten.

Tabelle 5.10 Fragestellungen und Bewertungen für den Pilotbetrieb

6	Pilotbetrieb aus der Sicht des PM	K	--	-	0	+	++	Ps
6.1	Sind alle Restarbeiten aus der Realisierungsphase bekannt, definiert und kommuniziert?	Q	1	6	8	13	2	30
6.2	Wird der Probebetrieb im Einklang mit den vertraglichen Spezifikationen durchgeführt?	Q	1	5	9	13	2	30
6.3	Wird die Beendigung des Probebetriebs dem Kunden schriftlich angezeigt (Projektabschluss und Gewährleistungsbeginn)?	Q	2	7	6	9	6	30
6.4	Gibt es einen Kommunikationsprozess für Verbesserungen von nachfolgenden Anlagenerrichtungen (Lessons Learned)?	Q	2	11	12	4	1	30
	Summe		6	29	35	39	11	
6.5	Werden die Unterlagen und Dokumente für Behördenabnahmen rechtzeitig und ohne zusätzlichen Aufwand für den PM vorbereitet?	T	3	11	10	5	1	30
6.6	Werden die Unterlagen und Dokumente für Kundenabnahmen rechtzeitig und ohne zusätzlichen Aufwand für den PM vorbereitet?	T	3	8	11	5	3	30
6.7	Werden alle relevanten und letztgültigen Projektinformationen rechtzeitig an den Projektmanager übermittelt?	T		9	14	4	3	30
	Summe		6	28	35	14	7	
6.8	Ist der Koordinationsaufwand des Projektmanagements für die Pilotbetriebsphase dem Projektumfang adäquat?	K		6	15	8	1	30
6.9	Sind die Unterlagen und Dokumente aus dem Pilotbetrieb so gestaltet, dass die Schlussrechnung ohne Mehraufwand gelegt werden kann?	K	3	5	11	9	2	30
	Summe		3	11	26	17	3	
	Gesamtsumme		15	68	96	70	21	

Balkendiagramm

Das Kriterium Termine zeigt negative Abweichung zur Gesamtperformance. Das Gesamtergebnis liegt bei 51,3% und wird daher mit hellgrün eingestuft.

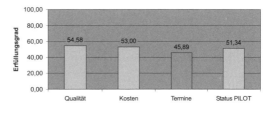

Blasendiagramm

Die Frage 6.5 weist ein kritisches Ergebnis auf. Das Ibn-Personal ist entsprechend anzuweisen und einzuschulen. Dies ist ein konkretes Beispiel für das Setzen eines Quality Gates im Projektstrukturplan.

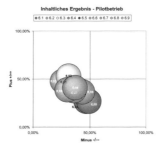

Interpretation der Ergebnisse der Projektabwicklungs-Prozesse

In der Regelkarte (Bild 5.10) sind die Prozesse der Projektabwicklung phasenorientiert dargestellt. Die strichlierte schwarze Linie (Erfüllungsgrad 50) markiert die untere Eingriffsgrenze (UEG) und die durchlaufende dicke schwarze Linie (Erfüllungsgrad 40) den unteren Grenzwert (UGW). Alle Daten für die Regelkarte sind in Tabelle 5.11 dargestellt.

Die Daten der Regelkarte lassen sich folgendermaßen interpretieren:

- *Qualität*
  Zeigt im Teilprozess *Projektmanagement* ein kritisches Ergebnis. Der UGW wird unterschritten! Im Teilprozess Beschaffung liegt hingegen ein exzellentes Ergebnis vor.

- *Kosten*
  Zeigen im Teilprozess Beschaffung und Montage ein negatives Ergebnis. Der UEG wird nicht erreicht. Im Teilprozess Engineering liegt hingegen ein sehr gutes Ergebnis vor.

- *Termine*
  Zeigen im Teilprozess *Projektmanagement* und Pilotbetrieb ein negatives Ergebnis. Sonst liegen durchschnittliche Ergebnisse vor.

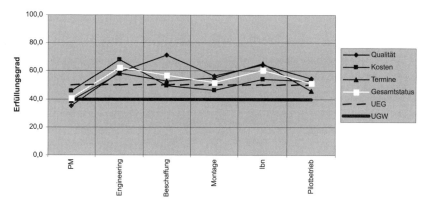

Bild 5.10 Regelkartendarstellung des Projektabwicklungs-Prozesses

Tabelle 5.11 Datentabelle für Regelkarte

Prozess	Qualität	Kosten	Termine	Gesamtstatus	UEG	UGW
Projektmanagement	35,1	45,8	39,0	41	50	40
Engineering	59,4	68,2	58,3	63	50	40
Beschaffung	71,3	49,5	52,8	57	50	40
Montage/Supervision	56,4	46,1	55,0	52	50	40
Ibn/Schulung	64,4	54,2	65,3	61	50	40
Pilotbetrieb	54,6	53,0	45,9	51	50	40

- *Gesamtstatus*

  Eine Aussage über die Prozessfähigkeit des Projektabwicklungs-Prozesses ist derzeit nicht möglich, da es sich um eine Erstmessung handelt und vergleichende Werte anderer Messungen noch fehlen (Zeitfaktor). Jedoch sind auf jeden Fall die vorgeschlagenen Maßnahmen (siehe Erläuterungen zu den Blasendiagrammen) im Sinne des kontinuierlichen Verbesserungsprozesses umzusetzen.

Weitere Darstellungen zur Ergebnisvisualisierung

In der Blasendiagrammdarstellung (Bild 5.11) wird die Lage der Gesamtnennungen je Teilprozess im Fragebogen dargestellt. Es zeigt sich hier besonders ausgeprägt, dass *Projektmanagement* im rechten unteren Quadranten (– –) liegt und daher Sofortmaßnahmen zu treffen sind. In weiterer Folge sind die Teilprozesse Ibn/Schulung, Probebetrieb und Beschaffung/Logistik mit den Projektmanagern zu analysieren.

Das Spinnendiagramm (Bild 5.12) verdeutlicht die Visualisierung des Erfüllungsgrades der Prozesse auf einem Blick. Dieses Diagramm wird auch für die Weiterentwicklung der Methode und zur Darstellung neuer Prozessziele angewendet. Die eingefärbte Fläche stellt den Prozess-Ist-Zustand dar, wogegen die weiße Fläche das noch mögliche Potenzial der Prozesse in der Organisation aufzeigt. Das Spinnendiagramm zeigt deutlich, dass beim *Projektmanagement* das größte Optimierungspotenzial liegt.

Das Balkendiagramm ist eine andere Art der Darstellung der bereits im Spinnendiagramm visualisierten Ergebnisse. Die Ergebnisse aus dem Balkendiagramm (Bild 5.13) können direkt in die *Projektportfolio-Scorecard-Perspektive* „interne Prozesse" übertragen werden.

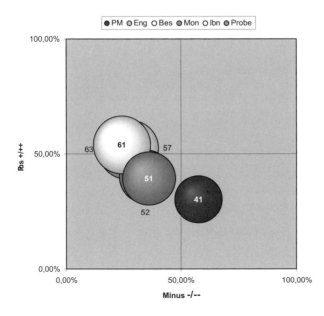

Bild 5.11
Blasendiagrammdarstellung des Projektabwicklungs-Prozesses

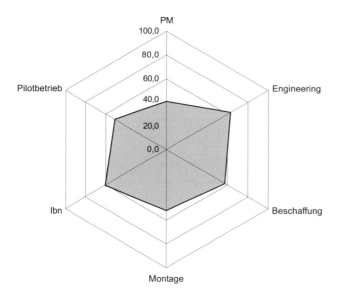

Bild 5.12
Spinnendiagramm-
darstellung des Projekt-
abwicklungs-Prozesses

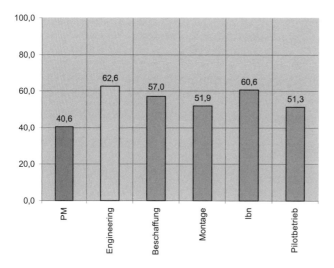

Bild 5.13
Balkendiagramm-
darstellung des Projekt-
abwicklungs-Prozesses

Als Endergebnis der Fallstudie werden die Daten und Ampelfarben des Balkendiagramms in der Spalte Kennzahlen (Kez) der *Projektportfolio-Scorecard* für die interne
Prozessperspektive eingetragen (Tabelle 5.12).

Die Zielvorgaben für die Spalte neue Ziele für den neuen Beobachtungszeitraum
werden vom *Projektmanagement-Büro* erarbeitet und dem Management empfohlen.

Die entsprechenden Maßnahmen zur Zielerreichung werden mit den Projektmanagern und Prozess-Ownern ausgearbeitet, eingetragen und im Rahmen von KVP-Pro-
jekten umgesetzt.

Tabelle 5.12 Interne Prozessperspektive der Projektportfolio-Scorecard

Interne Prozessperspektive	Kez	neue Ziele	Maßnahmen
Projektmanagement	41	50	Nachschulung Erstellung Projekthandbuch Moderation von Projektstartworkshops Moderation von Projektabschlussworkshops
Engineering	63	67	Quality Gates für Design Review setzen und controllen
Beschaffung/Logistik	57	62	Logistikprozess in kaufmännische Abwicklung integrieren
Montage/Supervision	52	62	Baustellenmanagement in Montagezeitkalkulation einbeziehen
Inbetriebnahme/Schulung	61	66	Online-Bautagebuch einführen
Pilotbetrieb	51	61	Quality Gate vor Arbeitspaket Ausführungsplanung setzen und controllen
Gesamtkennzahl	48	60	

Anmerkung: Die Daten für die anderen fünf Perspektiven (Partner/Interne Ressourcen, Lernen und Entwicklung, Gesellschaft, Kunden, Finanzen) der *Projektportfolio-Scorecard* sind aus den jeweiligen Unternehmens-Servicecentern zu übernehmen und ebenfalls einzutragen.

5.4.4 Fragestellungen für die Messung des Serviceprozesses

Der Serviceprozess setzt sich aus den im Bild 5.14 dargestellten Teilprozessen zusammen. Analog zum Akquisitionsprozess werden nun als Hilfestellung für weitere Befragungen und als Beispiel für die Anwendung der Fragetechnik die fertigen Fragen dargestellt.

Die in mehreren Workshops gemeinsam entwickelten Fragen sind wieder nach den Kriterien Qualität, Termin und Kosten geclustert und nachstehend gelistet.

Lead Generation (Generierung von Geschäftsmöglichkeiten)

Q Sind die übergebenen Daten aus dem Projektabwicklungs-Prozess vollständig und ohne Nacharbeit verwendbar?

Q Sind die entsprechenden Informationen (vom Vertrieb) zur Zuweisung der Ressourcen vorhanden (Einsatzgebiet, technische Anforderungen)?

Q Werden Leads durch die Servicetechniker aufgenommen und in den Service Sales Funnel (Service-Steuerungsprozess) mit eingebunden?

Q Wird die Übergabecheckliste mit dem Kunden immer und vollständig ausgearbeitet?

T Werden die Daten aus dem Projektabwicklungs-Prozess rechtzeitig zur Verfügung gestellt?

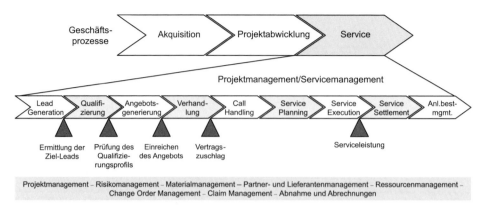

Bild 5.14 Serviceprozesse im POU

T Erfolgt die zeitgerechte Rückbestätigung des Kontakttermins beim Ansprechpartner des Kunden?

K Erfolgt die Ermittlung der richtigen Ansprechpartner bei potenziellen Kunden, um erfolglose Kontaktversuche zu vermeiden?

K Wird der Servicebeauftragte durch den Vertriebsbeauftragten angekündigt bzw. persönlich vorgestellt, um den Kontaktfindungsprozess zu erleichtern?

Qualifizierung

Q Werden die Anforderungen (z.B. Detaillierungsgrad, Produktwünsche, ...) des Buying Centers (Kundeneinkauf) bei der Erstellung des Angebotes berücksichtigt?

Q Werden die Kundenbedürfnisse bei der Erstellung des Angebots vollständig berücksichtigt?

Q Wird vor der Erstellung des Serviceangebots eine Stakeholder-Analyse durchgeführt?

T Werden alle relevanten Informationen zur Vervollständigung des Qualifizierungsprofils rechtzeitig zusammengefasst?

T Wird die Stakeholderanalyse rechtzeitig für die Angebotserstellung durchgeführt?

K Sind alle Kundendaten im CRM-System vollständig vorhanden, um die Vorbereitung des Kundenbesuchs zu vereinfachen?

K Steht der Aufwand, der für die Informationssammlung zur Vorbereitung der Serviceangebote erbracht werden muss, im Einklang mit dem zu erzielenden Serviceumsatz?

Angebotsgenerierung

Q Sind die Kundeninformationen für die Angebote immer vollständig vorhanden (Ergebnis der Vollständigkeitsüberprüfung) und resultiert daraus keine zusätzliche Nacharbeit?

Q Wird der Einkauf in die Überprüfung von nicht standardisierten Serviceangeboten eingebunden?

Q Wie oft können die Standard-Geschäftsbedingungen für Serviceangebote eingesetzt werden?

T Werden alle Daten im Angebotsstadium im CRM-System aktualisiert?

T Werden die Serviceangebote mit den erforderlichen Detailunterlagen (allgemeine Geschäftsbedingungen, Produktinformationen, Referenzangaben, Materiallisten, ...) termingerecht beim Kunden abgegeben?

K Wie oft können vorbereitete Standardangebote für die Serviceangebotserstellung verwendet werden?

K Werden die Angebote mit Unterstützung eines Softwaretools erstellt?

Verhandlung – Übergabe an Operations

Q Wurde der Einkauf (Beschaffung) nach der Angebotsanpassung insbesondere bei nicht standardisierten Angeboten in die Überprüfung mit eingebunden?

Q Werden die für die Ausführungsarbeiten speziellen Anforderungen (Werkzeuge, Geräte, Software, ...) vorab ermittelt?

Q Wird für die vorbeugenden Wartungsmaßnahmen ein Terminplan erstellt und dieser auch mit dem Kunden abgestimmt?

T Werden die Servicevertragsdaten unverzüglich im ERP-System erfasst?

T Wird die Auftragsbestätigung mit den Servicevertragsdaten dem Kunden unmittelbar nach der ERP-Versorgung übermittelt?

K Werden Änderungen überprüft, die der Kunden in die Servicevereinbarung eingefügt hat (Vertragsprüfung)?

K Wurde der Einkauf (Beschaffung) nach der Angebotsanpassung in die Überprüfung mit eingebunden, wenn Anlagen Dritter oder Konsignationswaren berücksichtigt werden sollen?

Call Handling

Q Wie zufrieden sind unsere Kunden mit dem Service Call Handling durch unseren Call Agent?

Q Kann die Qualifizierung von Kundenanfragen durch den Call Agent ohne Rückfragen beim Service Manager durchgeführt werden?

Q Wird bei der Erfassung der Kundenanfragen immer die Kundenvertrags-Referenznummer angeführt?

Q Werden durch den Call Agent die richtigen Personal-Qualifikationen für den Kundeneinsatz ausgewählt?

T Werden die Kunden bei Unklarheiten unverzüglich an den Service Manager weitergeleitet?

T Wird der Serviceauftrag durch den Call Agent immer verständlich formuliert?

K Werden durch den Call Agent detaillierte Kundeninformationen für zusätzliche Leads (Geschäftsmöglichkeiten) auch für andere Bereiche bekannt gegeben?

K Sind ausreichend qualifizierte Personalressourcen vorhanden?

Service Planning

Q Wird durch eine entsprechende Serviceeinsatzplanung die Arbeitseffizienz gesteigert?

T Werden die Einsatzpläne rechtzeitig erstellt, koordiniert und kommuniziert (agieren statt reagieren)?

K Werden für die Service-Einsätze ausreichend langfristige Einsatzpläne erstellt (insbesondere Kapazitätsplanung) und systematisch adaptiert?

Service Execution

Q Werden die erforderlichen Ausführungsdetails für eine effiziente Serviceabwicklung vorab mit dem Kunden vollständig abgeklärt?

Q Werden die Servicearbeiten im Servicebericht ausreichend dokumentiert?

Q Wird mindestens einmal jährlich bei jedem Servicevertrag der tatsächliche Anlagenbestand mit dem Serviceangebot verglichen (Anlageninventur)?

Q Wird der Kunde vor Beginn der Servicearbeiten vom Servicetechniker hinsichtlich der vertraglichen Servicearbeiten informiert und werden allfällige Zusatzarbeiten generiert?

T Wird der Servicebericht vom Kunden immer anstandslos sofort unterzeichnet?

T Wird der Servicebericht dem Kunden immer direkt vor Ort übergeben?

T Werden die am Einsatzort benötigten Werkzeuge und Materialien rechtzeitig bereitgestellt?

K Wird die Anreise zum Kundenstandort effizient geplant (z.B. durch Zusammenlegung von mehreren Kundenbesuchen im gleichen Gebiet)?

K Wird der Servicebericht mit dem Kunden besprochen und auch auf Servicearbeiten außerhalb des Servicevertrags hingewiesen?

K Wie oft werden kleinere Anlagenerweiterungen (additiver Vertrieb) direkt durch den Servicetechniker angeboten bzw. durch den Servicetechniker umgesetzt?

Service Settlement

Q Sind alle notwendigen Angaben im Servicebericht ausgefüllt und verständlich formuliert?

Q Werden Kundenreklamationen mit den zuständigen Vertriebsbeauftragten erörtert und Lösungen erarbeitet?

T Werden alle während der Servicetätigkeit erfassten neuen Informationen vollständig und rechtzeitig in das ERP-System eingepflegt?

T Stehen alle Informationen vom Servicetechniker unverzüglich nach Servicebeendigung zur Abrechnung zur Verfügung?

K Erfolgt die Rechnungslegung entsprechend den Servicevereinbarungen und der tatsächlich durchgeführten Serviceleistung (z.B. nach Anzahl der installierten Geräte))?

K Werden die Kosten für die Serviceleistungen und das Material den entsprechenden Serviceaufträgen im ERP-System richtig zugeordnet?

Anlagenbestandsmanagement

Q Werden Anlagenbestandsänderungen durch Vertragsanpassungen entsprechend bewertet (Preisänderungen)?

Q Sind die Process Performance Indicators (Prozesskennzahlen) bekannt und werden sie gemessen?

Q Werden die Process Performance Indicators (Prozesskennzahlen) in regelmäßigen Abständen gemessen und mit den Vorgaben verglichen?

T Werden die Anlagenbestandsdaten regelmäßig aktualisiert?

K Werden aufgrund von revidierten Anlagenbestandsdaten mögliche Leads (neue Geschäftsmöglichkeiten) systematisch ermittelt?

5.5 Benchmarking des Sales-, Projektabwicklungs- und Serviceprozesses

Um ein internes Benchmarking der drei Geschäftsprozesse Akquisition, Projektabwicklung und Service zu ermöglichen, wurden die drei Einzelergebnisse in eine gemeinsame Regelkarte (Bild 5.15) übertragen. Zu beachten ist dabei, dass Phasen mit gleicher Nummer n nicht den gleichen Teilprozess bezeichnen, sondern jeweils den n-ten Teilprozess im jeweiligen Geschäftsprozess. In Bild 5.15 wird der Projektabwicklungsprozess mit PEx (Project Execution) bezeichnet.

Interpretation

Die Darstellung in der Regelkarte zeigt deutlich die starke Performance des Systembauunternehmens im Bereich Sales. In den Bereichen Projektabwicklung und Service wer-

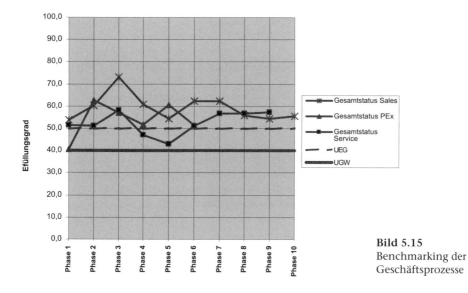

Bild 5.15
Benchmarking der
Geschäftsprozesse

217

den die Verbesserungspotenziale im Vergleich zum Sales-Prozess (Best of Class) klar aufgezeigt. Damit sind vorrangigen Zielsetzungen für künftige Entwicklungen bei Prozessqualität, Kosten und Terminen vorgegeben.

5.6 Benchmarking der internen Prozesse

Dieser Abschnitt präsentiert einen Vergleich der internen Prozesse von unterschiedlichen Geschäftsbereichen. Um jedem Leser seine individuelle Betrachtungsweise zu ermöglichen, werden verschiedene Ergebnisdarstellungen angeboten (Balken-, Spinnen- und Regelkartendarstellung).

5.6.1 Darstellung der Prozessergebnisse

Mit Hilfe des Balkendiagramms ist ein Vergleich der einzelnen Prozessphasen zwischen den Bereichen Industrietechnik, Gebäudetechnik und Systembau rasch und übersichtlich möglich (Bild 5.16).

Das Spinnendiagramm (Bild 5.17) verdeutlicht die Visualisierung des Erfüllungsgrades. Die Vielecke innerhalb des Spinnennetzes zeigen das einzelne Prozessergebnis des jeweiligen Bereiches. Die Flächen außerhalb der Vielecke stellen das noch mögliche Potenzial der Prozessverbesserung in der Organisation dar.

Die Regelkartendarstellung ist am besten geeignet, wenn die Prozessperformance der einzelnen Unternehmensbereiche vergleichen werden soll oder wenn es darum geht, sich im Sinne von Best Practice mit anderen Unternehmungen zu messen (Bild 5.18).

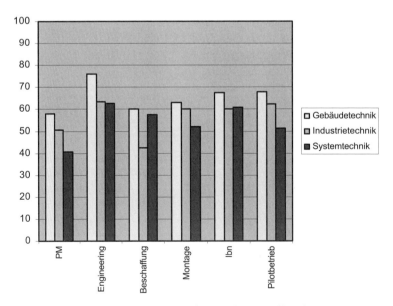

Bild 5.16 Benchmarking der Geschäftsbereiche im Balkendiagramm

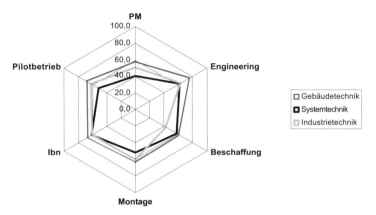

Bild 5.17 Gegenüberstellung der Geschäftsbereiche im Spinnendiagramm

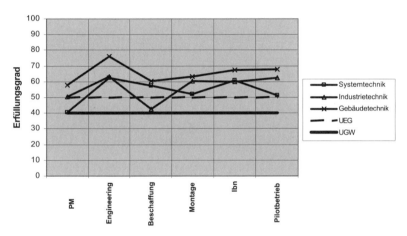

Bild 5.18 Benchmarking der Geschäftsbereiche in der Regelkarte

5.6.2 Interpretation der internen Prozessperspektive

Projektmanagement

Im Teilprozess Proejektmanagement sind die Ergebnisse der Bereiche Gebäude- und Industrietechnik besser als im Bereich Systembau, der unter der UEG liegt. Es zeigt sich, dass der Bereich Systembau gegenüber dem klassischen Anlagenbau in diesem wichtigen Teilprozess ein hohes Maß an Verbesserungspotenzial aufweist.

> Da *Projektmanagement* ein wichtiger Prozess des *projektorientierten Unternehmens* darstellt, kann man aus diesem Ergebnis auch den Schluss ziehen, dass dies sogar kritisch für das ganze Unternehmen ist.

Maßnahmen können zum Beispiel eine Qualifikationsüberprüfung der Projektmanager sein – und davon abgeleitet eventuell Schulungsmaßnahmen, sowie das Überprüfen von Schnittstellen zu anderen Prozessen und die Überprüfung von Tools.

Engineering

Alle drei Bereiche haben im Teilprozess Engineering einen gut ausgeprägten Prozess, der sich aus dem traditionell hohen technischen Standard ableiten läßt. Dieses sehr gute Prozessergebnis wird intern als Benchmark für die anderen Prozesse der Projektabwicklung herangezogen.

Beschaffung

Im Bereich Beschaffung/Logistik zeigt der Bereich Industrietechnik im Vergleich zu den anderen Bereichen ein stark abfallendes Teilergebnis. Da dieser Prozess am UGW liegt, kann er kritische Auswirkungen auf den gesamten Prozess der Projektabwicklung haben.

> Es ist in einem ersten Schritt genau zu analysieren, ob die Fragestellung von den betreffenden Projektmanagern richtig verstanden wurde (durch Nachfragen bei den Projektmanagern), ob somit das Endergebnis wirklich als richtig interpretiert werden kann.

Wenn das der Fall ist, muss man feststellen, welche Gründe zu diesem Ergebnis geführt haben. Erst ab diesem Zeitpunkt können systematische Maßnahmen zur Änderung initiiert werden.

Montage

In diesem Teilprozess weisen Industrietechnik und Gebäudetechnik ein sehr gutes Ergebnis auf. Um kundenorientiert agieren zu können, stützt sich dieser Teilprozess vor allem auf das Kern-Know-how des Anlagenbaugeschäftes und die damit verbundene Spezialisierung.

Der Unterschied zwischen den beiden Bereichen (Anlagenbau und Systembau) kann damit begründet werden, dass die Montagemitarbeiter für den Montageprozess bei einem Industriebauunternehmen aufgrund der hohen Ressourcenbindung (der Erfolg oder Misserfolg eines Projekts wird in hohen Maße in diesem Prozess mitentschieden) und der gesetzlichen sowie sicherheitsrelevanten Anforderungen einen höheren Qualifikationsgrad aufweisen müssen als in einem Systembauunternehmen, bei welchen der Montageprozess eine viel geringere Rolle im gesamten Geschäftsprozess darstellt.

Inbetriebnahme

Alle drei Bereiche zeigen ähnlich gute Ergebnisse. Dies resultiert aus einem jahrelangen Schulungsprogramm, welches erfolgreich abgeschlossen werden konnte. Außerdem ist dieser Prozess sehr stark durch das Kundenpersonal getrieben, welches immer höhere Anforderungen an das Inbetriebnahmenpersonal stellt. Der daraus resultierende KVP, den der Kunde selbst initiiert, führt automatisch zu ständigen Verbesserungen im Prozess.

Pilotbetrieb

In diesem Teilprozess zeigt der Bereich Systembau im Gegensatz zu den beiden anderen Bereichen eine stark abfallende Tendenz. Das Prozessergebnis des Bereiches Systembau liegt an der UEG und stellt damit ein sehr kritisches Ergebnis dar. Die Detailanalyse dieses Ergebnisses zeigt eine mangelhafte und inkomplette Dokumentation sowie eine unzureichende Terminvereinbarung mit dem Abnahmepersonal des Kunden.

Zudem werden zur diesem Zeitpunkt vom Projektauftraggeber wichtige Ressourcen bereits für andere Projekte verplant, sodass es hier zu Personalengpässen kommt. Die Ursache dafür ist in der engen Terminplanung mehrerer überlappender Projekte zu sehen. Wenn es nun bei einem Projekt zu Terminverschiebungen kommt, kann nicht mehr angemessen darauf reagiert werden. Dies ist im Projektplanungsprozess besser zu berücksichtigen.

Gesamtstatus

Die Prozesse aller drei Bereiche sind nicht vollständig beherrscht, da einige Teilprozesse die untere Eingriffsgrenze unterschreiten. Bei der Prozessbewertung und bei der Priorisierung der Maßnahmen ist darauf zu achten, dass Prozesse stark übergreifende Wirkung haben können. So beinhalten zum Beispiel der *Projektmanagement-Prozess* oder andere Prozesse, die weiter vorne gelagert sind (Engineering, Beschaffung), ein höheres Risiko als jene, die gegen Ende des Projektes stehen (Ibn, Pilotbetrieb). Der Grund dafür ist, dass Fehler, die am Beginn des Projektes auftreten und ungelöst bleiben, durch Potenzierung der Auswirkungen des Fehler zu erheblichen Mehraufwand in den nachfolgenden Prozessen führt. Die Mehraufwendungen können beispielsweise fehlerhafte Pläne ergeben, eine falsche Beschaffung sowie, falls nicht rechtzeitig bemerkt, Änderungsarbeiten in der Montage.

Dieses vorgestellte Beispiel zeigt auf, dass *Projektmanagement* den wichtigsten Prozess der Projektabwicklung darstellt. Daraus kann abgeleitet werden, dass bei Verbesserungsmaßnahmen dem *Projektmanagement* die höchste Priorität beizumessen ist. Konkrete Verbesserungsmaßnahmen sind das Überprüfen der Inhalte des Projektstartworkshops, das Setzen von Quality Gates vor als kritisch definierten Arbeitspaketen oder bei Phasenübergängen, sowie adäquate Kommunikation inbesondere zum Thema Schnittstellenmanagement. Das Schaffen eines ausgeprägten „Projektbewusstseins" bei allen Interessengruppen – also nicht nur im Projektteam, sondern auch bei den Projektauftraggebern, Partnern, Lieferanten, Umwelten, usw. – ist ebenso eine zentrale Aufgabe im Verbesserungsmanagement.

Der jeweils absolute gemessene Prozesswert ist nicht so entscheidend für die Bewertung des Prozessstatus. Erst eine mehrmalige Prozessmessung – Trendanalyse – führt zu einer konkreten Aussage über die Prozessfähigkeit des Projektabwicklungs-Prozesses. Vertiefende Informationen für eine Analyse des Prozessfähigkeit können durch Benchmarking mit Best-of-Class-Unternehmen gewonnen werden. Erst dieser Vergleich macht eine Aussage über die Entwicklung des *projektorientierten Unternehmens* in Richtung Project Excellence möglich.

6 Schlussfolgerungen

In den vorangegangen Kapiteln wurde die Vorgangsweise zur Entwicklung der *Projektportfolio-Scorecard* beschrieben. In diesem Kapitel wird das *Rollout* für die Einführung einer *Projektportfolio-Scorecard*, die *Überprüfung der Strategiebeeinflussung von Prozesszielen*, ein Modell zur *Umsetzung von Verbesserungsmaßnahmen*, ein praktisches Beispiel eines *Business Case für eine Verbesserungsmaßnahme* sowie der *Verbesserung der Aussagekraft von Messergebnissen* dargestellt.

6.1 Rollout einer Projektportfolio-Scorecard

Als letzten Schritt des Projekts zur Entwicklung einer *Projektportfolio-Scorecard* von *projektorientierten Unternehmen* zeigt Bild 6.1 die Vorgehensweise zum *Rollout.* Die aufgelisteten Arbeitspakte setzen sich aus der EDV-Implementierung, der Integration in die Organisation, der Erstellung der Bedienanleitung, der Schulung der Anwender und der Implementierung des kontinuierlichen Verbesserungsprozesses zusammen.

Beim *Rollout* der Projectportfolio-Scorecard ist speziell im Arbeitspaket *Anwenderschulung* darauf zu achten, dass der Nutzen für die Projektmanager eindeutig in den Vordergrund gestellt und auch so kommuniziert wird. Da durch die Anwendung der *Projektportfolio-Scorecard* die Prozesse des Unternehmens immer mehr in Richtung *projektorientiertes Unternehmen* entwickelt werden, wird auch der direkte Einfluss der Projektmanager auf den Unternehmenserfolg immer größer; somit erhält der Projektmanager durch die Einführung der *Projektportfolio-Scorecard* im *projektorientierten Unternehmen* einen höherer Stellenwert.

Task Name	Anfang	Ende	August D M F D S M S D M F D S	September M S D M F D S M	C
1.6 Rollout	**Don 15.07.04**	**Don 30.09.04**			
1.6.1 EDV Implementierung	Don 15.07.04	Mit 11.08.04			
1.6.2 Integration in Organisation (Cluster)	Don 12.08.04	Mit 01.09.04			
1.6.3 Bedienanleitung erstellen	Don 02.09.04	Fre 10.09.04			
1.6.4 Anwenderschulung	Mon 13.09.04	Die 21.09.04			
1.6.5 Implementierung KVP	Mit 22.09.04	Don 30.09.04			
1.6.6 MS Rollout durchgeführt	Don 30.09.04	Don 30.09.04			

Bild 6.1 Projektbalkenplan zum Rollout der Projektportfolio-Scorecard

6.2 Überprüfung der Strategiebeeinflussung von Prozesszielen

Nun ist zu überprüfen, ob die – als Prozessziele definierten – Anforderungen der Projektmanager an die Projektabwicklungs-Prozesse auch die strategischen Ziele des *projektorientierten Unternehmens* unterstützen. Zusätzlich hilft diese Überprüfung, diejenigen Ziele zu identifizieren, die die Strategie besonders stark beeinflussen. Diese Prozessziele (siehe Tabelle 6.1) haben die stärksten Beeinflussungswerte (z.B. Prozessziel 1 wird mit 9 Punkten bewertet) und werden auch als Treiberindikatoren bezeichnet.

Investitionen in Verbesserungsmaßnahmen von Treiberindikatoren haben starke Auswirkungen auf die Weiterentwicklung des Unternehmens in Richtung Project Excellence.

Diese Vorgehensweise bietet einen besonderen Nutzen: Durch die Interviews zur Erarbeitung der Anforderungen der Projektmanager an die Geschäftsprozesse ergeben sich eine Vielzahl von Fragen für den Fragebogen. Aus dieser Menge von Fragen werden mittels der Matrix (Tabelle 6.1) die am stärksten die strategischen Ziele unterstützenden Fragen ausgewählt und in den Fragebogen übernommen.

> Strategische Ziele des POU aus Kapitel 2.4.2

Tabelle 6.1 Einflussmatrix für die Strategiebeeinflussungsanalyse

Beschaffungsprozess	Strategieziele	In 3 Jahren zu Project Excellence	Management by Projects	Projektarbeit für Personalentwicklung	Marktführer in Branche	Expansion durch Export in EU-Erweiterungsländer	Kennwert Strategiebeeinflussung
Prozessziele		a	b	c	d	e	
Hohe Wiederbeauftragungsrate an Subunternehmer/Partner	1	3	0	0	2	4	9
Hohe Supportfunktionen der Lieferanten/Partner	2	1	0	0	2	3	6
Keine Teillieferungen auf Baustelle	3	1	0	0	1	3	5
Geringer Montageaufwand von Geräten	4	3	0	0	2	4	9
Geringer PM-Aufwand für Bestellabwicklung	5	3	0	0	1	1	5
Summe		11	0	0	8	15	

> Anforderungen vom Projektmanagement aus Kapitel 4.5.2

Legende:
1-5 Prozessziele als Ergebnis der Interviews mit den Projektmanagern aus Kapitel 4.5.2
a-e Strategieziele aus Kapitel 2.4.2

Die Bewertung der Strategiebeeinflussungsanalyse erfolgt durch die Führungskräfte gemeinsam mit dem *Projektmanagement-Büro* im Rahmen von Strategieworkshops.

In Tabelle 6.1 wird beispielhaft für den Beschaffungsprozess ein konkreter Anwendungsfall dargestellt.

In den einzelnen Feldern der Matrix werden die Ergebnisse aus den Strategieworkshops eingetragen, in denen bewertet wird, wie hoch der Einfluss des Prozessziels auf das strategische Ziel ist:

- 0 ... gar nicht
- 1 ... wenig
- 2 ... mittel
- 3 ... stark
- 4 ... sehr stark

Interpretation der Bewertung des Beschaffungsprozesses

- Die Prozessziele 1 und 4 unterstützen die strategischen Ziele des *projektorientierten Unternehmens* sehr stark.
- Die Strategieziele a und d und e werden durch die Prozessziele aus der Sicht der Projektmanager gut unterstützt. Das bedeutet, dass die Anforderungen der Projektmanager an die Prozesse mit der Strategie des *projektorientierten Unternehmens* korrelieren.

Dieser Interpretationsvorgang wird für jeden Teilprozess durchgeführt, um so ein Gesamtbild bezüglich der Unterstützung der Strategieausrichtung zu erhalten.

Prozessziele, die einen starken Bezug zur Strategie haben, jedoch aufgrund der Befragung Verbesserungspotenziale aufweisen, müssen mit hoher Priorität weiterentwickelt werden.

6.3 Verbesserungspotenziale mit dem Härtegradmodell realisieren

Die vorgestellten Modelle, Methoden und Vorgangsweisen haben unter anderem zum Ziel, die Wettbewerbsfähigkeit des *projektorientierten Unternehmens* zu steigen. Dies ist notwendig wegen der zunehmenden Komplexität der Projekte, den steigenden Kundenanforderungen, dem Preisverfall und dem wachsenden Wettbewerbsdruck.

Die Kompensation des Kostendrucks ist machbar über eine Fixkostendegression durch Wachstum, kostensparende Maßnahmen durch Business Reengineering, die Konzentration auf Kernkompetenzen (bzw. auf Felder, bei denen man einen Vorsprung vor Konkurrenzunternehmen hat) und „kontinuierliche Verbesserung der Prozesse" (Bild 6.2).

Zur systematischen Umsetzung erkannter Verbesserungspotenziale aufgrund der Befragung orientieren wir uns am Härtegradmodell. Siemens z.B. hat das Deming (PDCA)

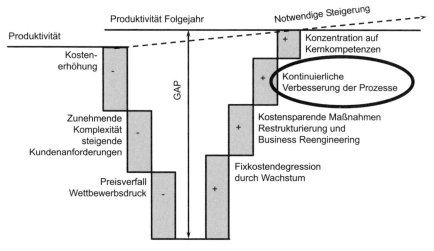

Bild 6.2 Brücke der Produktivitätssteigerung

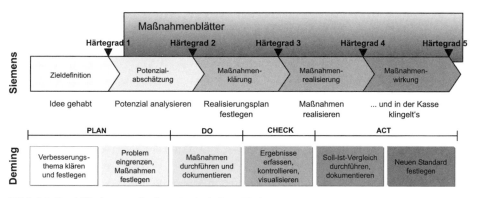

Bild 6.3 Zwei Werkzeuge des kontinuierlichen Verbesserungsprozesses

Tool zum Siemens Härtegradmodell mit den Härtegraden H1 bis H5 weiterentwickelt (Bild 6.3).

Die Siemens Härtegrad-Systematik

Das Erarbeiten und Umsetzen von Maßnahmen, etwa bei Kostensenkung, Umsatzsteigerung oder Qualitätsverbesserung, erfolgt nach einem einheitlich definierten Prozess. Dieser beginnt mit der Formulierung eines Ziels und endet im Erfolgsfalle mit einer messbaren Steigerung des Ergebnisses. Mit jedem abgeschlossenen Prozessschritt erhöht sich der Härtegrad der Maßnahme.

Die Verantwortung wird durch zwei Gruppen wahrgenommen:

- Die Maßnahmenverantwortlichen treiben die sachliche Realisierung voran.
- Die Umsetzungsverantwortlichen treiben und verfolgen die flächendeckende ergebniswirksame Umsetzung der Maßnahmen.

225

Koordiniert und gesteuert wird dieser Verbesserungsprozess durch das Qualitätsmanagement-Büro.

Eine strikte Anwendung der Härtegrade sichert die Qualität der Umsetzung!

Härtegrad 1 – Ziel definiert

- Die Zieldefinition (es ist z.B. eine Kostenlücke aufgedeckt worden) kann basieren auf:
  - Ableitung einer Kostenlücke aus dem Benchmarking
  - Ableitung einer Preis-Kosten-Schere
  - Übernahme aus dem Geschäftsplan
  - Zielvorgabe durch den Kunden
  - Ansatzpunkten für Verbesserungen mit abgeschätzter Wirkung.

Härtegrad 2 – Ansatzpunkte analytisch quantifiziert

- Potenzialabschätzung (Ideen sind gesammelt; ihre Wirkungen lassen sich in konkreten Zahlen ausdrücken):
  - Konkrete Einzelbeispiele in Maßnahmenblättern beschrieben
  - Potenzial quantifiziert
  - Maßnahmenverantwortlicher benannt
  - Termin für Härtegrad 3 festgelegt.

Härtegrad 3 – Maßnahme vollständig erarbeitet

- Maßnahmenklärung (die Maßnahme ist detailliert ausgearbeitet und der Aktionsplan steht fest):
  - Realisierungsvoraussetzungen identifiziert und Aktionsplan mit Meilensteinen und Terminen erstellt
  - Potenzial mittels Mengen-/Wertansatz detailliert bewertet
  - Unterschriften des Maßnahmen- und Umsetzungsverantwortlichen vorhanden (eine Maßnahme mit Klärungsbedarf bleibt im Härtegrad 2)
  - Termin für Härtegrad 4 festgelegt.

Härtegrad 4 – Maßnahme sachlich realisiert

- Maßnahmenrealisierung (der Aktionsplan ist vollständig abgearbeitet):
  - Realisierungsvoraussetzungen erfüllt
  - Höhe und Beginn der Ergebniswirksamkeit überarbeitet
  - Potenzial in neuem Planansatz eingestellt
  - Termin für Härtegrad 5 festgelegt.

Härtegrad 5 – Maßnahme im Ergebnis nachvollziehbar

- Maßnahmenwirkung (die Maßnahme wirkt sich wie geplant auf das Ergebnis aus):
  - Maßnahme ergebnis- oder kostenwirksam realisiert
  - Ergebnis- oder Kostenwirksamkeit im Rechnungswesen nachvollziehbar.

6.4 Business Case für eine Verbesserungsmaßnahme

Im Folgenden wird ein Beispiel eines Business Case für eine langfristige Verbesserungsmaßnahme zur Optimierung des *Projektmanagements* als Resultat einer Prozessmessung
beschrieben.

Durch Befragung der Projektmanager wurde nach einer vertiefenden Analyse festgestellt, dass keine ausreichenden Projektwürdigkeitsanalysen durchgeführt wurden und
die Projektwürdigkeitsentscheidungen intuitiv getroffen wurden, weil keine festen Kriterien für eine ABC-Projektanalyse existierten und kein professionelles Projekthandbuch
verfügbar war. Der Nutzen für diese *Projektmanagement-Werkzeuge* wurde damals von den
Projektmanagern noch nicht ausreichend erkannt. Auch waren die Grenzen zwischen
einem Routineauftrag und einem Projektauftrag verschwommen. Der Großteil der Projektmitarbeiter hatte noch keine *Projektmanagement-Ausbildung* absolviert. Durch die
Analyse wurde auch festgestellt, dass sich der Trend in Richtung größerer und komple-
xerer Projekte entwickeln wird, welche nur noch mit professionellen Projektorganisationen, Projektmanagementmethoden und -werkzeugen im *projektorientierten Unternehmen* effizient abgewickelt werden können.

Im Führungskreis wurde eine Investition zur Verbesserung der Situation beschlossen.

Ziele der Investition: Qualitätsverbesserung einleiten und umsetzen, Produktivitätssteigerung in der Projektabwicklung erzielen, Qualifikationsgrad der Projektmitarbeiter steigern, Projektmanagementstandards mit *Projektmanagement-Leitfaden* und Projekthandbuch-Templates erstellen, mit Collaboration Software Knowledge Management verbessern.

Amortisationsdauer: 2 Jahre

Betrachtungszeitraum: 5 Jahre

Initialisierung der Investition durch: Projekt

Aktionsplan für die Verbesserungsmaßnahmen			
Vereinbarte Aktionen bis 31.12.2000	Produktivitätsverbes-serung	volle Wirksamkeit	Bemerkung
Erstellung eines Projekt-management-Offensive-Masterplans	Projektmanagement und Projektabwicklungs-Prozesse	GJ 2005	Projekthandbuch erstel-len. Startworkshop am 30.05.2000 vorgesehen
Beschleunigung der Aus-stellung der TOAC-Pro-tokolle durch Kunden	Projektmanagement durch kürze Nachar-beitszeiten sowie frühere Leistungsverrechnung	GJ 2003	Schulung der Inbetrieb-nehmer, Projektmana-ger, Projektcontroller
Verbesserung der Doku-mentation des Claim Managements	Schnellere Verrechen-barkeit von Nachforde-rungen an den Kunden bzw. Abwehr von Forde-rungen	GJ 2002	Schulung der Subunter-nehmer und Partnerfir-men als auch der Bau-stellenmanager

Masterplan für die Verbesserungsmaßnahmen		
Verbesserungsprojekt: Masterplan für Projekt-management-Offensive	Maßnahmenverantwortlicher: Hr. Huber	Produktivitätspotenzial: 910.000 €
	Umsetzungsverantwortliche: Fr. Matzer	

Ist Zustand:	Meilensteine:	Zielvereinbarung:
Keine standardisierten PM-Methoden Keine standardisierte PM-Ausbildung Keine Projekthandbücher, Formulare und Werkzeuge Kein gemeinsames PM-Verständnis Keine Projektwürdigkeits-analyse (ABC) Keine Collaboration-Software Kein Knowledge Management	Projektstartworkshop durchgeführt Ist-Erfassung durchgeführt Entwicklung Soll-Zustand abgeschlossen Realisierung der Maßnahmen in allen Niederlassungen geplant Realisierung der Maßnahmen in Wien abgeschlossen Review von Lessons Learned in Wien durchgeführt Realisierung der Maßnahmen in allen Niederlassungen abgeschlossen Schulungen durchgeführt Projektabschlussworkshop durchgeführt	Kundenzufriedenheit durch PM-Kompetenzen messbar gestiegen Steigerung der Profitabilität und der PM-Kompetenzen, Reduktion der Überstunden Karrieremodell im Projektmanagement etabliert Messkriterien (PPI's) entwickelt Kundenzufriedenheitsmessung mit Fragebogen nach jedem Projektabschluss Projektteamzufriedenheits-messung während der Projektabwicklung und nach dem Projektabschluss

Realisiertes Verbesserungspotenzial

Kosten-Nutzen-Darstellung

Investitions-prozess	Investitionsobjekt	Kostenarten	Nutzen
Vorprojektphase	PM-Kompetenzen, PM-Büro	Personalkosten, Sach-kosten, Reisekosten, Fremdleistungskosten	Entscheidungsfindung Go/NoGo. Grobanalyse Istzustand, Kosten-analyse Projektkosten
Projekt	PM-Leitfaden, Temp-lates, Ausbildungs-programme, Soft-wareproduktauswahl	Personalkosten, Sach-kosten, Reisekosten, Fremdleistungskosten, Softwarelizenzkosten, Softwarebetreuungs-kosten	Standards setzen und damit Klar-heit schaffen. PM-Leitfaden und effizienteres Arbeiten mit Templates und Soft-ware
Implementie-rungsphase	Etablieren eines PM-Büros, Empower-ment der Mitarbeiter, Coaching, Training, Collaboration- und Knowledge-Manage-ment-Software	Personalkosten, Sach-kosten, Reisekosten, Softwarelizenzkosten, Softwarebetreuungs-kosten	Coaching beim Projektmanage-mentprozess (Start, Koordination, Controlling, Abschlusswork-shops), Weiterentwickeln der PM-Standards, lernende Organisa-tion, verbesserte Qualität und Produktivität durch Collaboration und Knowledge Management

Investitionsrechnung (Beträge in €)

Betrachtungszeitraum	2001	2002	2003	2004	2005
Kosten					
Auszahlungen lt. Finanzplan	−65.000	−150.000	0	0	0
Implementierungs- und Betriebskosten	0	−258.000	−150.000	−150.000	−150.000
Nutzen					
Verrechnungen Projektphase	0	0	0	0	0
Verrechnungen Implementierungsphase	0	0	0	0	0
Produktivitätsverbesserung durch PM-Schulungsmaßnahmen bei Mitarbeitern	0	+90.000	+180.000	+180.000	+180.000
Produktivitätsverbesserung durch Einführen von PM-Richtlinien und Templates	0	+45.000	+90.000	+90.000	+90.000
Produktivitätsverbesserung durch Collaboration- u. Knowledge-Management-Software	0	+120.00	+240.000	+240.000	+240.000
Einsparungen durch Abschalten der Infothek und des allgemeinen Speicherlaufwerks	0	+3.000	+3.000		
Summe	−65.000	−108.000	+363.000	+360.000	+360.000
Barwert					+910.000

Erläuterungen (Beträge in €)

	Berechnung	Summe
Laufende Betriebskosten		
Personalkosten PM-Büro (p.a.)	1,5 Personen	+65.000
Reisekosten PM-Büro (p.a.)	10 Reisen x 1.500	+15.000
Sachkosten (Softwarelizenzen, Betreuung, Büromittel p.a.)	200 User x 350	+70.000
Summe		+150.000
Investitionskosten (einmalig)		
Fremdleistungen (Consulting)	10 Beratungen x 1.800	+18.000
Schulungskosten (PM-Ausbildung)	60 Personen x 1.000	+60.000
Materialkosten (Software)	1 x 240.000	+170.000
Sonstige Kosten (Softwareschulung)	2 Pers. x 10 Tage x 500	+10.000
Summe		+258.000

Berechnungsbasis für die Verbesserungsmaßnahmen

Kosten für Überstunden		1.325.000
PM-Schulungsmaßnahmen	6 € (0,2h) x 200Tage x 150P	180.000
PM-Richtlinien und Templates	3 € (0,1h) x 200Tage x 150P	90.000
Knowledge-Management-Software	6 € (0,1h) x 200Tage x 200P	240.000
Abzüglich Betriebskosten für Software	Angebot von Softwarelieferanten	−150.000
Geplante Produktivitätsverbesserung		360.000

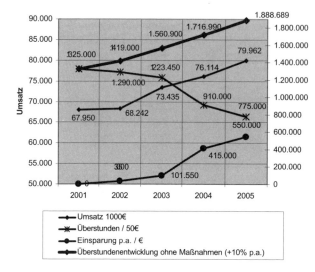

Bild 6.4
Entwicklung von Umsatz, Überstunden, Überstundeneinsparungen im Vergleich zum Trend ohne Maßnahmen

Effektive Kosteneinsparung durch den KVP der Projektmanagement-Offensive

Status: Nettoeinsparpotenzial

- Investition   −475.000 €
- Gesamteinsparung in 3 Jahren   551.550 €
- Nettoeinsparung in 3 Jahren   76.000 €

Die Investition hat sich nach drei Jahren amortisiert.

Bei anhaltendem Trend kann die im Business Case im GJ 2001 prognostizierte Einsparung von 910.000 € in sechs Jahren (im GJ 2006) möglicherweise sogar übertroffen werden:

- Investition   −475.000 €
- Gesamteinsparung in 5 Jahren   1.651.550 €
- Nettoeinsparung in 5 Jahren   *1.176.550 €*
- Prognostizierte Nettoeinsparung   910.000 €
- Differenz   266.550 €

Angenommen, der Trend mit den Überstunden (+10% p.a.) hätte sich fortgesetzt und es wäre nicht in die Verbesserungsmaßnahmen investiert worden, so wäre möglicherweise eine Differenz von *minus* 1.302.557 € entstanden.

Betrachtung der Überstundenverteilung für weitere Einsparungspotenziale

Gegenüberstellung der Normalstunden und der Überstunden (Bild 6.5)

Es sollte geprüft werden, ob die sehr teuren Überstunden durch zusätzliche Vollzeitbeschäftigte (5 Personen x 1935 h = 9675 h) möglicherweise kostengünstiger kompensiert werden können. Es würde ein ausreichend großer Ressourcenausgleichspuffer (Urlaub, Krankheit, ...) von 5.825 h bestehen bleiben. (Anmerkung: Die 1935 h sind nur ein Rechenmodell und basieren nicht auf realen Arbeitszeiten.)

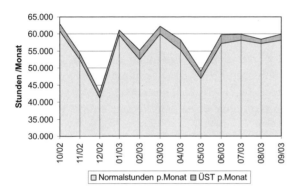

Bild 6.5
Zeitlicher Verlauf der
Normalstunden zu
Überstunden im GJ 2003

Verteilung der Überstunden in Monatsscheiben pro Kalenderjahr

Wenn Überstunden nur in den Urlaubsmonaten anfallen, ist das ein Hinweis auf natürlichen Ressourcenausgleich (Puffer) – evtl. wären dann keine weiteren Überstundeneinsparungen mehr möglich.

Sofern Überstunden mit den Normalstunden gleichmäßig über das Geschäftsjahr verteilt sind, gibt es eventuell weiteres Einsparpotenzial.

Der zeitliche Verlauf der Überstunden zeigt, dass diese fast im Gleichklang mit den Normalstunden verlaufen. Dies könnte ein Indikator sein, dass durch mehr Personal die teuren Überstunden abgebaut und damit gleichzeitig die Personalgesamtkosten noch einmal reduziert werden könnten.

6.5 Verbesserung der Aussagekraft von Messergebnissen

Präzisierung der Fragen

Um die Qualität und die Aussagekraft der Messergebnisse zu vertiefen, empfiehlt es sich – ausgehend von den in diesem Buch dargestellten Beispielen – die einzelnen Fragen mit Experten für Meinungsumfragen zu über- bzw. zu erarbeiten. Je präziser die Fragen, desto präzisere Ergebnisse sind bei den Befragungen zu erwarten.

Nicht außer Acht gelassen werden darf dabei allerdings die Vergleichbarkeit mit Ergebnissen früherer Befragungen. Bereits verwendete Fragen sollten deshalb möglichst nur hinsichtlich ihrer Formulierung und nicht inhaltlich überarbeitet werden. Inhaltliche Änderungen dürfen nur partiell und sehr behutsam durchgeführt werden, sonst sind Trendaussagen und Verbesserungs- oder Verschlechterungstendenzen wegen nicht mehr vergleichbarer Fragen und Ergebnisse kaum möglich.

Resümee

Selbstverständlich können einige der vorgestellten Maßnahmen auch ohne Verknüpfung mit der *Projektportfolio-Scorecard* durchgeführt werden. Der Einsatz der *Projektportfolio-Scorecard* ermöglicht aber einen deutlichen Mehrwert, bestehend aus der vernetzten Betrachtung der Perspektiven und Messkriterien sowie dem vernetzten Methodeneinsatz bei Verbesserungsmaßnahmen.

> Gesamtoptimierung geht vor Suboptimierung! Ein System aus lauter Einzeloptima ist alles andere als ein insgesamt optimales System, es ist sogar ein sehr ineffizientes System.

6.6 Excellence-Modelle im quantitativen Vergleich

Bild 6.6 zeigt eine Gegenüberstellung der in diesem Buch erwähnten, unterschiedlichen Modelle und Konzepte (EFQM, PPSC, BSC, ISO 9001). Der Vergleich soll aufzeigen, inwieweit die einzelnen Systeme die unterschiedlichen Kriterien für eine erfolgreiche Unternehmensführung im Sinne von Excellence berücksichtigen. Als Bezugsbasis dieses quantitativen Vergleichs dient das EFQM-Modell, unterteilt in seine neun Hauptkriterien, mit einer maximal erreichbaren Zahl von 1000 Punkten: Spitzenunternehmen im Sinne von Excellence erreichen 650 bis 700 Punkte; diese Vergleichsfläche dient als direkter Vergleich für die anderen Konzepte, da die 1000 Punkte lediglich theoretischen Charakter besitzen. Bei der Darstellung der Spitzenergebnisse im Sinne des EFQM-Modells wurde davon ausgegangen, dass in allen neun Kriterien annähernd die gleiche Punkteanzahl erreicht wurde.

Die konkreten zahlenmäßigen Ausprägungen der BSC, der PPSC und der ISO und die damit verbundene Visualisierung auf den einzelnen Achsen des Spinnendiagramms ent-

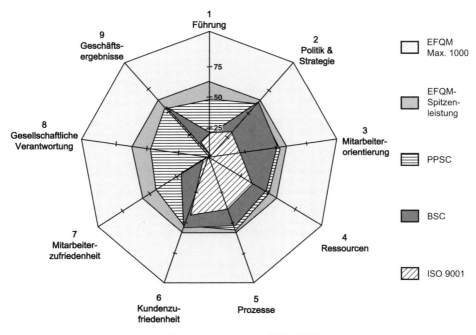

Bild 6.6 Vergleich EFQM-Modell mit PPSC, BSC und ISO 9001

stammen praktischen Erfahrungen der Autoren. Quantitativ abgesicherte Untersuchungen lagen zum Zeitpunkt der Veröffentlichung des Buches noch nicht vor. Die angeführten Zahlenwerte können aber zumindest als Richtgrößen in den einzelnen Kategorien interpretiert werden und zeigen somit auf, wie ausgeprägt die einzelnen Modelle auf die verschiedenen Kriterien eingehen bzw. welche Bereiche überhaupt nicht oder nur sehr rudimentär betrachtet werden.

Eine aus Sicht der Autoren zentrale Aussage des Modellvergleichs ist die die starke Ausprägung der PPSC bei allen Kriterien und eine damit weitgehende Überlappung mit dem EFQM-Modell. Daraus kann abgeleitet werden, dass die PPSC eine praxisgerechte Anwendung für die Ausrichtung von POUs hinsichtlich Business Excellence darstellt.

7 Auswirkungen der Projektportfolio-Scorecard auf ein POU

Einbindung des Projektportfolios in strategische Entscheidungen

Durch die starke Projektorientierung der Geschäftsprozesse ist im *projektorientierten Unternehmen* das gesamte Projektportfolio im Entscheidungsprozess zu berücksichtigen.

Entsprechend den Zuständigkeiten – z.B. Finanzen, Vertrieb, *Projektmanagement*, Human Resources – wird eine Vielzahl an Daten produziert und verwaltet. Diese sind für die *Projektportfolio-Group* und für die Steuerung des Projektportfolios teilweise nicht aussagekräftig, da sie die Strategien des *projektorientierten Unternehmens* nicht direkt unterstützen. Daher werden sie auf die für die Projektportfolio-Steuerung notwendigen rund 30 Kennzahlen reduziert und in einer Projektportfolio-Datenbank abgebildet.

> Durch die Betrachtung dieser Informationen im Kontext mit dem Projektportfolio wird die Entscheidungsqualität für strategische Maßnahmen erheblich erhöht. Die Messkriterien einer *Projektportfolio-Scorecard* sind in die Perspektiven der Balanced-Scorecard-Methode transformierbar und somit wird das Projektportfolio direkt in die strategischen Entscheidungsprozesse eingebunden.

Objektivierung der Messergebnisse

Durch die Gegenüberstellung der Messergebnisse der internen Prozesse untereinander sowie verbunden mit Benchmarking dieser Prozesse mit anderen Bereichen, Niederlassungen oder anderen *projektorientierten Unternehmen* werden die Ergebnisse interpretierbar. Denn nur dieser „externe" Vergleich ermöglicht eine Objektivierung.

Erst durch die wiederholte Befragung der Projektmanager (Mindestanzahl sind drei Befragungszyklen) ist eine Objektivierung der Bewertung der internen Prozesse durch Verlaufsbetrachtungen, Realisierung der Verbesserungspotenziale und Trendanalysen möglich. Es wird empfohlen die Befragung jährlich durchzuführen. Ein kürzerer Zyklus ist kaum zielführend, weil die Verbesserungsmaßnahmen nicht so schnell wirksam werden. Von einem längeren Befragungszeitraum ist abzuraten, da dann durch schnelle Veränderungen in den Unternehmen eine Korrelation der Ergebnisse nicht mehr gegeben sein könnte.

> Die Messwerte der zyklisch durchgeführten Befragungen stellen ein direktes Maß für die Prozessfähigkeit im Projektportfolio dar.

Ausrichtung des POU in Richtung „Project Excellence"

Die im Rahmen der von den Autoren durchgeführten Interviews mit den Projektmanagern führten zu neuartigen Definitionen von Prozesszielen.

Beispiel Beschaffung: Das Ziel des Beschaffungsprozesses muss sein, nicht ausschließlich billigst einzukaufen (wie aus der Sicht des zentralen Einkäufers), sondern im Kontext mit der Montage die Gesamtkosten zu reduzieren (geringerer Montageaufwand, einfachere Inbetriebnahme, geringerer Dokumentationsaufwand), die im direkten Zusammenhang mit der traditionellen Strategie eines *projektorientierten Unternehmens* stehen.

Erst durch die Zusammenführung der beiden Betrachtungsweisen des *Projekt-* und des *Prozessmanagements* wird die Symbiose dieser beiden auch in der Zielausrichtung der internen Prozesse verwirklicht und somit die Ausrichtung des *projektorientierten Unternehmens* in Richtung Project Excellence unterstützt.

Kommunikationsinstrument mit den Stakeholdern

Durch die Erweiterung der *Projektportfolio-Scorecard* um die Perspektiven Interne Ressourcen sowie Partner und Gesellschaft werden sämtliche Interessenpartner eines Unternehmens dargestellt (siehe auch Bild 3.10).

Dadurch werden die unterschiedlichen Erfüllungsgrade der Anforderungen aller Stakeholder und deren Wechselwirkungen auf einfache Art und Weise so visualisiert, dass eine Information darüber auf einen Blick möglich ist.

Etablierung eines Projektmanagement-Büros

Wie durch die Fallstudie in diesem Buch belegt wird, ist für den „Betrieb" eines Projektportfolios und der *Projektportfolio-Scorecard* die Etablierung eines *Projektmanagement-Büros* sinnvoll.

Abgesehen von der konkreten Aufgabenstellung im Zusammenhang mit der *Projektportfolio-Scorecard* ist die Einrichtung eines PM-Büros als Process-Owner für das *Projektmanagement* immer sinnvoll.

Die Vorteile, die durch ein solches *Projektmanagement-Büro* entstehen, können vielschichtig sein. Einige Vorteile sind:

- Die einheitliche Anwendung der *Projektmanagement-Standards* und der Prozesse wird sichergestellt.
- Die *Projektmanagement-Kultur* wird gefördert, es entsteht ein Wir-Gefühl unter den Projektmanagern.
- Erfahrungen aus Vorprojekten können besser genutzt werden.
- Projektdurchlaufzeiten werden aufgrund der unternehmensweit dokumentierten Erfahrung optimiert.

- Kosten- und Ressourcenziele werden durch systematisches Arbeiten mit dem KVP erreicht.
- Entscheidungsprozesse in Bezug auf das Projektportfolio werden transparenter.
- Die Kundenzufriedenheit steigt aufgrund der wahrnehmbaren Professionalität.

8 Ausblick zur Weiterentwicklung der Projektportfolio-Scorecard

Korrelation interner und externer Anforderungen

Bereits in den vergangenen Abschnitten ist deutlich geworden, dass sich die Prozesse an den Bedürfnissen und Erwartungen der Kunden orientieren müssen. Haben wir bisher fast nur von den internen Prozesskunden (Projektmanager) gesprochen, so betrachten wir hier die externen Kunden, die Auftraggeber für das Projektgeschäft. Eines der wichtigsten Ziele im Sinne von Total Quality Management ist das Erreichen einer hohen Kundenzufriedenheit.

Damit diese wirklich erreicht wird und eine Kundenorientierung erfolgreich gestaltet wird, ist es notwendig zu wissen, welche Anforderungen und Erwartungen Kunden an die Produkte bzw. Dienstleitungen stellen.

> Für das entwickelte Modell bedeutet das, dass die Kunden im Rahmen einer Kundenzufriedenheitsanalyse befragt werden müssten, wie sie die vollbrachte Dienstleitung bewerten und welche Aspekte für sie besonders wichtig sind oder große Bedeutung haben. Diese Befragung ermöglicht einen Abgleich mit den Ergebnissen der Befragung der Projektmanager und den Gewinn entsprechender neuer Erkenntnisse.

Diese Einbeziehung der Kunden in die Projektabwicklungs-Prozessmessung sollte mit einem eigenen Fragebogen durchgeführt werden, welcher den Kunden nach der Fertigstellung des Projekts durch den Sales Manager übergeben wird.

Der Fragebogen ist analog dem Fragebogen für die Projektmanager auszuarbeiten und zu gliedern, um eine Korrelation und den Vergleich der Ergebnisse zu ermöglichen. Die Fragen sind adäquat den Kundenbedürfnissen anzupassen und zu überarbeiten. Wichtig dabei ist, dass nur jene Fragen verwendet werden, bei denen eine Bewertung aus Sicht der Kunden überhaupt möglich ist, d.h. für die er die Auswirkungen der Dienstleistung direkt wahrnehmen und beurteilen kann. Der Fragebogen ist außerdem um die Spalte „Wichtigkeit für den Kunden" zu erweitern. Dadurch kann der Kunde aus seiner Sicht jede einzelne Frage hinsichtlich der Wichtigkeit bzw. der Bedeutung für ihn beurteilen.

Die Kundenbefragung liefert folgenden Mehrwert:

- Identifikation jener Punkte, die für den Kunden große Bedeutung haben
- Überprüfung der Korrelation zwischen den Anforderungen der Projektmanager und der Kunden

- Überprüfung der Plausibilität der erhaltenen Messergebisse (Ergebnisse der Kundenbefragung im Vergleich zu Messergebnissen der Befragung der Projektmanager)
- Rasche Reaktionsmöglichkeit auf Kritik und andere Reaktionen bezüglich erbrachter Leistungen
- Bewertung der Kundenzufriedenheit als Basis für Verbesserungsmaßnahmen.

Ausarbeitung der weiteren Projektportfolio-Scorecard-Perspektiven

In diesem Buch wurde eine Perspektive (*Interne Prozesse der Projektabwicklung*) einer *Projektportfolio-Scorecard* entwickelt. Zur Vervollständigung des Steuerungsinstrumentes *Projektportfolio-Scorecard* ist es notwendig, die restlichen fünf Perspektiven vollständig auszuarbeiten und die entsprechenden Messvorgänge durchzuführen.

Für die nachstehenden *Projektportfolio-Scorecard*-Perspektiven sind die Messungen anhand der bereits im Modell beschriebenen Indikatoren und Messkriterien durchzuführen und in der *Projektportfolio-Scorecard* Perspektive einzutragen:

- Lernen und Entwicklungsperspektive
- Partnerschaften/interne Ressourcenperspektive
- Kundenperspektive
- Gesellschaftsperspektive
- Finanzperspektive.

Die Ausarbeitung dieser Perspektiven ist unternehmensspezifisch zu gestalten, weshalb hier auf eine weitere Beschreibung von Beispielen verzichtet wird. Bereits die Diskussion der Indikatoren und Messkriterien führt in der Regel zu neuen Erkenntnissen über die Qualität eigener Projekte und Prozesse und darüber, welches die Erfolgskriterien des Geschäfts sind. Schon in der Planungsphase der *Projektportfolio-Scorecard* ist also ein erhebliches Potenzial zur Optimierung des eigenen Geschäfts gegeben.

Als Hilfestellung für das Aufstellen einer eigener Tabelle mit den Perspektiven des Projektportfolio-Scorecard ist auf den folgenden Seiten eine Tabelle abgebildet, die beispielhaft für ein System- und Anlagenbauunternehmen für die einzelnen Erfolgsfaktoren Messkriterien, Datenquellen und Verantwortlichkeiten benennt.

Prozessmessgrößen für die Projectportfolio-Scorecard

Perspektive: Lernen und Entwicklung

Erfolgsfaktor	Messkriterien	Datenquelle	Verantwortlich	Referenz zur Prozesslandkarte
Projektabschluss-qualität	Anzahl umgesetzter Verbesserungsmaßnahmen aus Lessons Learned	Abschlussberichte	Prozessmanagement-Büro	Projektabwicklungsprozess
Schulungsgrad	Geplantes Schulungsbudget / tats. verbrauchtes Schulungsbudget pro Mitarbeiter	Schulungsdatenbank	Human Resources	Human Resources
Kompetenzaufbau	Ausbildungsstatus/Anforderungsprofil	Mitarbeitergespräch und Schulungsdatenbank	Disziplinarischer Vorgesetzter + Human Resources	Human Resources
Mitarbeiterzufriedenheit	Befragung	Auswertung Mitarbeiterbefragung	Human Resources	Mitarbeiterzufriedenheit + Human Resources
Kontinuierliche Verbesserung	Einsparungspotenzial aus KVP	KVP-Datenbank	Prozessmanagement-Büro	Verbesserungsmanagement

Perspektive: Prozesse der Projektabwicklung

Erfolgsfaktor	Messkriterien	Datenquelle	Verantwortlich	Referenz zur Prozesslandkarte
Verkaufsqualität	Befragung	Fragebogen	Prozessmanagement-Büro	Akquisition/Angebotsbearbeitung
Verkaufseffizienz	Trefferquote	Angebotstool	Prozessowner	Akquisition/Angebotsbearbeitung
Verkaufserfolg	Vertriebsspanne bei Auftragseingang	Angebotstool	Prozessowner	Akquisition/Angebotsbearbeitung
Projektmanagement	Befragung	Fragebogen	Prozessmanagement-Büro	Auftrags-/Projektabwicklung
Engineering	Befragung	Fragebogen	Prozessmanagement-Büro	Auftrags-/Projektabwicklung
Beschaffungs-/ Logistikqualität	Befragung	Fragebogen	Prozessmanagement-Büro	Auftrags-/Projektabwicklung
Montage-/ Supervision	Befragung	Fragebogen	Prozessmanagement-Büro	Auftrags-/Projektabwicklung
Inbetriebnahme-/ Schulung	Befragung	Fragebogen	Prozessmanagement-Büro	Auftrags-/Projektabwicklung
Service	Befragung	Fragebogen	Prozessmanagement-Büro	Wartung/Service
Serviceeffizienz	Anzahl der Einsätze für gleichen Fehler	TAP	Prozessowner	Wartung/Service

Perspektive: Partnerschafteninterne Ressourcen

Erfolgsfaktor	Messkriterien	Datenquelle	Verantwortlich	Referenz zur Prozesslandkarte
Partnerbeziehungsqualität	Wertsteigerung durch Partnerschaften	Fragebogen (int. Befragung PM)	Prozessmanagement-Büro	Auftrags-/Projektabwicklung
Lieferantenbeziehungseffizienz	Bestellvolumen über Rahmenverträge	Lieferantendatei	Projektbeschaffung	Auftrags-/Projektabwicklung
Projektmanagement-Ressourcen	Auslastungsgrad	Personalabrechnungsprogramm	Human Resources	Auftrags-/Projektabwicklung und Human Resources
Standardisierung durch EDV-Einsatz	Nutzungsgrad EDV Tools	EDV-Statistik	EDV-Support	Informationsmanagement

Perspektive: Kunden

Erfolgsfaktor	Messkriterien	Datenquelle	Verantwortlich	Referenz zur Prozesslandkarte
Kundenzufriedenheit	Kundenbefragung	Auswertung Kundenbefragung	Marketing	Auftrags-/Projektabwicklung
Kundenbindungseffizienz	Wiederbeauftragungsrate	CRM	Prozessowner	Auftrags-/Projektabwicklung
Marktanteile im Projektgeschäft	Umsatz/Branchenumsatz	Marktanalyse	Marketing	Akquisition/Angebotsbearbeitung
Kundengewinnung	Anzahl Neukunden	CRM	Prozessowner	Akquisition/Angebotsbearbeitung

Perspektive: Gesellschaft/Umwelten

Erfolgsfaktor	Messkriterien	Datenquelle	Verantwortlich	Referenz zur Prozesslandkarte
Gesellschaftsbeziehung	Akzeptanz der Gesellschaft und Image	Meinungsumfragen	Public Relations	Kommunikation und Information
Behördenbeziehung	Dauer der Bewilligungsverfahren	Bewilligungsverfahren	Projektmanagement	Steuern und Rechte
Umweltverträglichkeit	Anhängige Umweltverfahren	Gerichtsverfahren-Datenbank	Legal Support	Umwelt und Arbeitssicherheit
Anrainerbeziehung	Anzahl der Beschwerden auf Baustellen	Beschwerderate	Prozessowner	Auftrags-/Projektabwicklung
Arbeitsunfälle	Unfallhäufigkeit	Unfallstatistik	Prozessowner	Umwelt und Arbeitssicherheit

Perspektive: Finanzen				
Erfolgsfaktor	**Messkriterien**	**Datenquelle**	**Verantwortlich**	**Referenz zur Pro-zesslandkarte**
Geschäfts-wertbeitrag	Wertsteigerung	SAP	Controlling	Management-system
Auftragsbestand	Auftragsvolumen gesamt in €	SAP	Controlling	Management-system
Auftragseingang	Auftragsvolumen GJ in €	SAP	Controlling	Management-system
Umsatzhöhe	Umsatz	SAP	Controlling	Management-system
Vertriebsspanne	in % Umsatz	SAP	Controlling	Management-system
EBIT	in % Umsatz	SAP	Controlling	Management-system

9 Schlussbemerkung

Eine wesentliche Voraussetzung zur Steuerung des *projektorientierten Unternehmens* durch die *Projektportfolio-Scorecard* ist das Bestehen eines Projektportfolios als Datenquelle. Der Mehrwert durch diesen Steuerungsmechanismus entsteht nicht durch alleinige Aggregation der Messergebnisse, sondern durch deren Wechselwirkungen zueinander. Durch die Betrachtung der Wechselwirkungen zwischen den Perspektiven einerseits und den Indikatoren andererseits können effektive, ökonomisch wirksame Entscheidungen getroffen werden, die ohne diese Betrachtungsweise nicht möglich wären.

Natürlich ist den Autoren bewusst, dass die erforderlichen Kennzahlen nicht immer mit einfachen Mitteln aus dem Managementsystem zu bekommen sind. Möglicherweise müssen auch neue Wege beschritten werden.

Wie in diesem Buch aufgezeigt, ist die Umwandlung der Soft Facts durch Interview- und Befragungstechniken in Hard Facts zur Messung der internen Prozesse ein möglicher Weg in eine projektorientierte Zukunft.

Abkürzungsverzeichnis

BSC	Balanced Scorecard
CCM	Capability Maturity Model
EFQM	European Foundation of Quality Management
ERP	Enterprise Resource Planning (Warenwirtschaft)
G	Gewichtung
GF	Geschäftsführung
GPM	Gesellschaft für Projektmanagement (Deutschland)
GWB	Geschäftswertbeitrag
HR	Human Resources
Ibn	Inbetriebnahme
iP	interner Prozess
IP	Inhaltliche Prozesse
IPMA	International Project Management Assoziation
JP	Jankulik/Piff
Kez	Kennzahl
MCE	MCE Anlagenbau Austria
MT	Master-These
PGSC	Program Scorecard
PM	Projektmanagement
PMO	Projektmanagement Office
POO	Projektorientierte Organisation
POU	Projektorientiertes Unternehmen
PMA	Projekt Management Austria
PMI	Projekt Management Institut
PP	Projektportfolio
PPM	Projektportfolio-Management
PPSC	Projektportfolio-Scorecard
PSC	Projekt-Scorecard
PSP	Projektstrukturplan
PZO	Prozess-Owner
QI	Qualitatives Interview
QM	Qualitätsmanagement
RGC	Roland Gareis Consulting
SBT	Siemens Building Technologies
TQM	Total Quality Management

Abbildungsverzeichnis

Tabellenverzeichnis

Projekthandbuch

Projektidee

Das Projekthandbuch für die Entwicklung und das Rollout einer Projektportfolio-Score-card zur strategischen Steuerung von projektorientierten Unternehmen ist ein Leitfaden für die Leser dieses Buchs und zukünftigen Anwender.

Projekterfolgskriterien

Das professionelle Management ist als zentrales Erfolgskriterium zu sehen.

Insbesondere sind

- die Projektgrenzen und die Projektziele adäquat zu definieren
- die Projektpläne zu entwickeln und einem periodischen Controlling zu unterziehen
- das Projekt prozessorientiert zu strukturieren
- die Projektorganisation und Projektkultur projektspezifisch zu planen
- die Projektinhalte mit Experten in Teamarbeit gemeinsam entwickeln und
- die Beziehungen des Projekts zum Projektkontext zu gestalten.

Der Projektmanager ist verantwortlich für

- das Führen des Projektteams
- das Vereinbaren von Zielen zwischen dem Projektauftraggeber und dem Team
- das Informieren und Entscheiden
- das Controlling und Feedback geben
- das Gewähren von Freiräumen
- das Empfehlen von Arbeitsformen und
- das Steuern von Energie, Komplexität und Dynamik im Projekt.

Projektauftrag

Projektstartereignis	Mündlicher Projektauf-trag vom Projektauf-traggeber „Geschäfts-führung der Fallstu-dienunternehmen"	Projektstarttermin	30.08.2003
Projektendereignis	Abnahme der Projekt-portfolio-Scorecard nach erfolgtem Pilot-versuch und Rollout durch den Projektauf-traggeber „Geschäfts-führung der Fallstu-dienunternehmen"	Projektendtermin	30.10.2004
Projektziele	Entwicklung und Roll-out einer Projektportfo-lio-Scorecard zur strate-gischen Steuerung von projektorientierten Unternehmen Prozessmessung des Projektabwicklungspro-zesses in den Fallstudie-nunternehmen	Projekt-Nichtziele	Isoliertes Controlling-Instrument für Projekt-portfolio-Management Hoher Aufwand zur Datengenerierung Hohe finanzielle Auf-wendung zur Modellie-rung wie z.B. der Kauf von Spezialsoftware
Hauptaufgaben	Projektmanagement, Datenerhebung, Kon-zeption der Projektport-folio-Scorecard, Ent-wicklung der Messkrite-rien, Pilotbetrieb, Roll-out	Projektkosten: Personalkosten EDV-Kosten Sachkosten Reisekosten Summe	(252 PT / 400 €/T) 100.800 € 35.000 € 6.000 € 4.500 € 146.300 €
Projektauftraggeber	F1: Stadlinger F2: Fischer	Steering Committee	F1: Wegleitner F2: Lutzenberger
Projekt-Kernteammit-glieder	F1: Muhm, Glatz, Knoll, Klooss, Toncar, Stephan F2: Votapek, Windisch	Beratungsorganisa-tionen	WU Wien TU Wien RGC
Projektmanager	Ernst Jankulik Roland Piff	Projektcoach	Univ.-Prof.Dkfm. Dr. Roland Gareis Univ.-Ass.Dipl.-Ing. Dr. Peter Kuhlang
.... Projektmanager		.... Projektauftraggeber	
Version: 1.0	Bearbeiter: Jankulik - Piff		Erstelldatum: 30.08.2003

Legende: **PT** Personentage, **F1** Fallstudienunternehmen 1 (SBT),
F2 Fallstudienunternehmen 2 (MCE), **RGC** Roland Gareis Consulting

Interpretation

Der Projektauftrag ist die schriftliche Beauftragung des Projektauftraggebers an das Projektteam. Er ist auch das formale Startereignis eines Projektes und wird mittels dieses standardisierten Formulars dokumentiert. Er enthält die wichtigsten Projekthauptdaten. Er ist vom Projektauftraggeber und vom Projektmanager zu unterschreiben.

Projektzieleplan

Zielart	Projektziele	Adapt. Projektziele per ...
Hauptziele	Entwicklung und Rollout einer Projekt-portfolio-Scorecard zur strategischen Steuerung von projektorientierten Unternehmen Prozessmessung des Projektabwicklungs-prozesses in den Fallstudienunternehmen	...
Zusatzziele	Integration von Projekt-, Prozess- und Qualitätsmanagement Ausrichtung des POU in Richtung Project Excellence Anpassung der Prozessziele an die Anforderung der Projektmanager Implementierung des KVP für Projektab-wicklung	...
Nicht-Ziele	Isoliertes Controlling Instrument für Projektportfolio-Management Hoher Aufwand zur Datengenerierung Hohe finanzielle Aufwendung zur Prozess-modellierung wie z.B. der Kauf von Spezi-alsoftware	...
Version: 1.0	Bearbeiter: Jankulik - Piff	Erstelldatum: 30.08.2003

Interpretation

Die Listung der Projektziele soll eine ganzheitliche Projektbetrachtung gewährleisten. Das Projekt ist in seiner Gesamtheit unter Berücksichtigung aller „eng gekoppelten" Ziele abzugrenzen. Dabei kann in inhaltliche Hauptziele, Zusatzziele und Nicht-Ziele unterschieden werden.

Projektkontextplan

Beschreibung von Ergebnissen der Vorprojektphase
Für das Projekt relevante Umweltbeziehungen
Donau Universität Krems, Lehrgang Qualitätsmanagement IV Wirtschaftsuniversität Wien, Projektmanagement Group Technische Universität, Institut für Managementwissenschaften Bereichsleitung SBT und Corporate Development der Siemens AG Österreich Geschäftsführung der MCE Anlagenbau Austria Familienmitglieder der Familien Jankulik, Piff und Kuhlang
Das Projekt betreffende Entscheidungen/Ereignisse
Entwicklung alternativer Messmethoden für die Geschäftsprozessentwicklung Feedback der Projektmanager zur Prozessperformanceverbesserung Besuch des Universitätslehrgangs „Qualitätsmanagement" an der Donau Universität Krems
Für das Projekt relevante Dokumente/Unterlagen
Prozessbeschreibungen und -landkarten der beiden Fallstudienunternehmen Projektportfolioanalyse der Fallstudienunternehmen Literatur Prozess- und Projektmanagement sowie Projektportfolio-Scorecard Literatur und Papers von Univ.-Prof. Dkfm. Dr. Roland Gareis Literatur Komplexität, Dynamik, Systemtheorien, Gruppenprozesse und Teamarbeit
Erwartungen an die Nachprojektphase
Weiterentwicklung von Umweltbeziehungen
Ausbau der Beziehungen mit der WU/TU in Richtung Prozessmanagement-Kooperationen Weiterentwicklung des Unternehmens in Richtung „Project Excellence" Benchmarking mit anderen projektorientierten Unternehmen
Nutzung von Erfahrungen
Wissenschaftliches Arbeiten als Erfolgsgrundlage für die Praxis Planen von Organisationsprojekten Literaturrecherche für die Themen Projekt-, Prozess- und Qualitätsmanagement
Einsatz von Dokumenten/Unterlagen
Projekthandbuch für die Einführung der Projektportfolio-Scorecard Buchpublikation „Projektmanagement und Prozessmessung"

Version: 1.0	Bearbeiter: Jankulik - Piff	Erstelldatum: 30.08.2003

Objektstrukturplan

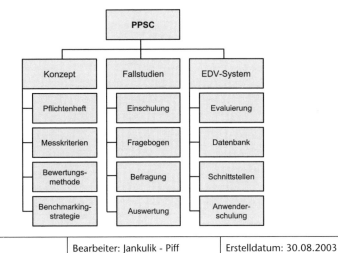

| Version: 1.0 | Bearbeiter: Jankulik - Piff | Erstelldatum: 30.08.2003 |

Interpretation

In der Listung der Betrachtungsobjekte des Projekts werden Objekte, die während der Projektdurchführung berücksichtigt werden müssen, Teilergebnisse und Ergebnisse, die durch die Projektdurchführung entstehen sollen, dargestellt. Das können z.B. materielle Objekte oder etwa zu verbesserndes Know-how oder auch eine neu zu gestaltende Lieferantenbeziehung sein.

Phasenorientierter Projektstrukturplan

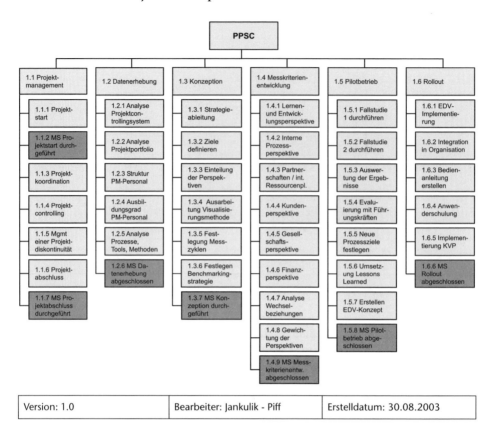

| Version: 1.0 | Bearbeiter: Jankulik - Piff | Erstelldatum: 30.08.2003 |

Interpretation

Der PSP wurde nach der PMA (Projektmanagement Austria) Formel 7 x 7 (ca. 7 Phasen mit je ca. 7 Arbeitspaketen) entwickelt. Er dient u.a. als zentrales Kommunikationsinstrument im Projektcontrolling. Der PSP ist eine Gliederung des Projekts in plan- und kontrollierbare Teilaufgaben, die Arbeitspakete. Er ist ein Modell des Projekts, in dem die zu erfüllenden Projektleistungen dargestellt werden. Der Projektstrukturplan ist kein Ablauf-, Termin-, Kosten- oder Ressourcenplan. Er ist auch kein Projektorganigramm.

Projektbalkenplan (siehe S. 255)

Interpretation

Der Projektbalkenplan ist eine grafische Darstellung des Projekts bzw. eines Projektteils, aus dem die terminlichen Lagen und die Dauern der Vorgänge ersichtlich werden. Die Vorgänge sind als zeitproportionale Balken dargestellt. Der Balkenplan kann dort Abhängigkeiten von Vorgängern haben, wo eine Aktivität nicht begonnen werden kann, wenn der Vorgänger nicht erledigt wurde. Auch sind Parallelaktivitäten für Arbeitspakete anzustreben, die durch verschiedene Teams abgearbeitet werden können (Terminkompression).

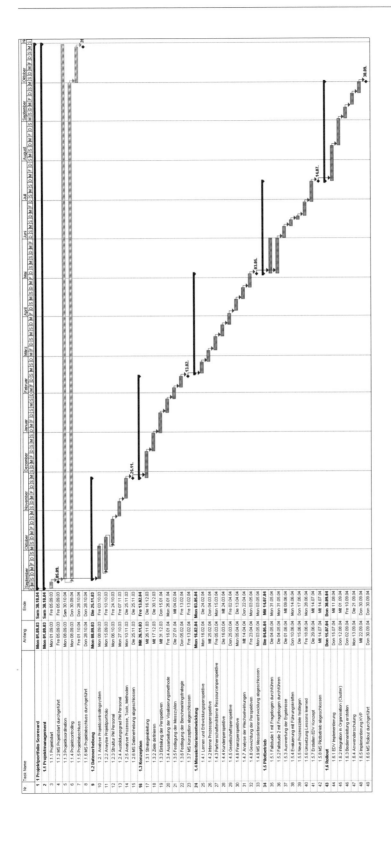

Projektterminliste

PSP Code	Beschreibung	Starttermin	Endtermin	Dauern
1	Projektportfolio-Scorecard	01.09.2003	30.10.2004	305 Tage
1.1	Projektmanagement	01.09.2003	30.10.2004	305 Tage
1.1.2	Projektstart	01.09.2003	05.09.2003	5 Tage
1.1.3	MS Projektstart durchgeführt	05.09.2003	05.09.2003	0 Tage
1.1.4	Projektkoordination	08.09.2003	30.10.2004	300 Tage
1.1.5	Projektcontrolling	08.09.2003	30.09.2004	279 Tage
1.1.6	Projektabschluss	01.10.2004	28.10.2004	20 Tage
1.1.7	MS Projektabschluss durchgeführt	28.10.2004	28.10.2004	0 Tage
1.2	Datenerhebung	08.09.2003	25.11.2003	57 Tage
1.2.1	Analyse Projektcontrollingsystem	08.09.2003	03.10.2003	20 Tage
1.2.2	Analyse Projektportfolio	15.09.2003	10.10.2003	20 Tage
1.2.3	Struktur PM-Personal	06.10.2003	24.10.2003	15 Tage
1.2.4	Ausbildungsgrad PM-Personal	27.10.2003	07.11.2003	10 Tage
1.2.5	Analyse Prozesse, Tools, Methoden	10.11.2003	25.11.2003	12 Tage
1.2.6	MS Datenerhebung abgeschlossen	25.11.2003	25.11.2003	0 Tage
1.3	Konzeption	26.11.2003	13.02.2004	58 Tage
1.3.1	Strategieableitung	26.11.2003	16.12.2003	15 Tage
1.3.2	Ziele definieren	17.12.2003	30.12.2003	10 Tage
1.3.3	Einteilung der Perspektiven	31.12.2003	15.01.2004	12 Tage
1.3.4	Ausarbeitung der Visualisierungsmethode	16.01.2004	26.01.2004	7 Tage
1.3.5	Festlegung der Messzyklen	27.01.2004	04.02.2004	7 Tage
1.3.6	Festlegung der Benchmarkingstrategie	05.02.2004	13.02.2004	7 Tage
1.3.7	MS Konzeption abgeschlossen	13.02.2004	13.02.2004	0 Tage
1.4	Messkriterienentwicklung	16.02.2004	03.05.2004	56 Tage
1.4.1	Lernen und Entwicklungsperspektive	16.02.2004	24.02.2004	7 Tage
1.4.2	Interne Prozessperspektive	25.02.2004	04.03.2004	7 Tage
1.4.3	Partnerschaften/interne Ressourcenperspektive	05.03.2004	15.03.2004	7 Tage
1.4.4	Kundenperspektive	16.03.2004	24.03.2004	7 Tage
1.4.5	Gesellschaftsperspektive	25.03.2004	02.04.2004	7 Tage
1.4.6	Finanzperspektive	05.04.2004	13.04.2004	7 Tage
1.4.7	Analyse der Wechselwirkungen	14.04.2004	22.04.2004	7 Tage
1.4.8	Gewichtung der Perspektiven	23.04.2004	03.05.2004	7 Tage
1.4.9	MS Messkriterienentwicklung abgeschlossen	03.05.2004	03.05.2004	0 Tage
1.5	Pilotbetrieb	04.05.2004	14.07.2004	52 Tage
1.5.1	Fallstudie 1 mit Fragebogen durchführen	04.05.2004	31.05.2004	20 Tage
1.5.2	Fallstudie 2 mit Fragebogen durchführen	04.05.2004	31.05.2004	20 Tage
1.5.3	Auswertung der Ergebnisse	01.06.2004	09.06.2004	7 Tage
1.5.4	Evaluierung mit Führungskräften	10.06.2004	14.06.2004	3 Tage

PSP Code	Beschreibung	Starttermin	Endtermin	Dauern
1.5.5	Neue Prozessziele festlegen	15.06.2004	17.06.2004	3 Tage
1.5.6	Umsetzung Lessons Learned	18.06.2004	28.06.2004	7 Tage
1.5.7	Erstellen EDV-Konzept	29.06.2004	14.07.2004	12 Tage
1.5.8	*MS Pilotbetrieb abgeschlossen*	*14.07.2004*	*14.07.2004*	*0 Tage*
1.6	**Rollout**	**15.07.2004**	**30.09.2004**	**56 Tage**
1.6.1	EDV-Implementierung	15.07.2004	11.08.2004	20 Tage
1.6.2	Integration in Organisation (Cluster)	12.08.2004	01.09.2004	15 Tage
1.6.3	Bedienanleitung erstellen	02.09.2004	10.09.2004	7 Tage
1.6.4	Anwenderschulung	13.09.2004	21.09.2004	7 Tage
1.6.5	Implementierung KVP	22.09.2004	30.09.2004	7 Tage
1.6.6	*MS Rollout durchgeführt*	*30.09.2004*	*30.09.2004*	*0 Tage*
Version: 1.0	Bearbeiter: Jankulik - Piff		Erstelldatum: 30.08.2003	

Interpretation

Die Terminliste wurde mit Anfang, Ende und Dauern ausgestattet. Sie wurde mit MS Project erstellt und dann als Liste nach Word exportiert. Die Meilensteine wurden *kursiv* dargestellt.

Meilensteinplan

PSP	Meilenstein	Plantermin	adapt. Termine
1.1.3	MS Projektstart durchgeführt	05.09.2003	...
1.1.7	MS Projektabschluss durchgeführt	28.10.2004	...
1.2.6	MS Datenerhebung abgeschlossen	25.11.2003	...
1.3.7	MS Konzeption abgeschlossen	13.02.2004	...
1.4.9	MS Messkriterienentwicklung abgeschlossen	03.05.2004	...
1.5.8	MS Pilotbetrieb abgeschlossen	14.07.2004	...
1.6.6	MS Rollout durchgeführt	30.09.2004	...
Version: 1.0	Bearbeiter: Jankulik - Piff	Erstelldatum: 30.08.2003	

Interpretation

In einem Projektmeilensteinplan werden wesentliche Projektereignisse (so genannte Meilensteine, MS) und deren Termine dargestellt. Es sollten zwischen 7 und 10 Meilensteine definiert werden. Projektbeginn und Projektende sind immer Meilensteine. Die Meilensteine wurden in diesem Beispiel an das Phasenende gesetzt. Es wurden auch Quality Gates in die Meilensteine integriert.

Projektkostenplan

Phase	1.1 Projektmanagement	1.2 Datenerhebung	1.3 Konzeption	1.4 Messkriterienentwicklung	1.5 Pilotbetrieb	1.6 Rollout	Summe
Personalkosten	10.800	9.500	22.130	14.800	23.600	19.970	100.800
EDV					5.000	30.000	35.000
Sachkosten	2.500				2.200	1.300	6.000
Reisekosten	2.250				2.250		4.500
AP Summe	15.550	9.500	22.130	14.800	33.050	51.270	146.300
Version: 1.0			Bearbeiter: Jankulik - Piff			Erstelldatum: 30.08.2003	

Interpretation

Die Kosten wurden auf Projektphasenebene geplant. Sie stellen fiktive Kosten dar, da das Projekt zur Gänze in der Freizeit der Mitwirkenden abgewickelt wurde. Diese Tabelle dient dem Leser als eine mögliche Anleitung zur Kostendarstellung für sein Projekt. Im Projektkostenplan werden die projektbezogenen Kosten geplant. In unserem Beispiel wurde der Projektkostenplan in folgende Kostenarten untergliedert: Personalkosten, EDV-Kosten, Sachkosten, Reisekosten. Die Eröffnung der Projektkostenstelle bei Projektstart liegt in der Verantwortung des Projektmanagers. Die Kostenerfassung und der Soll-Ist-Vergleich können auch dezentral, losgelöst von der zentralen EDV (z.B. SAP) mit einem Spreadsheet, z.B. mit Excel, erfolgen.

Projektrisikoanalyse

PSP	AP-Bezeich-nung	Risiko	Ursache	Präventive Maßnamen	Korrektive Maßnamen
1.5.1	Fallstudie	Daten für Fall-studie nicht verfügbar	Mitarbeiterbe-teiligung zu gering. Daten nicht aussagekräftig	Projektmarketing mit Infoaussen-dungen und Ser-viceangebot durch PM-Büro	Befragung der Bereichsleiter und Senior Projektma-nager mittels Inter-viewtechnik
1.5.7	Erstellen EDV-Konzept	PPSC nicht in die EDV-Land-schaft imple-mentierbar	Zu hohe Adap-tionskosten	EDV-Systeme von ähnlichen Anwen-dungen evaluieren	PPSC wird von Controllingabtei-lung manuell befüllt
1.3.2	Ziele definieren	Zielableitung für PPSC nicht möglich	Strategische Ziele nicht klar ausformuliert	Führungskräfte-workshop	Führungskräfte-workshop
Version: 1.0			Bearbeiter: Jankulik - Piff		Erstelldatum: 30.08.2003

Interpretation

Die Kosten für die Risiken wurden nicht in der Risikoanalyse nicht bewertet da es sich um fiktive Kosten gehandelt hätte. In der Projektrisikoanalyse sollen die Projektrisiken möglichst vollständig erfasst werden. Eine Orientierung am Projektstrukturplan und an der Projektumweltanalyse fördert einerseits die Realisierung des Ziels der Vollständigkeit und sichert andererseits Konsistenz in der Projektdokumentation.

Projektumweltengraphik

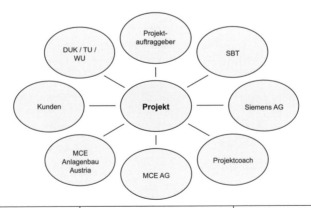

Version: 1.0	Bearbeiter: Jankulik - Piff	Erstelldatum: 30.08.2003

Interpretation

In der Projektumweltenanalyse werden die Beziehungen des Projekts zu relevanten Um-welten betrachtet, die Einfluss auf den Projekterfolg nehmen können.

Projekt-Umwelten-Beziehung

Umwelt	Potenziale	Konflikte	Maßnahmen
Projektauftraggeber	Kann durch solche Innovationen möglicherweise neue Kunden werben	Thema ist nicht direkt mit dem Tagesgeschäft gekoppelt	Bei Meilensteinen auch mit Projektauftraggeber die Ergebnisse durchsprechen
Projekt-Kernteam von SBT und MCE Anlagenbau Austria	Bekommt Einblick in eine praxisbezogene, wissenschaftliche Arbeit. Kann diese für die persönliche Weiterentwicklung nutzen	Ressourcenengpässe im Unternehmen	Kleine Geschenke erhalten die Freundschaft. Master These im Unternehmen auch entsprechend bewerben
Geschäftsführung der SBT und MCE	Imagegewinn der Unternehmen im Konzern durch innovative Weiterentwicklungen	Sehen das Thema als zusätzliche Belastung und stellen Mitarbeiter für die Unterstützung der Projektarbeit nicht ab	Internes Projektmarketing mit einem Powerpoint-Foliensatz.
Projektcoach	Persönliches Interesse an der PPSC-Modell-Entwicklung	Nicht ausreichend Zeit für externe Betreuung	In kleineren Schritten zum Ergebnis tasten
Version: 1.0	Bearbeiter: Jankulik - Piff		Erstelldatum: 30.08.2003

Interpretation

Ein Projekt hängt mit anderen in Durchführung befindlichen oder geplanten Projekten und Maßnahmen zusammen. Diese Zusammenhänge wurden analysiert und aktiv gestaltet.

Beziehung zu anderen Projekten

Projekt	Potenziale	Konflikte	Maßnahmen
MCE 2004 Organisationsentwicklungsprojekt	Durch Organisationsumbau ist die Einführung neuer Methoden „chancenreicher"	Termin- und Ressourcenprobleme	Evtl. Überstunden bzw. externe Experten beiziehen
top+ Produktivitätssteigerungsprogramm der SAG	Viele im top+ Programm erarbeiteten Maßnahmen können übernommen werden. Einführung der PPSC bereits beschlossen	PPSC wird von der GF überbewertet und als Allheilmittel gegen verkrustete Strukturen gesehen	Nach der Konzepterstellung eine GF-Präsentation durchführen
Future Process	Im Future Process Programm könnte die PPSC werbewirksam übernommen und in den Mittelpunkt gestellt werden	Großer Erfolg der PPSC durch die MT. Future Process Team sieht das als Konkurrenz-Modell.	Kollegen vom Future Process Team über den Fortschritt informieren und in die MT-Entwicklung einbinden
PROMOTE Projektmanagement Ausbildungsprogramm der SAGÖ	PPSC in das SAGÖ PROMOTE Ausbildungsprogramm einfließen lassen	Consulting als „PROMOTE" Ausbildungspartner sieht das MT-Team als Konkurrenz	Besprechung mit SAGÖ HR und Consulting, um den Nutzen für den SAGÖ Konzern aufzuzeigen
Version: 2.0	Bearbeiter: Jankulik - Piff		Erstelldatum: 30.08.2003

Interpretation

Ein Projekt hängt meistens mit anderen in Durchführung befindlichen oder geplanten Projekten und Maßnahmen zusammen. Diese Zusammenhänge wurden analysiert, Konflikte und Potenziale wurden ermittelt und werden in der Projektabwicklung aktiv gestaltet.

Projektorganigramm

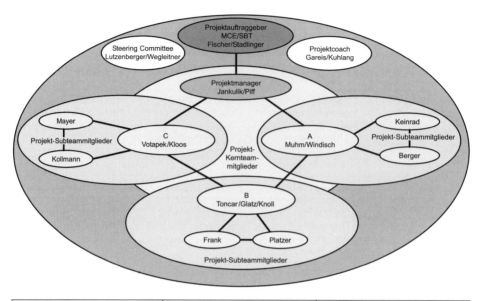

| Version: 1.0 | Bearbeiter: Jankulik - Piff | Erstelldatum: 30.08.2003 |

Interpretation

Im Projektorganigramm werden die Projektrollen, deren Beziehungen zueinander und Projektkommunikationsstrukturen dargestellt.

Verantwortlichkeiten:

Projektmanager	Projektmanagement, Konzeption
Projekt-Kernteam A	Datenerhebung
Projekt-Kernteam B	Messkriterienentwicklung
Projekt-Kernteam C	Pilotbetrieb, Rollout

Projektfunktionentabelle

PSP Code	Beschreibung	SC	PA	PC	PM	PKA	PKB	PKC	
1	**Projektportfolio-Scorecard**								
1.1	**Projektmanagement**								
1.1.2	Projektstart	M	M	M	D	M	M	M	
1.1.4	Projektkoordination				D	M	M	M	
1.1.5	Projektcontrolling		I	M	D	M	M	M	
1.1.6	Projektabschluss	M	M	M	D	M	M	M	
1.2	**Datenerhebung**								
1.2.1	Analyse Projektcontrollingsystem				M	D			
1.2.2	Analyse Projektportfolio			M	M	D	I		
1.2.3	Struktur PM-Personal				M	D		I	
1.2.4	Ausbildungsgrad PM-Personal				M	D		I	
1.2.5	Analyse Prozesse, Tools, Methoden				M	D			
1.3	**Konzeption**								
1.3.1	Strategieableitung		M	I	D	M	I	I	
1.3.2	Ziele definieren				D	M	I	I	
1.3.3	Einteilung der Perspektiven				D	M	I	I	
1.3.4	Ausarbeitung der Visualisierungsmethode				D	M	I	I	
1.3.5	Festlegung der Messzyklen				D	M	M	M	
1.3.6	Festlegung der Benchmarkingstrategie				D	M	I	I	
1.4	**Messkriterienentwicklung**								
1.4.1	Lernen und Entwicklungsperspektive				M	I	D	I	
1.4.2	Interne Prozessperspektive				M	I	D	I	
1.4.3	Partnerschaften/interne Ressourcenperspektive				I	I	D	M	
1.4.4	Kundenperspektive				I	I	D	I	
1.4.5	Gesellschaftsperspektive				M	I	D	I	
1.4.6	Finanzperspektive				I	I	D	M	
1.4.7	Analyse der Wechselwirkungen				M	I	D	I	
1.4.8	Gewichtung der Perspektiven				M	I	D	I	
1.5	**Pilotbetrieb**								
1.5.1	Fallstudie 1 mit Fragebogen durchführen			M	M	M	M	D	
1.5.2	Fallstudie 2 mit Fragebogen durchführen			M	M	M	M	D	
1.5.3	Auswertung der Ergebnisse	I	I		M	M	I	D	
1.5.4	Evaluierung mit Führungskräften		M	I	M	M	M	D	
1.5.5	Neue Prozessziele festlegen				M	I	I	D	
1.5.6	Umsetzung Lessons Learned				M	M	M	D	
1.5.7	Erstellen EDV-Konzept		I		I	D	I	D	
1.6	**Rollout**								
1.6.1	EDV-Implementierung				I	I	I	D	

PSP Code	Beschreibung	SC	PA	PC	PM	PKA	PKB	PKC	
1.6.2	Integration in Organisation (Cluster)		I		M	I	M	D	
1.6.3	Bedienanleitung erstellen					I	I	D	
1.6.4	Anwenderschulung					I	M	D	
1.6.5	Implementierung KVP		I		M	I	I	D	
Version: 1.0		Bearbeiter: Jankulik - Piff			Erstelldatum: 30.08.2003				

Legende: **SC** Steering Committee, **PA** Projektauftraggeber, **PC** Projektcoach, **PM** Projektmanager, **PKA** Projekt-Kernteam A, **D** Durchführender, **M** Mitwirkender, **I** Informierter

Interpretation

Die Projektfunktionentabelle ist das Instrument zur Planung und zur Dokumentation der Funktionen, die Projektrollenträger und Vertreter von Projektumwelten bei der Erfüllung einzelner Arbeitspakete wahrnehmen. Die Projektfunktionentabelle ist eine Matrixdarstellung. In den Zeilen der Matrix sind die Arbeitspakete und in den Spalten die Rollen bzw. die Projektumwelten gelistet. In den Kreuzungsfeldern der Matrix sind die wahrzunehmenden Funktionen dargestellt. Die Projektfunktionentabelle muss nicht für alle, sondern kann auch nur für ausgewählte, unklare und wichtige Arbeitspakete erstellt werden.

Projektkommunikationsstrukturen

Bezeichnung	Inhalte	Teilnehmer	Häufigkeit/ Dauer
Projektstart-Workshop	Planen und durchführen des Workshops Bildung des Projektteams Zielevereinbarung Transfer aus der Vorprojektphase in die Projektphase Erstellen der Projektpläne Erstansatz Projekthandbuch	Projektauftraggeber Projekt-Kernteam Mitglieder	1 x
Projektcoach-Meetings	Ansuchen um Betreuungsübernahme (Coaching) Vorstellung Projekt Abstimmung Projekthandbuch Abstimmung Besprechungstermine Inhaltliche Abstimmung	Projektcoach Projektmanager	3 x
Projektauftrag-geber-Meetings	Informationen über Projektkontext Beitrag zum Projektmarketing Prozessbegleitung und -unterstützung	Projektauftraggeber Projektmanager	3 x (Projekt-start, Projekt-koordination, Projektab-schluss)
Projekt-Kern-team-Meetings	Vereinbarung und Vornahme steuernder Maßnahmen Mitarbeit bei der Weiterentwicklung der Projektkultur Mitarbeit bei inhaltlichen Fachthemen	Projektmanager Projekt-Kernteam-Mitglieder	1 x monatlich
Projekt-Subteam-Meetings	Vereinbarung und Vornahme steuernder Maßnahmen Mitarbeit bei der Weiterentwicklung der Projektkultur Mitarbeit bei inhaltlichen Fachthemen	Projektmanager Projekt-Subteam-Mitglieder	1 x monatlich
Projektabschluss-Workshop	Planen und durchführen des Workshops Restarbeiten festlegen Projektprozessbeurteilung durchführen Dokumentation der Lessons Learned Projektteam auflösen	Projektauftraggeber Projektmanager Projekt-Kernteam-Mitglieder Projekt-Subteam-Mitglieder	1 x
Version: 1.0	Bearbeiter: Jankulik - Piff		Erstelldatum: 30.08.2003

Interpretation

Führungsaufgaben können in Gesprächen zwischen dem Projektmanager und einzelnen Projektteammitgliedern erfolgen. Darüber hinausgehend setzen Projekte aufgrund ihrer Komplexität Teamarbeit voraus. Erst durch die Potenziale von Teams können interdisziplinäre Probleme qualitativ gut gelöst werden. „Echte" Teamarbeit sichert durch Interaktion zwischen Teammitgliedern die notwendige Informationen und Abstimmung für Problemlösungen.

Arbeitspaketspezifikation „Projektstart"

PSP Code: 1.1.1	AP Bezeichnung: Projektstart		
AP Inhalt	Vorbereitung Projektstartworkshop Planung und Durchführung des Projektstartworkshops Know-how-Transfer aus der Vorprojektphase in das Projekt Übergabe der Projektverantwortung an den Projektmanager Projektziele- und Nicht-Ziele-Planung Erstansatz Leistungs-, Termin-, Ressourcen-, Kostenplanung Design Projektorganisation, Teambildung, Aufgabenverteilung Planung von Maßnahmen von Risikomanagement Planung der Gestaltung von Projekt-Kontext-Beziehungen		
AP Ergebnisse	Definierte Projektziele und Nicht-Ziele Erstansatz Projektpläne, Projektorganisation Maßnahmen Risikomanagement Erstansatz Projekthandbuch Projektauftrag unterschrieben		
AP Fertigstellung	0%	50%	100%
Version: 2.0	Bearbeiter: Jankulik - Piff	Erstelldatum: 30.08.2003	

Interpretation

In einer Arbeitspaketspezifikation werden die bezüglich eines Arbeitspakets (AP) zu erledigenden Inhalte spezifiziert und die Ergebnisse des Arbeitspakets beschrieben. Arbeitspaketspezifikationen sind nur für ausgewählte Arbeitspakete zu erstellen. In Arbeitspaketspezifikationen sind keine Termine, Dauern und Kosten einzuarbeiten.

Arbeitspaketspezifikation „Projektkoordination"

PSP Code: 1.1.3	AP Bezeichnung: Projektkoordination		
AP Inhalt	Detailplanung Leistung, Termine, Ressourcen, Kosten, ... Sicherung des Projektfortschritts Sicherung und Weitergabe von adäquaten Informationen an die Projektorganisation und relevanten Umwelten Koordination von Arbeitspakten Optimierung der inhaltlichen Zusammenhänge zwischen den Arbeitspakten Abnahme von Arbeitspaketen Durchführung von Teamsitzungen		
AP Ergebnisse	Arbeitpaket-Verteilung Projektkoordinationsdokumentation Adaptierte Projektpläne		
AP Fertigstellung	0%	50%	100%
Version: 2.0	Bearbeiter: Jankulik - Piff	Erstelldatum: 07.07.2003	

Interpretation

In einer Arbeitspaketspezifikation werden die bezüglich eines Arbeitspakets (AP) zu erledigenden Inhalte spezifiziert und die Ergebnisse des Arbeitspakets beschrieben. Arbeitspaketspezifikationen sind nur für ausgewählte Arbeitspakete zu erstellen. In Arbeitspaketspezifikationen sind keine Termine, Dauern und Kosten einzuarbeiten.

Arbeitspaketspezifikation

PSP Code: 1.4.1	AP Bezeichnung: Entwicklung Messkriterien für Lernen und Entwicklungsperspektive		
AP Inhalt	Zieldefinition für die Perspektive durch Interviews ermitteln Festlegung von Maßnahmen zur Unterstützung des Erreichens der strategischen Ziele Ausarbeitung von Messkriterien zur Überwachung des Umsetzungsgrades der Maßnahmen Auswahl der repräsentativen Messkriterien für die PPSC		
AP Ergebnisse	Messkriterien für die Lernen- und Entwicklungsperspektive der PPSC		
AP Fertigstellung	0%	50%	100%
Version: 2.0	Bearbeiter: Jankulik - Piff	Erstelldatum: 07.07.2003	

Interpretation

In einer Arbeitspaketspezifikation werden die bezüglich eines Arbeitspakets (AP) zu erledigenden Inhalte spezifiziert und die Ergebnisse des Arbeitspakets beschrieben. Arbeitspaketspezifikationen sind nur für ausgewählte Arbeitspakete zu erstellen. In Arbeitspaketspezifikationen sind keine Termine, Dauern und Kosten einzuarbeiten.

Verwendete Literatur

Kapitel 1

Fischer, F.: Korrelation von Risiken im Programm- und Projektportfoliomanagement, Peter Lang Verlag, Wien, 2004

Förster, H.: Erkenntnistheorien und Selbstorganisation, in: Schmitdt, S. (Hrsg.): Der Diskurs des Radikalen Konsturktivismus, Suhrkamp, Frankfurt, 1987

Friedrichs, J.: Methoden empirischer Sozialforschung, Westdeutscher Verlag, Opladen, 1980

Glaserfeld, E.: Konstruktion der Wirklichkeit und des Begriffs der Objektivität, in: Gumin, H., Meier, H.: Einführung in den Konstruktivismus, Band 5, 4. Auflage, Piper, München, 1992

Janich, P.: Die methodische Ordnung von Konstruktionen, in: Schmidt, S.: Kognition und Gesellschaft, Suhrkamp, Frankfurt, 1992

Kasper, H.: Die Handhabung des Neuen in organisierten Sozialsystemen, Springer, Wien, 1990

Kasper, H.: Post-Graduate-Management-Wissen, Ueberreuter, Wien, 1995

Kepper, G.: Qualitative Marktforschung: Methoden, Einsatzmöglichkeiten und Beurteilungskriterien, 2. überarbeitete Auflage, Dt. Univ.-Verlag, Wiesbaden, 1996

Kuhn, Th. S.: Die Struktur wissenschaftlicher Revolutionen, Suhrkamp Verlag, Frankfurt, 1989

Lamnek, S.: Qualitative Sozialforschung: Methodologie, Band 1, 3. korr. Auflage, Beltz-Psychologie-Verlag-Union, Weinheim, 1995

Lamnek, S.: Qualitative Sozialforschung: Methoden und Techniken, Band 2, 3. korr. Auflage, Beltz-Psychologie-Verlag-Union, Weinheim, 1995

Luhmann, N.: Funktionen und Folgen formaler Organisation, Duncker und Humbolt, Berlin, 1964

Luhmann, N.: Komplexität, in: Grocla, E. (Hrsg.): Handwörterbuch der Organisation, 2. Auflage, Poeschel Verlag, Stuttgart, 1980

Luhmann, N.: Soziale Systeme, – Grundriss einer allgemeinen Theorie, 7. Auflage, Suhrkamp Verlag, Frankfurt, 1999

Schmidt, S.: Radikaler Konstruktivismus, Forschungsperspektiven für die 90er Jahre, in: Schmidt, S. (Hrsg.): Kognition und Gesellschaft: Der Diskurs des Radikalen Konstuktivismus, Suhrkamp Verlag, Frankfurt, 1992

Willke, H.: Systemtheorie II: Interventionstheorie – Grundzüge einer Theorie der Intervention in komplexe Systeme, G. Fischer, Stuttgart, 1994

Kapitel 2

Artto, K., Heinonen, R., Arenius M., Kovanen, V., Nyberg, T.: Global Project Business and the Dynamic of Change, PMA Finnland, 1998, Australian Institute of Project Management (NCSPM), Guidelines Vol. 1-4, Australia, 7/1996

Burghardt, M.: Projektmanagement, Publicis Corporate Publishing, Erlangen, 2002

Burghardt, M.: Einführung in Projektmanagement, Publicis Corporate Publishing, Erlangen, 2002

Office of Government Commerce [Corp.].: Managing successful Projects with PRINCE 2, The Stationary Office Books, London, 2002

Cleland, D.I., King, W.R.: Systems Analysis and Project Management, McGraw Hill, 1975

Cleland, D., Ireland, L.: Project Management: Strategic Design and Implementation, 4th edition, Mc Graw Hill, New York, 2002

Deutsches Institut für Normung e.V., 1989

Dullien, M.: Flexible Organisation: Praxis, Theorie und Konsequenzen des Projekt- und Matrix-Management, Westdeutscher Verlag, 1972

Cleland, D.I.: A Guide to the Project Management Body of Knowledge (PMBoK), Project Management Institute (PMI), 2000

Frese, E.: Grundlagen der Organisation, Konzepte – Prinzipien – Strukturen, Gabler Verlag, Wiesbaden, 2000

Gareis, R., Huemann, M.: Project Management Competencies in the Project-oriented Company in: Turner, J.R., Simister, S.J., Gower Handbook of Project Management, 3rd Edition, Gower Publishing Ltd., Aldershot, New York, 2000

Gareis, R.: Management im projektorientierten Unternehmen, CD-ROM, Manz'sche Verlags- und Universitätsbuchhandlung GmbH, Wien, 2002

Gareis, R.: Handbook of Management by Projects, Manz'sche Verlags- und Universitätsbuchhandlung GmbH, Wien, 1991

Gareis, R.: pm baseline, Wissenselemente zum Projekt und Programmmanagement sowie zum Management Projektorientierter Unternehmen, Projekt Management Austria, 7/2001

Gareis, R.: Professional Project Portfolio Management, IPMA World Congress Berlin, 2002

Gareis, R.: Programmmanagement und Projekt Portfolio-Management, Zentrale Kompetenzen Projektorientierter Unternehmen, Projektmanagement Group, Wirtschaftsuniversität Wien, 1/2001

Gareis, R.: Projektmanagement im Maschinen- und Anlagenbau, Manz'sche Verlags- und Universitätsbuchhandlung GmbH, Wien, 1991

Gareis, R.: Projektmanagement, Manz'sche Verlags- und Universitätsbuchhandlung GmbH, Wien, 1998

Gareis; R.: Happy Projects! Projekt- und Programmmanagement, Projektportfolio-Management, Management der projektorientierten Organisation, Management der projektorientierten Gesellschaft, Manz'sche Verlags- und Universitätsbuchhandlung GmbH, Wien, 2003

Gareis, R.: Managing the Project Start in: The Gower Handbook of Project Management, Turner, J.R., Simister, S.J. (ed.), Gower Publishing Ltd., Aldershot, New York, 2000

Gareis, R., Huemann, M.: „Project management competences in the project-oriented company", in J.R. Turner (ed.), People in Project Management, Gower Publishing Ltd., Aldershot, New York, 2003

Grimm, J./Grimm, W.: Deutsches Wörterbuch VII (Reprint der Originalausgabe von 1898), Verlag von S. Hirzel, Leipzig

Hahn, D./ Hungenberg, H.: PuK, Wertorientierte Controllingkonzepte: Planung und Kontrolle, Planungs- und Kontrollsysteme, Planungs- und Kontrollrechnung, Gabler Verlag, 1996

Huemann, M.: Individuelle PM-Kompetenzen in projektorientierten Unternehmen, Ehs, 5, Bd. 2893, Peter Lang Verlag, Wien, 2002

ICB – International Competence Baseline V2.0, International Project Management Association (IPMA), Caupin, G., Knöpfel, H., Morris, P., Motzel, E., Pannbäcker, O., Eigenverlag, Bremen, 2001

Jantzen-Homp, D.: Project Portfolio-Management, Multiprojektarbeit im Unternehmenswandel, Deutscher Universitäts-Verlag, 2000

Kerzner, H.: Project Management: A Systems Approach to Planning, Scheduling and Controlling, Van Nostrand Reinhold, 2001

Krüger, W.: Organisation der Unternehmung, Kohlhammer, 1994

269

Luhmann, N.: Soziale Systeme. Grundriss einer allgemeinen Theorie, Suhrkamp Verlag, Frankfurt, 1987

Markowitz, M.H.: Portfolio Selection: Efficient Diversification of Investments, Blackwell Publishers Ltd., 1991

Martino, R.L.: Projectmanagement and Control, American Management Association, New York, 1964

Patzak, G./ Rattay, G.: Projektmanagement, Linde Verlag, Wien, 2004

Wild, J.: Product Management, Ziele Kompetenzen und Arbeitstechniken des Produktmanagers, 2.Aufl., Verlag moderne Industrie, München, 1973

Womack, J.P.: Die zweite Revolution der Autoindustrie, Konsequenzen aus der weltweiten Studie aus dem Massachusetts Institute of Technology, 4-7. Aufl., Frankfurt, Campus Verlag, 1992

Zahn, E.: Führungskonzepte im Wandel in: Neue Organisationsformen im Unternehmen – ein Handbuch für das moderne Management, Bullinger H.J., Warnecke, H.J., Stuttgart, 1996

Kapitel 3

AFQM: Committed to Excellence – Version 1.0. Österreich, Eigenverlag, 2003

AFQM: Lehr- und Schulungsunterlagen (Quick Scan, Refresher Training, ...), 2002 und 2003

Bleicher, K.: Organisation – Strategien – Strukturen – Kulturen, 2. vollständig neu bearb. und erw. Auflage, Gabler Verlag, Wiesbaden 1991

Brunner, F. J., Wagner, K. W.: Taschenbuch Qualitätsmanagement: der praxisorientierte Leitfaden für Ingenieure und Techniker, 2. Auflage, Hanser, München; Wien, 1999

Bullinger, H.-J., Warnecke, H.-J., Westkämper, E. (Hrsg.): Neue Organisationsformen im Unternehmen – Ein Handbuch für das moderne Management, 2. neu bearbeitete und erweiterte Auflage, Springer Verlag, Berlin, Heidelberg, 2003

Dreisbach, B., Knobl, B.: Der Bäckermeister oder wie man ein Unternehmen führt. Publicis Corporate Publishing. Erlangen, 2005

EFQM 1999a: European Foundation for Quality Management: Excellence bewerten. Eine praktische Anleitung zur Selbstbewertung, Eigenverlag, Wien, 2003

EFQM 1999b: European Foundation for Quality Management: Excellence bestimmen, Eigenverlag, Brüssel,1999

EFQM 2003a: Das EFQM-Modell für Excellence, Eigenverlag, Brüssel, 2003

EFQM 2003b: Excellence einführen, Eigenverlag, Brüssel, 2003

EFQM 2003c: Die Grundkonzepte der Excellence, Eigenverlag, Brüssel, 2003

EFQM 2003d: European Foundation for Quality Management: EFQM Levels of Excellence. European Quality Award. Information Brochure for 2004, Eigenverlag, Brüssel, 2004

EN ISO 9000:2000: Qualitätsmanagementsysteme – Grundlagen und Begriffe, Deutsches Institut für Normung, Berlin, 2000

EN ISO 9001:2000: Qualitätsmanagementsysteme – Anforderungen, Deutsches Institut für Normung, Berlin, 2000

Feigenbaum, A.V.: Total Quality Control, New York: Engineering and Management, McGraw-Hill, 1991.

Gareis, R., Huemann, M.: Projektmanagement Group, Project Management Competences in the POO in: Turner, R., Simister, St (Hrsg.): Gower Handbook of Project Management 3rd Edition, Gower Publishing Ltd., Aldershot, New York, 2000

Gareis, R.: Professional Project Portfolio Management, IPMA World Congress Berlin, 2002

Gareis, R.: Programmmanagement und Projektportfolio-Management in: GPM (Hrsg.), TÜV-Verlag, Köln, 1/2001

Gareis, R.: Projekte und Programmmanagement in NPO's, in: Badelt, C. (Hrsg.): Handbuch der Non-Profit Organisationen, Schäffer-Pöschel Verlag, Stuttgart, 1997

Garscha, J.B.: Organisationsentwicklung mittels Prozessmanagement, Ein Praxisleitfaden zur Entwicklung von Management-Systemen, Eigenverlag ÖVQ, Wien, 2002

Gerboth, T.: Statistische Prozessregelung bei administrativen Prozessen im Rahmen eines ganzheitlichen Prozesscontrollings, Diplomica GmbH, Hamburg, 2002

Horvath, P.:, Controlling, 7. überarbeitete Auflage, Vahlen, München 1998

JUNG, B.: Prozessmanagement in der Praxis, Vorgehensweisen, Methoden, Erfahrungen, TÜV-Verlag, Köln, 2002

Kamiske, Gerd F. (Hrsg.) u.a: Der Weg zur Spitze. Business Excellence durch Total Quality Management. Der Leitfaden, 2. Aufl., Carl Hanser Verlag, München/Wien, 2000

Kamiske, G.-F. (Hrsg.): TQM-Scorecard, Die Balanded Scorecard in TQM-geführten Unternehmen umsetzen, 2. Auflage, Carl Hanser Verlag, München/Wien, 2002

Kaplan, R.S., Norton, D.P.: Balanced Scorecard, Strategien erfolgreich umsetzen, Schäffer-Poeschel Verlag, Stuttgart, 1997

Kaplan, R.S., Norton, D.P.: Die strategiefokussierte Organisation, Führen mit der Balanced Scorecard, Schäffer-Poeschel Verlag, Stuttgart, 2001

Krepler, M.: Vortragsfolien Fact Consulting, Modul E, Donau Universität Krems, 2003

Kirsten, H.: Von ISO 9000 zum Excellence-Modell, in: Kamiske, Gerd F. (Hrsg.) u.a: Der Weg zur Spitze. Business Excellence durch Total Quality Management. Der Leitfaden, 2. Aufl., Carl Hanser Verlag, München/Wien, 2000

Meyer, C.: Betriebswirtschaftliche Kennzahlen und Kennzahlensysteme, 2. erweiterte und überarbeitete Auflage, Schäffer-Poeschel Verlag, Stuttgart 1994

ON EN ISO 8402 (1994): Qualitätsmanagement – Begriffe, Ausgabe 1. Juni 1995

ÖNORM EN ISO 9001 (2000): Qualitätsmanagementsysteme Anforderungen, Österreichisches Normungsinstitut, Wien, 2000

Patzak, G., Rattay, G.:, Projektmanagement, 4. vollst. überarbeitet Auflage, Linde Verlag, Wien, 2004

Pfeiffer, T.: Qualitätsmanagement Strategien Methoden Techniken, 3. völlig überarbeitete und erweiterte Auflage, Carl Hanser Verlag, München/Wien, 2001

Picot, A., Reichwald, R., Wigand, R.T.: Die grenzenlose Unternehmung – Information, Organisation und Management; Lehrbuch zur Unternehmensführung im Informationszeitalter, 3. überarb. Auflage, Gabler Verlag, Wiesbaden, 1998

Schmelzer, H. J., Sesselmann, W.: Geschäftsprozessmanagement in der Praxis, Kunden zufrieden stellen – Produktivität steigern – Wert erhöhen, 3., vollständig überarbeitete Auflage, Carl Hanser Verlag, München/Wien, 2003

Timischl, W.: Qualitätssicherung, Statistische Methoden, 3. Auflage, Carl Hanser Verlag, München/Wien, 2002

Ulfers, Heike: Der Consultance-Berater, Publicis Corporate Publishing, Erlangen, 2004

Vollmuth, Hilmar: Führungsinstrument Controlling, Planung – Kontrolle – Steuerung, 6. überarb. u. erw. Aufl. WRS Verl. Wirtschaft Recht und Steuern, Planegg, 2001

Wagner, K. (Hrsg.): PQM Prozessorientiertes Qualitätsmanagement, Leitfaden zur Umsetzung der ISO 9001:2000, 2., vollständig überarbeitete und erweiterte Auflage, Carl Hanser Verlag, München/Wien, 2003

Weber, Manfred.: Kennzahlen, Unternehmen mit Erfolg führen, das Entscheidende erkennen und richtig reagieren, 3. Auflage, Haufe, Freiburg i. Br., 2002

Stichwortverzeichnis

Walter Gregorc, Karl-Ludwig Weiner

Claim Management

Ein Leitfaden für Projektmanager und Projektteam

August 2005, ca. 200 Seiten, ca. 40 Abb.,
14,3 cm x 22,5 cm, gebunden
ISBN 3-89578-250-5
Ca. € 49,90 / sFr 80,00

Geplanter Erscheinungstermin: August 2005

Im Rahmen von Projektmanagement erhält Claim Management immer höhere Bedeutung. Dieses Buch beschreibt seine rechtlichen Grundlagen, die wirtschaftlichen und technischen Bedingungen seiner Anwendung und zeigt den operativen Einsatz in der Projektrealisierung und Gewährleistungsphase. Es soll die Projektbeteiligten in die Lage versetzen, die vertraglichen Vorgaben auszuführen, zusätzliche Forderungen zu erkennen und mit dem Vertragspartner zu verhandeln. Außerdem beschreibt es den Umgang mit Änderungen und wie sie vergütet werden. Das Buch bietet praktische Beispiele, Vorlagen und Prozessbeschreibungen, Verhandlungstipps sowie eine beispielhafte Liste der Mitwirkungspflichten des Kunden.

Burghardt, Manfred

Projektmanagement

Leitfaden für die Planung, Überwachung und Steuerung
von Enwicklungsprojekten

6., überarbeitete und erweiterte Auflage, 2002,
653 Seiten plus 56 Seiten Beiheft, 300 Abb.,
80 Tabellen, 17 cm x 25 cm, gebunden
ISBN 3-89578-199-1
€119,00 / sFr 188,00

Das Buch ist ein umfassendes, anerkanntes Standardwerk für alle, die als Projektleiter, Projektplaner oder Projektmitarbeiter mit Projektmanagement in Berührung kommen. In verständlicher Form bringt es ihnen die Methoden und Vorgehensweisen im Projektmanagement nahe. Außerdem dient es als Nachschlagewerk für alle diejenigen, die bereits längere Zeit mit PM-Aufgaben betraut sind.

Für die 6. Auflage wurde das Buch wieder gründlich aktualisiert. Völlig neu bearbeitet sind die Abschnitte zu ISO 9001 und zu EFQM. Stark aktualisiert oder erweitert sind insbesondere die Abschnitte über DV- und PC-Verfahren, zu strategischem Wissensmanagement, Projektpläne, Projektberichte, Ergebnisermittlung und Konfigurationsmanagement. Ergänzt wurden ein ausführliches Kapitel „Aufbau einer Projektakte" sowie eine Liste interessanter Internet-Adressen.

Neben der ausführlichen und gut strukturierten Darstellung des Themas bietet „Projektmanagement" einen Fragenkatalog für PM-Untersuchungen sowie ein Beiheft mit 46 aktuellen PM-Merkblättern für das Erstellen projektspezifischer Checklisten.

Nicolai Andler

Tools für Projektmanagement, Workshops und Consulting

Ein Kompendium der wichtigsten Techniken und Methoden

September 2005, ca. 224 Seiten, ca. 100 Abb.,
17,3 cm x 25 cm, gebunden
ISBN 3-89578-264-5
Ca. € 37,90 / sFr 57,00

Geplanter Erscheinungstermin: September 2005

Eine der ganz wichtigen Eigenschaften, die Projektmanager, Führungskräfte oder Berater besitzen müssen, ist die Kompetenz, alle ihre Aufgaben und Probleme zielgerichtet, schnell und mit einem optimalen Ergebnis zu lösen.

Dafür präsentiert Nikolai Andler in seinem Buch rund achtzig Tools, gegliedert nach den Aufgabenkomplexen Kreativität, Ideengenerierung und -bewertung – Informationssammlung und -bewertung – Situationsanalyse und Problemdefinition – Zieldefinition – Strategische und technische Analysen, IT-Analysen – Evaluation, Entscheidungstechniken, Priorisierung – Projektmanagement und -kontrolle – Kompetenzen, Teams, Zusammenarbeit – Entwicklung, Change Management, Coaching.

Das Buch richtet sich an Projektmanager und -mitarbeiter, an Berater, an Trainer und Coachs und an Führungskräfte aus allen Bereichen sowie an Studenten, die gerne mehr Instrumente beherrschen möchten als die BCG-Matrix, Mindmap oder Brainstorming. Es bietet ihnen eine umfassende Sammlung der wichtigsten Tools und zeigt ihnen, wann man welches Tool einsetzt und wie man es anwendet.

Ulfers, Heike August

Der Consultance-Berater

Basiswissen für Manager, Berater und deren Auftraggeber

2004, 220 Seiten, 165 Abbildungen,
17,3 cm x 25 cm, gebunden
ISBN 3-89578-222-X
€ 49,90 / sFr 80,00

Unternehmen, die Veränderungen planen, holen sich in der Regel Berater ins Haus – als Fachberater, als Strategen, als Vermittler oder einfach als Alibi, etwas getan zu haben. Viele dieser Berater vertreten eigene Management-Philosophien, eigene Methoden. Doch lassen sich fast alle Beratermethoden reduzieren auf ein Kernwissen, sozusagen auf den Werkzeugkoffer des Beraters. Der Inhalt dieses Koffers ist überschaubar. Der Autor breitet die einzelnen Elemente vor uns aus, garniert mit einer Menge von Beispielen aus eigener Erfahrung sowie vielen informativen Grafiken: Was man von Prozessen wissen muss, von Veränderungsmanagement, wie man Geschäfte führt und wie man die Menschen entsprechend ihren Fähigkeiten einsetzt.

Dieses Lese- und Nachschlagebuch zeigt uns, was ein Berater mindestens wissen sollte, es macht seine Ansätze verständlich und es unterstützt die Zusammenarbeit zwischen Management und den Beratern.

Börnecke, Dirk (Hrsg.)

Basiswissen für Führungskräfte

Recht und Finanzen; Organisation, Strategie, Personal;
Marketing und Selbstmanagement

4., überarbeitete und erweiterte Auflage,
2005, 472 Seiten, 4 Abbildungen,
14,3 cm x 22,5 cm, gebunden
ISBN 3-89578-252-1
€ 39,90 / sFr 64,00

Dieses Standardwerk richtet sich an Führungskräfte mit Personalverantwortung sowie an Leiter kleiner und mittlerer Unternehmen.
Leicht verständlich werden – zum Einlesen oder Nachschlagen – Organisationsfragen und
unternehmerische Strategien dargestellt, betriebswirtschaftliches Grundwissen zu Rechnungswesen, Finanzierung und Planung, außerdem Marketing und Werbung, Projektmanagement
und Prozesswissen, DV-Management, Planung und Organisation von Profitcenters, Arbeitsrecht,
Personalführung und -beschaffung sowie Führungsmethoden und Arbeitstechniken. Ergänzt
wird das Buch durch ein ausführliches Stichwortverzeichnis.

Für die 4. Auflage wurde das Buch gründlich aktualisiert und erweitert. Neue Stichworte sind
zum Beispiel Hartz IV, Basel II, Außensteuerrecht, Business Process Outsourcing, Mergers&
Acquisitions, Erfahrungswissen, Skills Marketing, Führungswechsel, Coaching und Mediation.

Struck, Klaus-Günter

Der Coaching-Prozess

Der Weg zu Qualität: Leitfragen und Methoden

November 2005, ca. 200 Seiten, ca. 30 Abb.,
14,3 cm x 22,5 cm, gebunden
ISBN 3-89578-265-3
Ca. € 39,90 / sFr 60,00

Geplanter Erscheinungstermin: November 2005

Dieses Buch wendet sich an Coachs und Trainer, an Führungskräfte
in Linie und Projekt sowie an Personalentwickler und andere Einkäufer von Coachingmaßnahmen. Der Autor liefert zum einen ein
Konzept, mit dem sich Coaching-Ziele und -Situationen nach ihrer Schwierigkeit beurteilen lassen und notwendige Kompetenzen für entsprechende Maßnahmen ermittelt werden können.
Zum anderen bietet der Autor Leitfragen und Methoden, mit deren Hilfe jeder Coach seine
Arbeit systematisch optimieren kann – von den harten Methoden von Wissensvermittlung und
Management bis zu den weichen Methoden der Persönlichkeitsförderung. Jungen Coachs zeigt
das Buch, wie sie sich auf das Richtige konzentrieren können, erfahrenen Coachs zeigt es, wie
sie kompetent und zielorientiert arbeiten, und Klienten liefert es Kriterien für die Auswahl von
Coachs und Trainern.